武汉历史文化风貌丛书

图说盘龙城

陈贤一 陈春 刘国胜 编著

武汉出版社

(鄂)新登字 08 号

图书在版编目(CIP)数据

图说盘龙城/陈贤一,陈春,刘国胜编著.
—武汉:武汉出版社,2017.12
(武汉历史文化风貌丛书)
ISBN 978-7-5582-1802-6

Ⅰ.①图…　Ⅱ.①陈…　②陈…　③刘…
Ⅲ.①古城遗址(考古)—武汉—图集　Ⅳ.①K878.32

中国版本图书馆 CIP 数据核字(2017)第 310173 号

著　　者:陈贤一　陈　春　刘国胜
责任编辑:王冠含
装帧设计:刘福珊
出　版:武汉出版社
社　址:武汉市江汉区新华路 490 号　　邮　编:430015
电　话:(027)85606403　85600625
http://www.whcbs.com　　E-mail:zbs@whcbs.com
印　刷:武汉市金港彩印有限公司　　经　销:新华书店
开　本:787mm×1092mm　1/16
印　张:17.625　　字　数:360 千字
版　次:2017 年 12 月第 1 版　　2017 年 12 月第 1 次印刷
定　价:45.00 元

《武汉历史文化风貌丛书》
编委会

武汉历史文化风貌丛书

总序

历史是城市的记忆，一页风云，见证一段文明的演进轨迹。

文化是城市的灵魂，一抹风情，彰显一方水土的气质神韵。

在人类历史长河中，武汉就像一叶扁舟，划出了一道又一道年轮，一划就是煌煌三千五百载。两江三镇，是她的自然身份；白云黄鹤，是她的诗意化身；凤舞九天，是她的精神图腾；楚风汉韵，是她的厚重底色；人才辈出，是她的耀世光芒。伴随着长江汉水的潮起潮落，武汉的人文历史亘古流传，恰如穿城而过的两江之水，奔流向东，绵绵不息。

品味武汉，这里有道不尽的岁月沧桑、历史悠长。从商代盘龙城开启城市文明之光，到三国夏口城构筑武昌古城之始；从明末汉口镇跻身“天下四大名镇”之列，到清末汉口港享有“东方茶港”之誉；从辛亥首义之城到全民抗战中心；从我国近代工业重要发祥地，到新世纪享誉世界的中国光谷……

品鉴武汉，这里有赏不够的名胜古迹、文物璀璨。漫步三镇，徜徉武昌昙华林、汉阳古琴台、汉口历史文化风貌街区，或以古朴清幽而著称，或因异域风情而惊艳，传递的是悠远凝重的城市历史，演绎的是绚丽多彩的汉派文化。归元佛刹、汉阳铁厂、八七会址、江汉关大楼……如同珠玉般镶嵌在江城，或浓缩一段

总序

历史，或诉说一则往事，衬托出城市的古韵流芳。

品读武汉，这里有吟不完的诗词歌赋、文采风流。“晴川历历汉阳树，芳草萋萋鹦鹉洲”。武汉外揽山水之幽、内得人文之胜，借两江春水，汇百里风光，咏千古诗章。屈原的“与天地兮同寿，与日月兮齐光”、崔颢的“黄鹤一去不复返，白云千载空悠悠”、李白的“孤帆远影碧空尽，惟见长江天际流”……每一句都是脍炙人口的绝唱，每一首都是永恒传世的经典，闪耀文学光芒，绽放城市华章。更有一代伟人毛泽东，留下了“茫茫九派流中国，沉沉一线穿南北”“一桥飞架南北，天堑变通途”的不朽诗句，写尽了大武汉气吞山河的雄浑气势。

历史需要铭记，文脉自当传承。站在历史与未来的交汇点上，守护先人的馈赠、延续城市记忆、彰显武汉魅力，是时代赋予我们的神圣使命。武汉人民有责任呵护城市历史文化基因，护其貌、扬其韵、传其神、铸其魂，推动历史遗存与现代文明交相辉映、和谐共生。

怀古以励志，掩卷当奋发。让我们追寻历史脚步，走进岁月深处，激扬家国情怀，书写大武汉未来。

2017 年 1 月

目录

目录

前 言

一

盘龙城遗址位于湖北省武汉市黄陂区滠口镇叶店村南①，地处大别山南麓余脉的低岗地带，南部是地势开阔的江汉平原。盘龙城坐落在府河北岸，与武汉市汉口隔河相望。府河由西向东宛转注入长江，城址东北面有滠水从北向南流至滠口入江。盘龙城地处低丘与湖泊交错地带，城址东、南、北三面濒临盘龙湖，西北部与甲宝山、横山等岗地连接，北面是连绵起伏的丘陵岗地。这里水陆交通便利，府河经长江往西北进入汉水，可抵达随枣走廊，进入南阳盆地。府河入长江向东顺江而下，分东、西、南三路通往南方各地：西路溯江而上直抵荆州，转向三峡；南路通过洞庭湖，直达湘西北的澧水、沅水流域；东路顺江而下，由黄石进入鄂东南，亦可经九江进入鄱阳湖水系通向南方。陆上则可北进，过义阳三关越大别山、桐柏山隘口，直达中原商王朝中心区。城址所在地依山傍水，土地肥沃，气候温和，雨量适中，物产丰富，自然条件优越，历来被誉为“鱼米之乡”。

考古资料表明，五六千年以前，鄂东北黄陂、孝感一带的滠水、滠水沿岸便有先民繁衍生息。这里分布着丰富的夏商时期文化遗存②。盘龙城四周的岗地和湖汊间的湖嘴上，东至李家嘴，西到江家湾，南达王家嘴及艾家嘴，北抵杨家嘴、杨家湾延至童家嘴、邓家大湾一带，遍布商代遗址和墓地③，遗址中心区面积东西长约 1100 米、南北宽约 1000 米。商代的盘龙城雄踞长江北岸，与矿产丰富的鄂东南及赣北一衣带水。鄂东南的大冶、阳新及江西瑞昌等地，自古以来即以矿藏闻名。海拔 44.8 米高的盘龙城，扼居长江与府河交汇处，地势险要，是汉口一带地势的制高点。其联结

---

①③ 湖北省文物考古研究所：《盘龙城：一九六三年——一九九四年考古发掘报告》，文物出版社，2001 年。

② 熊卜发：《湖北孝感地区商周古文化调查》，《考古》，1988 年第 4 期。

江汉湖泊，有四通八达的水运交通网，成为长江中游的水路交通枢纽，以及中原与江汉南北交通的咽喉。

盘龙城遗址地理位置图

二

盘龙城于 1954 年被发现①。当时正值初夏，一场百年不遇的特大洪水不期而至，向武汉袭来。由于汛情严峻，迫切需要大量土石加固江河险堤。盘龙城周围地势高，土层厚，自然成了防汛的取土场。在取土过程中，不时传出有青铜器被挖出的消息。各地取土场上报的材料中有关古墓及文物的报道，引起了武汉市文物管理委员会蓝蔚先生的注意。他前往勘查，由此发现了盘龙城②。

1956 年，盘龙城被湖北省公布为第一批省级重点文物保护单位③。1958 年，湖北省文物管理委员会派郭冰廉先生前往盘龙城实地调查。在这次调查中，杨家湾的村民上交了 6 件青铜器，《考古通讯》1958 年第 1 期作了报道④。20 世纪六七十年

① 蓝蔚：《略谈盘龙城遗址发现经过》，《武汉文博》，1963 年第 2 期。

② 蓝蔚：《湖北黄陂县盘土城发现古城遗址及石器等》，《文物参考资料》，1955 年第 4 期。

③ 彭卿云、刘炜：《全国重点文物大全》，中国旅游出版社，1989 年。

④ 郭冰廉：《湖北黄陂杨家湾的古遗址调查》，《考古通讯》，1958 年第 1 期。

代,随着当地农田水利建设的开展,盘龙城遗址所在的杨家湾、楼子湾等地时常有青铜器出土,一同出土的还有陶器、石器、玉器等。1985 年,当地农民在城址西北角发现 1 件铜斝,出自一个由三块石头堆成的坑穴中,坑四周尽是黑灰、木炭屑[①]。这件铜斝与 1958 年那次上交的铜斝,器形特征几乎相同,证实了 1958 年上交的铜斝及铜爵当出自盘龙城,不是所谓的中原流散文物。盘龙城屡屡出土商代铜器,也使得人们在看待盘龙城城址年代的问题上逐渐把目光移向商代。随后进行的考古发掘为盘龙城商代城址性质的确立提供了牢不可破的证据。

1.1963 年的考古发掘

1963 年,盘龙城城外西部的楼子湾在兴修渠道时发现青铜器。同年 7 月,湖北省博物馆考古队由张云鹏先生带队,郭德维、陈贤一等先生参加,在楼子湾进行了一次小规模的考古发掘。开 2 米×4 米探沟六条,发现墓葬 5 座、建筑遗迹1座、灰坑 1 个。出土一批铜、玉、陶、石器。这一阶段的主要收获是:确定楼子湾遗址及墓葬的年代为商代二里岗期,判明楼子湾墓葬具有商墓特征。

盘龙城楼子湾被确定是一处商代遗址是一个极为重要的信息,商文化不及长江的框框被事实打破。郭德维、陈贤一先生撰写《湖北黄陂盘龙城商代遗址和墓葬》一文,发表在《考古》1964 年第 8 期上[②]。《武汉晚报》也进行了报道。关于“盘龙城”的取名,首先是蓝蔚先生 1955 年在《文物参考资料》报道盘龙城的发现时,使用了“盘土城”的名称[③],这是沿用了他在 1954 年所查阅的国民党时期军用地图上的标名。后来我们在楼子湾发掘时,听闻当地人称古城为“盘龙城”,世代相传。考虑到田野考古对地名的命名惯例,我们决定对古城采用当地人的称呼——盘龙城,也就有了 1964 年《考古》上发表的文章对古城的命名。“盘龙城”之名此后逐渐被大家接受。2003 年,我们见到了一本清代同治九年民间编写的《张氏宗谱》,文中记载:“吾族自宋元间,德一、国四两祖,由江西饶川余干迁楚黄陂,德一祖落住陂南盘龙城,住陂南者,盘龙城内。”家谱里还有清代张氏家族所居盘龙城的地形图,城名即标“盘龙城”[④]。从地图可知,清代的盘龙城,四面城墙十分完整,城墙上有东、西、南、北四个城门,城东面有盘龙湖。这是迄今所见最早的一张盘龙城地图。毫无疑问,至迟到清代时,“盘龙城”的名称就已经存在。

楼子湾的发掘,规模虽小,却是盘龙城考古发掘迈出的第一步。盘龙城一带有商人足迹的事实,促使大家开始对盘龙城性质的思考。盘龙城楼子湾的出土物及其遗迹,究竟是远征至此的商人所遗,还是深受二里岗文化影响的当地土著的遗存[⑤]?

---

① 湖北省文物考古研究所:《盘龙城:一九六三年—一九九四年考古发掘报告》,文物出版社,2001 年。

② 郭德维、陈贤一:《湖北黄陂盘龙城商代遗址和墓葬》,《考古》,1964 年第 8 期。

③ 蓝蔚:《湖北黄陂县盘土城发现古城遗址及石器等》,《文物参考资料》,1955 年第 4 期。

④ 杨凤霞:《地图上的盘龙城》,《武汉文史资料》,2004 年第 8 期。

⑤ 湖北省博物馆:《一九六三年湖北黄陂盘龙城商代遗址的发掘》,《文物》,1976 年第 1 期。

有学者据盘龙城楼子湾遗址发现有建筑房基、灰坑，推断盘龙城可能是个居民点[①]。也有学者分析楼子湾遗址发现的5座商代墓葬有3座随葬青铜武器，墓葬均为中小型，因而推断墓主人属军队小头目，盘龙城可能是一处军事据点[②]。由于此次发掘时间短，来不及做进一步的勘探发掘，盘龙城的性质及具体年代还不明确。

2.1974—1976年的考古发掘

1974年1月，盘龙城东部的李家嘴发现一座高等级的贵族墓，即李家嘴1号墓，出土鼎、鬲、簋、斝、爵、觚、尊、卣等青铜礼器22件，器类组合齐全，时代属商代二里岗期。北京大学邹衡先生分析李家嘴1号墓应有五套青铜礼器，即斝5件爵5件，属商墓中的丙种墓，地位相当于侯伯之类[③]，这在长江流域实属罕见。同年6月，邹衡先生等一行专程考察盘龙城遗址，在城址东部发现一些大石础，排列成行，推断石础应与宫室建筑有关。

是年9月，北京大学历史系考古专业俞伟超、陈耀钧等先生带学生来盘龙城考古实习，与湖北省博物馆、孝感地区文物部门合作，组成盘龙城发掘队，由俞伟超、王劲先生共同主持，在盘龙城开展较大规模的考古发掘。在古城东北部开5米×5米探方90个，发掘面积2250平方米，发现大型宫殿基址3座，并揭露了1号宫殿基址；在李家嘴发掘墓葬3座；解剖了北城垣。期间，受俞伟超先生邀请，河南省文物考古研究所安金槐、裴明相、杨育彬、陈旭等先生前来盘龙城考察指导。这次发掘，在城东李家嘴找到有奴隶殉葬的高规格商人贵族墓，城内发现了宫殿建筑基址[④]，城垣被推定是商代二里岗期修筑。这样一来，盘龙城性质定为商城呼之欲出。1975年，我们专门组织了有关盘龙城发掘的一组文章，俞伟超先生代表盘龙城发掘队写田野考古纪要，李学勤先生写盘龙城与商朝南土，杨鸿勋先生写盘龙城商代宫殿，陈贤一先生代表湖北省博物馆写盘龙城青铜器。这组文章在《文物》1976年第2期上刊登[⑤]。国内的考古学家无不为之惊讶。受此鼓舞，长江中游各省份的考古工作者开始开展考古文物普查，寻找商人遗迹。1975年4月，俞先生在《光明日报》发表《盘龙城——长江中游商代城址的新发现》，提出盘龙城是长江流域进入文明时代最早

① 湖北省博物馆：《一九六三年湖北黄陂盘龙城商代遗址的发掘》，《文物》，1976年第1期。

② 湖北省博物馆：《一九六三年湖北黄陂盘龙城商代遗址的发掘》，《文物》，1976年第1期；宋焕文：《从盘龙城考古发现试谈商楚关系》，《江汉考古》，1983年第2期；高大伦：《论盘龙城遗址的性质与作用》，《江汉考古》，1985年第1期。

③ 邹衡：《夏商周考古学论文集》，文物出版社，1980年。

④ 《黄陂县发掘出商代宫殿基址和奴隶殉葬墓》，《人民日报》，1975年2月14日4版；又《湖北日报》，1975年2月14日1版。

⑤ 湖北省博物馆、北京大学考古专业盘龙城发掘队：《盘龙城一九七四年度田野考古纪要》；江鸿：《盘龙城与商朝的南土》；杨鸿勋：《从盘龙城商代宫殿遗址谈中国宫廷建筑发展的几个问题》；湖北省博物馆：《盘龙城商代二里岗期的青铜器》。

的城市，是商朝南土的一个都邑[①]。此后，郭沫若先生在《中国史稿》中引用了“湖北黄陂盘龙城宫殿复原图”，肯定在盘龙城发现了商代前期的城市遗址[②]。20 世纪 80 年代初，大英博物馆的罗森夫人和美国哈佛大学的张光直先生来盘龙城参观，对我国南方古代文明赞叹不已。张光直先生还在《商代文明》一书中引用了盘龙城资料[③]。

1976 年秋，由北京大学李伯谦、高崇文先生带队，北大 76 级考古专业学生前来盘龙城考古实习。李伯谦、王劲先生共同主持发掘，开探方 33 个，揭露了 2 号宫殿基址；在南城垣开 2 米×4 米探沟 8 条，发掘面积共 889 平方米。这一阶段的主要收获是：进一步明确了盘龙城城垣的兴建年代为商代二里岗期；全面揭露了 2 号宫殿基址；发掘了南城垣外的一段壕沟[④]。

3.1979—1995 年的考古发掘

1975 年 5 月，盘龙城考古工作站成立，陈贤一先生出任站长，直至 1995 年李桃元先生接任站长。1976 年以后，盘龙城遗址文物保护与考古发掘工作主要由盘龙城考古工作站具体负责。1979 年以来，盘龙城工作站配合当地的水利工程及农田基本建设，在城外王家嘴、李家嘴、杨家嘴、杨家湾、楼子湾等地进行数次考古发掘。在王家嘴先后开探方近 105 个，发掘面积约 2625 平方米，发现窑址 3 座，祭祀坑 2 个，坑形遗迹 3 处，灰坑 9 个，房基 3 处；在李家嘴发现灰坑 28 个；在杨家嘴开探方 50 个，发掘面积 1250 平方米，发现房基 3 座，灰坑 3 个，灰烬沟遗迹 1 处，墓葬 11 座；在杨家湾开探方 37 个，发掘面积 925 平方米，发掘灰坑 8 个，房基 3 座，灰烬沟遗迹 1 处，墓葬 12 座；在楼子湾发掘墓葬 6 座。这一阶段的主要收获是：城外发现并发掘一批手工作坊遗址，初步弄清其构造与时代；基本掌握盘龙城的遗迹分布及城址布局情况；对盘龙城商代文化面貌及文化性质有了大体了解，将整个遗址划分为 7 期，时代从二里头晚期至殷墟一期之际[⑤]。1988 年，盘龙城遗址被国务院公布为第三批全国重点文物保护单位[⑥]。

4.1997—2001 年的考古发掘、勘探

1997—1998 年，武汉市博物馆、湖北省文物考古研究所盘龙城工作站和黄陂县文管所等，先后由魏航空、李桃元、刘森淼等先生主持，对杨家嘴、李家嘴、杨家湾进行局部发掘，对以上地点及小嘴、艾家嘴等地进行物探。2001 年 9—12 月，武汉市文物考古研究所与武汉市盘龙城遗址博物馆筹建处等，在盘龙城西、北两面进行了

---

① 鄂博、北大：《盘龙城——长江中下游商代城址的新发现》，《光明日报》，1975 年 4 月 9 日第 3 版。

② 郭沫若主编：《中国史稿》，人民出版社，1976 年。

③ 张光直：《商代文明》，北京工艺美术出版社，1999 年。

④ 湖北省文物考古研究所：《盘龙城：一九六三年——一九九四年考古发掘报告》，文物出版社，2001 年。

⑤ 陈贤一：《盘龙城的考古发掘及其文化概貌》，《奋发荆楚，探索文明：湖北省文物考古研究论文集》，湖北科学技术出版社，2000 年。

⑥ 彭卿云、刘炜：《全国重点文物大全》，中国旅游出版社，1989 年。

考古勘探。这一阶段的主要收获：清理了 1 处二里头时期作坊遗迹；发掘了一批商代平民墓；发现一口深达 6.2 米的商代水井，井内出土陶鼓形器、漆觚形器等；在杨家嘴以北的环湖山坡探明一处疑似码头坝址，长约 140 米、宽近 30 米；在盘龙城遗址西、北两面，距城址城垣约 400 米处，探出一条长约 800 米基本相连的带状夯土遗存，推断有可能属外城垣遗存[①]。

5.发掘资料的整理研究

90 年代后，盘龙城考古工作逐步转入以室内发掘资料整理为重点。整理地点主要在盘龙城工作站。盘龙城发掘报告编写小组由陈贤一、王劲、李桃元、陈树祥、付守平等组成。在陈贤一先生主持下，组织开展器物修复、绘图、照相及发掘报告编写工作。2001 年 8 月，《盘龙城：一九六三年—一九九四年考古发掘报告》（以下简称《盘龙城发掘报告》）正式出版。该发掘报告涵盖了历次发掘工作资料和整理研究成果，同时也吸收了有关夏商文化研究的重要新成果[②]。2001 年，盘龙城遗址入选“中国 20 世纪 100 项考古大发现”[③]。

《盘龙城》发掘报告根据各地点文化堆积的层位关系及出土遗物的特征，将整个遗址分为七期，《试论盘龙城城址的年代》就各期年代又做了进一步阐述[④]，具体如下：第一期：相当于二里头文化二期晚段至三期偏早；第二期：相当于二里头文化三期；第三期：相当于二里头文化四期至二里岗下层一期之际；第四期：分早、晚二段，早段相当于二里岗下层一期，晚段相当于二里岗下层二期至上层一期之际；第五期：相当于二里岗上层一期；第六期：相当于二里岗上层二期偏早；第七期：相当于二里岗上层二期偏晚。

以下我们按时间顺序，分夏时期、早商前期、早商后期三阶段，依次论述盘龙城各时期遗存的文化面貌和内涵，揭示盘龙城四百多年历经沧桑、发愤图强、不辱使命的尘封历史。

---

① 刘森淼：《盘龙城外垣带状夯土遗迹的初步认识》，《武汉城市之根——商代盘龙城与武汉城市发展研讨会论文集》，武汉出版社，2002 年。

② 《盘龙城发掘报告》先后获得第四届夏鼐考古学研究成果三等奖和湖北省第四届社会科学优秀成果三等奖。

③ 中国社会科学院考古研究所：《20 世纪中国考古大发现》，四川大学出版社，2000 年。

④ 陈贤一：《试论盘龙城城址的年代》，《武汉城市之根——商代盘龙城与武汉城市发展研讨会论文集》，武汉出版社，2002 年。

第一章　披荆斩棘——夏时期：盘龙城的开创

原始社会末期，湖北东部、南部及江西鄱阳湖、湖南洞庭湖等地区，为三苗所居。三苗偏居南方，后被夏朝征服。《说苑·贵德》："昔三苗氏左洞庭，右彭蠡，德义不修，而禹灭之。"考古资料表明，江汉平原的江陵、沙市以及长江西陵峡地区的宜昌、枝江、长阳等地，均分布有二里头中晚期的文化遗迹和遗物，历史上曾经为夏王朝所辖。

在盘龙城王家嘴遗址下层、杨家嘴遗址下层、城垣及宫殿基址之下等地点，都发现有二里头时期的夯土台基、窑址、房址、灰坑和墓葬，出土了二里头文化中晚期的陶、铜器。陶器数量较多，有鬲、鼎、甑、甗、簋、罐、爵、斝、盉、鬶、盆、豆、壶、罍、尊、瓮、大口尊、缸、坩埚等，证明盘龙城一带曾居住着二里头文化时期即夏时期的先民。

盘龙城二里头时期的文化，融汇了二里头文化、先商文化（下七垣）、江汉土著文化和江南印纹硬陶等文化要素，是诸多文化长期交流、碰撞、整合的共同体。其中的二里头夏文化要素，包含偃师二里头和郑州洛达庙型，先商文化则包含有辉卫型、漳河型和南关外型文化。盘龙城是夏王朝向长江流域扩张的重要据点，由此可抵达鄂东南及赣东北，进而获取宝贵的铜矿资源。

夏时期盘龙城的遗迹分布于王家嘴中、下层、南北城垣基部之下、城内东北部宫殿基址之下及杨家嘴下层。遗址的分布范围：以王家嘴为中心，南至王家嘴南缘，北达杨家嘴南坡，东抵李家嘴，西及楼子湾南坡，南北约650米，东西约310米，面积约0.2平方公里。主要遗迹有房基、灰坑、手工作坊及墓葬等。

第一节　台基与房址

盘龙城夏代夯土台基共有两处，一处是在王家嘴遗址发现的盘龙城一期夯土台基，另一处是在城内东北部大型宫殿建筑基址F1、F2之下发现的盘龙城三期夯土台基。盘龙城夏代的房屋基址是在杨家嘴遗址发现的一处盘龙城三期房基柱洞遗迹。

一、王家嘴夯土台基

第一处分布在遗址的南区，属文化堆积第 9 层。夯土台基是一片经夯筑的黄色土台，叠压在盘龙城二期遗迹之下，范围约 300 平方米，堆积厚度 0.2 米—0.5 米。黄土台上发现有黑灰土遗迹。这片建筑基址仅发掘揭露了局部。

二、宫殿基址下的夯土台基

第二处属城址文化堆积第 6 层，是经夯筑的黄色土台，分布在多个地点。出于保护宫殿建筑基址的需要，对这一早期建筑基址未完整揭露，仅通过探方发掘了局部。黄土台厚 0.2 米—0.4 米，部分堆积位于生土之上。发掘发现圆形柱洞 1 个，直径 0.17 米、深 0.12 米；方形础石 1 块，长 0.5 米、宽 0.37 米。础石埋在一圆形坑内，坑大小仅能容纳础石。第 6 层黄土台是盘龙城三期的文化层，是城址内早期的文化堆积。

三、杨家嘴房基柱洞遗迹

第三处位于盘龙城六期的 2 号房基西北边，五期的 1 号铸铜遗迹东边。柱洞挖在一处土质较硬似经夯筑的黄土台面上。黄土台建筑在红色生土之上，长方形，北窄南宽，长 18.5 米、宽 5.2 米—9 米、厚 0.1 米—0.2 米。柱洞有两排，北面一排 6 个柱洞，东西向排成一列；南面一排位于北面一排的东南，相距约 3 米，有 4 个柱洞，也是东西向排成一列。柱洞为圆形或椭圆形，洞径 0.15 米—0.55 米、深 0.08 米—0.22 米，洞内未发现础石。

第二节　窑　址

盘龙城发现的窑址共有 3 座，即王家嘴 1 号、2 号和 3 号窑，都是盘龙城早期手工作坊。其中 1 号、3 号窑为长窑，2 号窑为圆窑；1 号、2 号窑属盘龙城二期，3 号窑属盘龙城三期，时代均为夏代晚期。

长窑一般建在低岗的坡地上，挖槽修筑。窑身为长条形，两头小，中部宽大，分窑头、窑室和窑尾三部分。窑头是窑的进风通道，窑室是窑的烧制场所，窑尾是窑的排风通道。窑头设在岗坡的低处，窑尾处于岗坡的高处，头尾形成高差有利于通风，以加强火势。窑室是整座窑的主体，其侧面有窑门，大概是进出窑室的通道。窑室顶面可能设有圆形排烟孔，窑室的底面设置有窑坑、火道。窑坑内放置烧制品，火道应是提高火力的助燃设施。

一、长窑

1.王家嘴1号窑

王家嘴PWZY1：建造在王家嘴岗地的西南坡。窑头在西南低处，窑尾在东北高处，高差2.75米，倾斜度约25°。全长54米、宽3米—5米，方向为南偏西25°。

王家嘴1号长窑发掘现场

窑头：由通风孔和通风道构成，长6.8米、宽2米—3米。通风孔位于窑头最前端，是在一个近圆形的夯筑黄土圈中部开设的一个直径0.52米的不规则圆形孔道。发掘时，通风孔孔壁为红烧土，壁上留有黑色烟熏痕，孔内堆满夹木炭屑的红烧土。通风道由通气孔垂直向下0.5米后，折转通向窑室。通风道是在黄土台上挖槽修建的，使用白膏泥土铺筑成空洞式的封闭管道。长约5米，宽0.4米，高0.3米。

窑室：呈不规则长条形，前部靠近窑头处较窄，中部宽敞，后部近窑尾处内收，全长38.5米。发掘时窑顶已塌毁，倾覆于窑室内。窑室的底面由黏性土铺垫而成，结构较紧密，杂质少，厚0.1米—0.5米。窑室的左、右壁形制不一。右壁由灰白土、白膏泥土、黄黏土混合铺垫而成，前后薄中间厚，平均厚度0.8米，壁面呈缓坡状，中部为外弧形。左壁由白色高岭土筑成，也是前后薄中间厚，厚度为0.4米—1.1米，壁面较陡直，中部内收。窑室内堆积大量红烧土层和黄土层。红烧土层主要分布在窑室的后部，内含烧土颗粒、白膏泥、炭屑、碎陶片等，厚0.2米—0.4米；黄土层遍及窑室，间杂少量白膏泥、烧土颗粒，厚0.1米—0.5米。窑室尾部的顶部铺有一层碎陶片，面积为2平方米—3平方米。用陶片覆盖，有利通风。

窑坑：窑室的底部发现三个窑坑（K1—K3），平面皆为不规则长条形。坑内堆积

王家嘴 1 号长窑窑室结构

物以木炭屑和黑灰土为主，包含有大量碎陶片。陶片中可辨的器类以红陶缸居多。1 号坑位于窑室前端，距窑头通风孔 5 米，坑长 9.4 米、最宽处 2.8 米、深 0.5 米—0.8 米。2 号坑位于窑室中部，坑长 9.2 米、宽约 2.8 米、深 0.8 米—1.3 米，坑内黑灰土较细腻，夹杂有木炭屑、红烧土块以及大量的陶缸片。还发现有 1 件未烧透的陶缸，因陶质太软未能取出。3 号坑位于窑室后部，距窑尾 5.6 米。坑长 19.4 米、宽 2.5 米—3.6 米、深 1 米—1.2 米，坑内全是黑灰土夹木炭屑。3 号坑最大，坑口顶部覆盖有一层白膏泥及黄土相混杂的土层，厚约 10 厘米。靠近窑室下层的为红烧土。

窑尾：位于窑身后端，为不规则窄长条形，长 8.4 米、宽 2 米—3 米。一端通窑室，一端通向窑外坡地高处，呈斜坡状。窑尾在出窑室北侧向北折，在转折处开始逐

王家嘴 1 号长窑窑尾堆积

级抬升，尾端高出窑室1.2米，成陡坎状。窑尾内壁呈红烧土状，烧成温度很高，成板结状，推测其功能应是烧窑时排烟的通道。窑尾及其外围分布有大片的红烧土，厚度不一，最厚达10厘米，面积有100余平方米。

窑门：共有三个（门1—门3），皆为不规则长方形，全部位于窑中后部的左侧。其中，1号、2号窑门开在窑室3号坑的一侧，3号门则开在窑尾处，较前面2个门要大得多。1号门与3号坑前部相通，门宽2.5米。门内堆积一层薄黑灰土。估计1号门是供投放燃料及拿取器物的通道。2号门与3号坑中部相对，距1号门约4.1米，门宽2.8米，门内堆积为黄土层夹红烧土，其用途可能与1号门相同。3号门与窑尾相通，距2号门约4米，门宽2.8—4米，门内堆积为浅黑灰土夹红烧土、黄褐土，其内有大量陶缸碎片。3号门外分布有一块三角形的堆积层，土质、土色及包含物与门内堆积一致。据推测，3号门主要是供燃渣出窑的通道。

2.王家嘴3号窑

王家嘴PWZY3：建造在王家嘴岗地西北坡，正东西方向，窑头在西面低处，窑尾在东面高处，首尾两端高差2.3米、东西长30米、南北宽3米—9米。

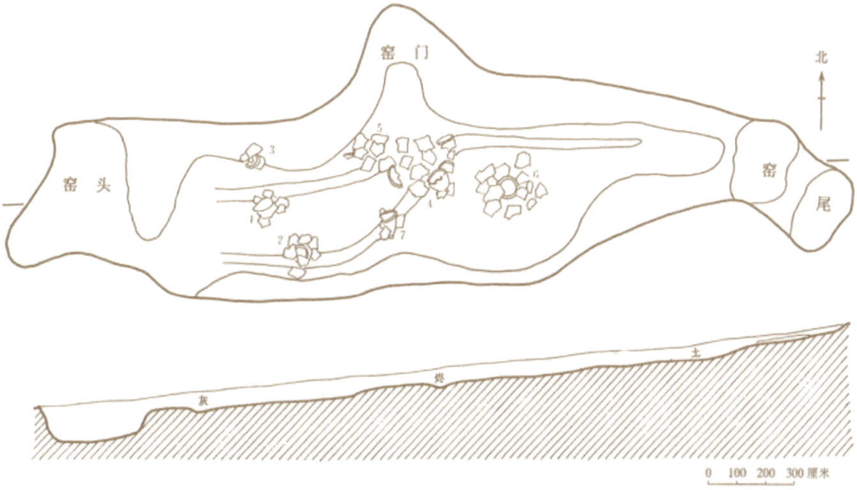

王家嘴3号长窑平剖面图

窑头：呈不规则长方形，长4.2米、宽2.5米—4.2米，上部被毁，底部较窑室底面低0.8米—1米。窑头与窑室相接处向南，收缩成一个长条方形孔道，孔口宽1米。孔道内外均分布有黑灰土。

窑室：不规则长条形，中部宽敞，两端收缩变窄，全长20米，发掘时窑顶已塌毁。窑室的底面，除后部外，均由质地较纯的黄土铺抹而成，长约20米、宽3米—8米，厚0.1米—0.3米。整个窑室底近似一个椭圆形的浅坑。窑室南、北壁形制不一：北壁壁面呈缓坡，中部外凸，由质地较硬的褐黄土铺抹而成，内含许多烧结颗粒及木炭屑，厚0.2米—0.4米。南壁较直，有红烧土薄层，长约13米、宽0.2米—0.45米，厚0.05米—0.08米。红烧土的烧成温度很高，成砖红色，表面有烟熏痕，研之呈粉末状。

窑室内普遍堆积有一层黑灰烬土，其内夹杂大量木炭屑及烧土颗粒。灰烬土堆积中发现七处陶缸放置地点（缸1—缸7），基本都在两条火道附近。其中，火道前部有三处，火道中部即南、北两条火道汇合点有四处。每处放置陶缸1至3个，陶缸有的竖立，有的横卧，有的比较完整，有的仅存半截或仅有底部，有的被压成碎片成堆放置。与陶缸同时出土的还有陶斝、爵、硬（釉）陶罐及石刀等。

火道：窑室的底部发现两条火道，贯通整个窑室。火道挖在窑室底部黄土层上，局部挖至生土。两条火道为长条凹槽状，剖面呈梯形，前段各自分开，都开在窑室的前端，后段合拢为一，全长17米。合拢处宽0.75米，深0.2米。两条火道最大间距为2.1米，南侧的一条火道距南壁约1.2米，口宽0.35米，深0.25米。北侧火道距北壁2.2米，口宽0.45米、深0.25米，槽内填土为褐灰土。

窑尾：发掘时仅剩底部，形状略呈长方形，与窑室有一个转折。烧土遗迹范围长4.8米、宽2.9米，其下即是生土。烧土颗粒较粗，结构松散，表面有黑色斑点。

窑门：有一个，为不规则长方形，位于窑室北侧的中部，门宽1.3米、门道长2米。窑门外即是坑形遗迹H5。

二、圆窑

圆窑即王家嘴2号窑。

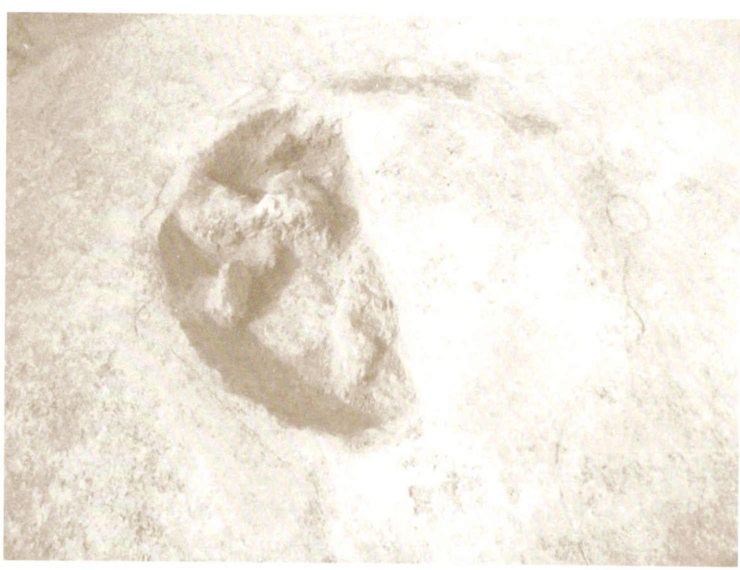

王家嘴2号圆窑

王家嘴 PWZY2:建造在王家嘴岗地的西南坡,北距 1 号长窑的窑头约 8 米。窑上部破坏,窑底挖在生土上。平面近圆形,南北方向,由窑室、火膛、烟孔构成。窑室是烧制物的堆放场所,火膛是窑的燃室,烟孔是窑室的排烟孔道。

窑室:直径 1.3 米、残高 0.23 米。窑室周壁用黄土加白膏泥经焙烧而成,光滑坚硬,厚 0.1 厘米,窑壁外层土色呈青灰色,内层为砖红色。窑室底部呈凹形,表面有一层青灰色烧结土,厚 0.05 米—0.08 米,其上覆盖有一层浅灰土,内含陶片,可辨器形有鬲口沿及鬲足根等。

火膛:位于窑室南侧一旁,平面近长方形,长 0.4 米、宽 0.3 米。火膛内堆积大量红烧土。

烟孔:是窑室顶面铺好后,在顶面与窑壁交界处的圆圈线上挖孔而成。烟孔壁半边为红烧土,半边为黑灰土。共有 10 个大小相近、间距相同的圆形烟孔,孔径为 0.1 米—0.11 米。

长窑的性质可能属烧制陶器的龙窑。规模宏大的陶窑作坊,标志着盘龙城制陶业的发达与兴旺。这里已形成了一个以手工业为中心的新型聚落形态,一大批夏代先民已脱离了农业、畜牧业而成为制陶的专门工匠,反映出一种新的经济结构及社会生产力的发展进步。烧制的陶器中,炊器、贮器、盛食器、盛酒器一应俱全,这其中最值得注意的是一种用高岭土烧成的硬釉陶。它的胎骨细腻,质地坚硬,应该是早期的原始瓷。盘龙城是我国原始瓷器最早的产地之一,它将我国发明瓷器的历史提到三千多年前的夏商时代。

第三节　灰　坑

盘龙城早期的灰坑主要有:在王家嘴 1 号长窑附近发现的王家嘴 H8、H9、H10,在王家嘴 3 号长窑附近发现的王家嘴 H5,在李家嘴遗址北坡发现的李家嘴 H5、H7、H9。

一、王家嘴 H8、H9、H10

王家嘴 PWZH8、H9、H10:盘龙城二期,位于同期王家嘴 1 号长窑周围。H8、H9 对称分布在 1 号窑的东、西两侧,紧邻窑壁。两灰坑皆作椭圆形,H8 坑口直径 2.7 米—3 米、深 1 米,H9 坑口直径 1.5 米—3.3 米、深 0.8 米。坑内皆有陶缸片。H10 位于 1 号窑北边,距离窑室约 9 米,近圆形,直径 2.4 米、深 0.8 米,坑壁光滑。

二、王家嘴 H5

王家嘴 PWZH5:盘龙城三期,位于同期王家嘴 3 号长窑北侧,紧靠窑壁。H5 为不规则椭圆形，坑口直径 4 米—9 米、深 1.8 米，坑壁光滑，西边坑壁低矮陡直，其他三面坑壁较高，呈缓坡阶状。在坑底南侧还有一圆锅底状小坑，口径 0.65 米、深 0.6 米。在坑的北侧缓坡上立有 1 件完整的红陶缸，体形特大，底部积满木炭屑，厚达 0.5 米，缸底在低处垫有两石块以支稳缸体，缸内还套置 1 件无底大陶缸，出土时已破碎。

三、李家嘴 H5、H7、H9

李家嘴 PLZH5、H7、H9：盘龙城二期，位于李家嘴岗地的北坡，沿西北至东南走向排列，间距 5 米—18 米。灰坑 H5，坑口椭圆形，南北长 1.8 米、东西宽 1.4 米、深 0.96 米，口大底小，东壁为台阶状，坑底较平。坑内出土 2 件陶瓮及红陶缸片。灰坑 H7，坑口长方形，南北长 1.2 米、东西宽 1 米、深 1.3 米。口大底小，四壁光滑。坑内出土硬陶鼓腹罐、溜肩圆腹罐、厚胎尊及 1 件完整的夹砂黄陶坩埚等。

第四节　墓　葬

盘龙城夏、商时期墓葬大致可分为以下五类：

一类墓：墓室面积在 10 平方米以上，有二层台和腰坑，棺椁俱全，木椁雕刻朱绘，有殉人或殉牲，随葬有较为丰富的铜器、玉器、陶器及兵器。有一定数量的青铜容器，酒器觚、爵、斝有 4 至 5 套。以李家嘴 1 号、2 号墓和杨家湾 11 号墓为代表。

二类墓：墓室面积在 3 平方米左右，有棺无椁，随葬一定数量的铜器、玉器、陶器及兵器。青铜酒器觚、爵、斝有 2 至 3 套。墓主身份应次于第一类，地位要低一等。

三类墓：墓室面积在 2 平方米左右，一般有棺，有的有二层台和腰坑。随葬青铜酒器觚、爵、斝 1 套，有的缺 1 件或使用陶礼器代替。因酒器套数较二类墓减半，故墓主身份比二类墓低一级。

四类墓：墓室面积 1 平方米—2 平方米，多无棺和腰坑。随葬品中无成套铜礼器，有的有单件铜礼器，或使用 1 套陶礼器。有一定数量的陶器、生产工具，个别墓还有铜戈等兵器。

五类墓：墓室面积在 1 平方米左右，墓坑狭小，木棺单薄，无腰坑。一般无铜礼器随葬，个别墓出单件铜酒器，陶器数量少，一般也无铜兵器随葬。

盘龙城夏代的墓葬有两座，即杨家嘴 6 号和 8 号墓，均为盘龙城三类墓。

一、杨家嘴 6 号墓

杨家嘴 PYZM6：盘龙城二期，位于杨家嘴遗址东部。长方形土坑竖穴墓，东西长 1.9 米、南北宽 0.9 米—0.95 米、深 0.12 米—0.22 米，方向 280°。棺木已朽。墓主骨架保存较好，侧身葬，头朝西，面向南，两手弯曲交叉于胸前。随葬陶器 12 件，置于足端，有浅盘细柄豆、折沿平裆鬲、菌形纽器盖、圆肩弧腹罐等。墓底和随葬器物上均撒朱砂。

杨家嘴 PYZM6

二、杨家嘴 8 号墓

杨家嘴 PYZM8：盘龙城二期，位于杨家嘴 M6 北面 3.3 米。长方形土坑竖穴墓，南北长 2 米、东西宽 0.68 米、深 0.13 米，方向 180°。填土中含少量陶片。棺木腐朽，局部发现板灰痕。墓主骨架粗壮，保存完好，俯身葬，头向南，两手交叉于腹部。墓底中部铺朱砂。随葬陶器 5 件，有侈口联裆斝、折沿平裆鬲、扁圆腹爵和敛口弧腹盆等。

杨家嘴 PYZM8

第五节　随葬器物

一、铜器

(一)容器

器类有爵和斝。

1.爵

西城垣 PCY：0114：盘龙城三期，城址西北角墙基下采集。短尾、长流较平，柱立流口。矮体扁圆作双层周壁状，三角尖锥足外撇。颈部由细线云纹构成流动体饕餮。

2.斝

均为鬲形斝。

西城垣 PCY：084：盘龙城三期，通高 23.8 厘米、口径 14.2 厘米。大口外侈，口沿内侧作宽厚唇状，中高颈，扁圆腹，圜底，二棱扁圆形尖锥足中空。口立矮柱，柱纽作三角曲形。扁平鋬，中脊起棱。素面。器身有 3 处铸痕，腹部有 1 个补丁。

鬲形斝　王家嘴 PWZ：040

王家嘴 PWZ：040：盘龙城三期，通高 21 厘米、口径 13.8 厘米、壁厚 0.15 厘米。形态与 PCY：084 似，口径略小。高颈，扁圆腹稍深，圜底，足作二棱扁圆状，中空。颈饰三周平行凸弦纹，弦纹之间饰三组圆圈纹。器身有 3 处铸痕，腹部有 1 个补丁。

(二)兵器

器类有刀和镞。

1.刀

均为直背刀。

杨家嘴 PYZT12⑦：8：盘龙城二期，长 11.8 厘米、宽 1.5 厘米。弧刃，短柄。

采集 P：062：盘龙城三期，长 21.1 厘米、刃宽 2.8 厘米。柄与刀身连成直线，尖端上翘，弧刃，最宽处在近柄端。二合范铸。

直背刀　采集 P：062

2.镞

分无翼镞和有翼镞。

(1)无翼镞

王家嘴 PWZT9⑧：2：盘龙城二期，残长 5 厘米。锋圆钝，中部起脊，短铤作扁圆柱状。

(2)有翼镞

王家嘴 PWZT78⑦：1：盘龙城三期，长 7 厘米、铤长 2.3 厘米、厚 0.6 厘米、翼本宽 0.6 厘米。脊、铤均作二棱扁圆状，翼呈叶状，翼本作垂直状。

王家嘴 PWZT26⑦：1：盘龙城三期，长 5.6 厘米。末端作舌状，脊、铤作四棱状，两翼窄，刃薄。

采集 P：058：盘龙城三期，长 7.3 厘米、翼宽 10.5 厘米。脊、铤呈扁圆形，双翼作三角状，翼本垂直。

采集 P：090：盘龙城三期，长 5.9 厘米、翼宽 0.2 厘米、厚 0.2 厘米。脊作四棱形，末端作三角尖状，两翼作三角形，翼本作钝角形，细铤作扁圆形。

二、陶器

器类有鼎、鬲、甗、罐、爵、斝、盆、豆、瓮、大口尊、壶、杯、碗、壶形器、缸、坩埚等。

1.鼎

分罐形鼎、盆形鼎和小鼎。

(1)罐形鼎

王家嘴 PWZT36⑧：5：盘龙城二期。口颈部残，扁圆腹。颈肩部附纽状堆纹，腹饰斜向绳纹。泥质黑陶。

杨家嘴 PYZT3⑦：1：盘龙城三期，通高 20.4 厘米、口径 5.6 厘米。圆唇，颈内收，圆腹。腹饰斜行细绳纹。夹砂红陶，外表黑灰，模制。

王家嘴 PWZT67⑦：11：盘龙城三期，口径 16.4 厘米。卷沿，中高颈，圆鼓腹，尖锥足。夹砂黑灰陶，足根红陶。

罐形鼎　王家嘴 PWZT36⑧：5

罐形鼎　杨家嘴 PYZT3⑦：1

罐形鼎　王家嘴 PWZT67⑦：11

罐形鼎　杨家嘴 PYZT3⑦：32

杨家嘴 PYZT3⑦：32：盘龙城三期，通高 42 厘米、口径 32 厘米、腹深 28.8 厘米。体大，直口，扁圆唇，颈内收，鼓腹，平底，三尖锥足。肩饰绳纽状堆纹，两侧附突泥耳，腹部细绳纹偏粗，足根上部饰绳纹，下部抹光。器表有烟熏痕，夹砂红陶。

王家嘴 PWZ：063：盘龙城二期，残高 12.8 厘米、口径 16.8 厘米。尖唇，口略外侈，矮领，扁圆体，圜底，足残。肩部有一周凹弦纹，腹饰斜行中粗绳纹。砂质黑陶，红胎。

王家嘴 PWZ：0120：盘龙城三期，残高 13.6 厘米、口径 14.4 厘米。圆唇，口外侈，束颈，肩部突起，与颈部有明显分界，圆腹，圜底，下附三个鬼脸式圆锥足。腹饰交错中粗绳纹，足根外侧饰2个对称的圆窝。砂质灰黑陶，足为红陶。

（2）盆形鼎

王家嘴PWZT31⑧：1：盘龙城二期，通高14.8厘米、口径17.6厘米。圆唇，折沿，沿面略内倾，颈腹分界明显，圜底，扁体三角足。沿面饰二周凹弦纹，颈腹部饰绳纹，足外侧上端有简化夔形装饰。夹砂灰陶红胎，轮、模合制。

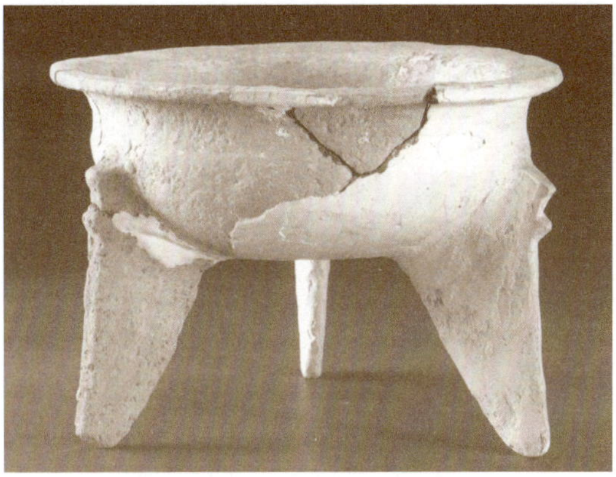

盆形鼎　王家嘴PWZT31⑧：1

（3）小鼎

王家嘴PWZ：045：盘龙城三期，口径8.4厘米。平折沿，厚唇，深腹圜底，三扁足附贴肩部，足残。素面，器表有烟熏痕，夹砂红陶。

2.鬲

分折沿平裆鬲、折沿联裆鬲、卷沿平裆鬲、卷沿分裆鬲和带把鬲。

（1）折沿平裆鬲

王家嘴PWZT20⑨：1：盘龙城一期，通高18.8厘米、口径15.6厘米、足高6厘米。圆唇，折沿，沿面内侧起棱，外侧有浅槽，短颈，扁鼓腹，瘦尖锥足直立。颈、腹部饰细绳纹，足部满饰绳纹。砂质灰陶，红胎，器身模制，口颈部轮制。

折沿平裆鬲　王家嘴PWZT20⑨：1

王家嘴 PWZT36⑧：4:盘龙城二期，口径 14.4 厘米、腹深 11.6 厘米。圆唇，折沿，束颈，圆腹，高圆锥足外撇。沿面外侧饰一周凹弦纹，腹饰中粗绳纹，足根满饰绳纹。夹砂红陶，器身模制，口颈轮制，足根手制。

折沿平裆鬲　王家嘴 PWZT36⑧：4

王家嘴 PWZT83⑧：2:盘龙城二期，口径 14.5 厘米、高 15.5 厘米。敛口，平折沿，圆鼓腹，尖锥足。腹部及足根饰绳纹，绳纹经手抹。夹砂黑灰陶。

折沿平裆鬲　王家嘴 PWZT83⑧：2

王家嘴 PWZT12⑦:8:盘龙城三期,通高 15 厘米、口径 13.2 厘米。敛口,沿面微弧外折,圆鼓腹,中高尖锥足。沿面外侧隐约有一道凹弦纹,腹饰细绳纹直至足上半部。夹砂黑灰陶,灰胎,足根红陶,口颈部轮制。

(2)折沿联裆鬲

王家嘴 PWZT85⑧:4:盘龙城二期,通高 22.4 厘米、口径 16.8 厘米。平折沿,沿面内侧起棱,束颈,扁腹,尖锥足较瘦。腹饰细绳纹。砂质灰陶,模制,口颈部轮制,足手制。

王家嘴 PWZT17⑧:30:盘龙城二期,通高 17.6 厘米、口径 14 厘米。敛口,平折沿较窄,矮颈外侈,鼓腹。沿面内侧饰一周凹弦纹,颈部经手抹,腹饰细绳纹。器表有烟熏痕,夹砂黑灰陶,红胎,模制,足手制。

折沿联裆鬲 王家嘴 PWZT17⑧:30

折沿联裆鬲 杨家嘴 PYZM6:4

杨家嘴 PYZM6:4:盘龙城二期,口径 15.5 厘米。尖唇,平折沿,沿面内侧起棱,中高领外侈,深腹圆鼓,尖锥足。腹饰竖向细绳纹。质薄,夹砂灰陶,口颈部经轮转。

王家嘴 PWZ:0102:盘龙城三期,通高 13.6 厘米、口径 14 厘米。平折沿,沿面内侧起棱,束颈,三尖锥足。腹饰竖行线纹。砂质黑陶。

(3)卷沿平裆鬲

王家嘴 PWZT36⑧:2:盘龙城二期,口径 15.6 厘米、腹径 17.2 厘米。敞口,圆唇,短颈内收,颈肩部分界明显,圆腹,圆锥足。腹饰细绳纹。夹砂黑灰陶,红胎,足根黄陶,模制,口颈部轮制。

卷沿平裆鬲　王家嘴 PWZT36⑧：2

王家嘴 PWZT66⑦：2：盘龙城三期，口径 13.2 厘米。薄唇外卷，高颈，颈肩部分界明显，圆鼓腹，三足外张。颈部绳纹经手抹，腹部饰细绳纹。器表略呈灰色，夹砂砖红陶，模制，足根手制。

（4）卷沿分裆鬲

王家嘴 PWZT9⑧：3：盘龙城二期，口径 15.2 厘米。侈口，尖唇，窄沿外卷，矮领，分裆，尖锥足。沿内侧饰一周凹弦纹，腹饰绳纹。夹砂灰陶，模制。

王家嘴 PWZT71⑦：5：盘龙城三期。薄唇外卷，分裆显著，肥裆外鼓，矮尖锥足。腹饰细绳纹。夹砂灰陶，足根红色，模制。

王家嘴 PWZ：060：盘龙城三期，残高 22 厘米、口径 18.4 厘米。长方体，圆唇，口沿作弧状外卷，高颈，腹壁较直，分裆显著，分裆处内陷较深，尖锥足瘦高。腹饰竖行细绳纹。夹砂灰陶。

（5）带把鬲

王家嘴 PWZ：0112：盘龙城三期，残高 7.6 厘米、口径 8.5 厘米。卷沿，身侧附圆形柄。腹饰细绳纹。砂质灰黑陶。

采集 P：092：盘龙城三期，通高 14 厘米、口径 12.4 厘米。直口，联裆，高尖锥足外张。颈部有二道凸弦纹。夹砂灰陶。

3.甗

分细腰甗和粗腰甗。

（1）细腰甗

杨家嘴 PYZT4⑦ : 1:盘龙城三期,仅存下部,腰径 11.7 厘米。束腰,腰饰堆纹,腹饰粗绳纹。夹砂灰陶。

(2)粗腰甗

王家嘴 PWZT67⑦ : 10:盘龙城三期, 口径 32 厘米。口沿外卷,腰部及下腹残。腹饰竖行细绳纹。夹砂灰红陶,局部红色,模制。

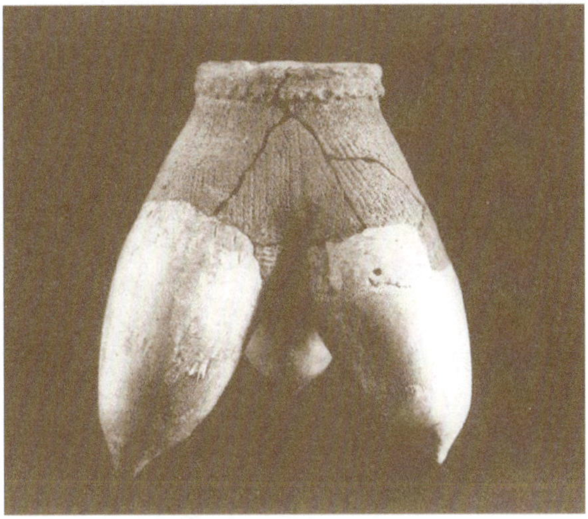

细腰甗　杨家嘴 PYZT4⑦ : 1

4.罐

分溜肩弧腹罐、折肩斜腹罐和鼓腹罐。

(1)溜肩弧腹罐

城垣 79HP3TZ30⑨A : 2:盘龙城一期,高 19.4 厘米、口径 14.8 厘米。侈口,卷沿,圆唇,深弧腹。腹部满饰交错绳纹。夹砂黑皮陶,红胎。

溜肩弧腹罐　城垣 79HP3TZ30⑨A : 2

溜肩弧腹罐　李家嘴 PLZH16 : 5

李家嘴 PLZH16 : 5:盘龙城二期,通高 24 厘米、口径 15 厘米。尖唇,折沿,颈内收,深弧腹,圜底。腹饰粗绳纹。泥质黑陶,红胎。

城垣 79HP3TZ33H3 : 4:盘龙城二期。侈口,宽沿,方唇,深弧腹,凹圜底。腹饰粗绳纹。

王家嘴PWZ：0105：盘龙城三期，通高16厘米、口径8.4厘米。厚唇，短颈，肩腹部附突泥耳，底内凹。肩腹部饰九周平行凹弦纹，下腹饰交错细绳纹。夹砂黑陶，红胎。

（2）折肩弧腹罐

王家嘴PWZT82⑧：4：盘龙城二期，口径22厘米。小口、短颈，圆折肩，圜底。泥质灰陶。

（3）鼓腹罐

王家嘴PWZ：0125：盘龙城三期，通高19.6厘米、口径11.2厘米。折沿，高颈，腹壁较直，底内凹。腹饰菱状方格纹。灰色，器身有轮旋痕。

溜肩弧腹罐　城垣79HP3TZ33H3：4

5.爵

分扁圆腹爵和斜腹爵。

（1）扁圆腹爵

王家嘴PWZT85⑧：2：盘龙城二期，残高10厘米。束腰，扁圆腹，圆锥实足，扁平鋬。颈部饰五周凹弦纹。

王家嘴PWZT72⑦：2：盘龙城二期，底径6.5厘米。扁圆腹，圜底。素面，夹砂灰陶。

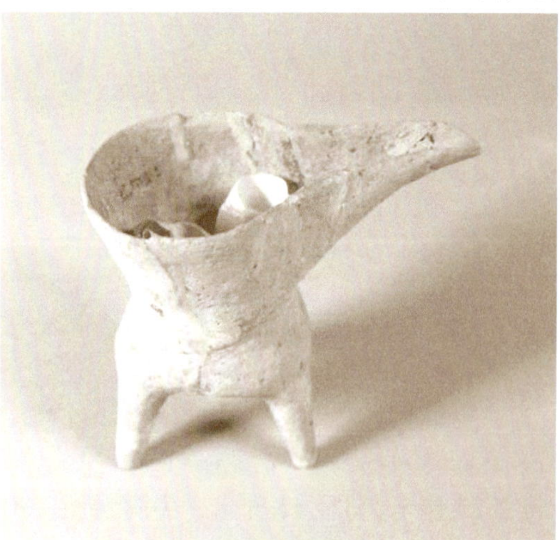

扁圆腹爵　杨家嘴PYZM8：4

杨家嘴PYZM8：4：盘龙城二期，通高10.4厘米、流尾长12厘米。椭圆形，圆口，厚唇，束腰，扁圆腹，圆锥实足。有流无尾，流作窄长状上扬，流口两侧有象征性立柱，扁平鋬。颈部饰两周凹弦纹，上腹部饰两周凹弦纹，腹饰绳纹经手抹。夹砂灰陶。

王家嘴PWZ：079：盘龙城三期，通高12.6厘米、流尾长11.6厘米、足高4厘米。圆口，直颈较高，三圆锥状实足。一侧附短流，流略上翘，近口端处宽，近尾处窄。身旁附一扁平鋬。口沿下及腰部各饰一周凹弦纹。

（2）斜腹爵

王家嘴 PWZ：0124：盘龙城二期，残高 12.4 厘米、流尾长 12 厘米。束腰，平底，身旁附一扁鋬，底附三扁体实足。鋬上饰平行竖条纹，上端加饰一圆乳钉，靠流的一端宽，另一端窄。泥质灰陶。

6. 斝

分侈口联裆斝和侈口分裆斝。

（1）侈口联裆斝

杨家嘴 PYZM8：1：盘龙城二期，通高 20.4 厘米、口径 14 厘米。薄方唇，平折沿，沿面略内倾，粗颈，浅鼓腹，高尖锥实足外撇。口沿面上装饰两个圆饼，颈部饰三周凹弦纹。夹砂灰陶，红胎，模制，上部经轮转。

侈口联裆斝　杨家嘴 PYZM8：1

侈口联裆斝　王家嘴 PWZT12⑦：13

王家嘴 PWZT12⑦：13：盘龙城三期，通高 17 厘米、口径 13.2 厘米、底径 11 厘米、足高 4.8 厘米。口微敞，长粗颈，圆腹，圜底，尖锥足，扁平鋬。鋬上饰三条竖条纹。夹砂红陶，模制。

（2）侈口分裆斝

王家嘴 PWZT25⑧：15：盘龙城二期，腰径 7.2 厘米。侈口，束腰，深裆，三袋足外撇。砂质黑陶，灰胎。

王家嘴 PWZT86⑧：23：盘龙城二期，腰径 8.4 厘米、腹径 10.8 厘米。侈口，高粗颈，颈腹间分界作弧折状，下腹似鬲，浅裆，足外撇。扁平鋬较长，颈部饰二周凹弦纹，腹饰细绳纹。砂质黑陶，红胎。

侈口分裆斝　王家嘴 PWZT25⑧：15

侈口分裆斝　王家嘴 PWZT86⑧：23

采集 P：099:盘龙城三期,残高约 19.2 厘米、口径 14 厘米、腰径 11.6 厘米。口外侈,方唇,上腹作盆形,下腹作鬲状,中腰内束,裆部略内陷。鋬上端扁平,下端扁圆,上端加饰一对圆饼状乳钉。器身饰交错中粗绳纹,上腹加饰三周凹弦纹,下腹饰一周凹弦纹。夹砂灰陶,红胎。

7.盆

分侈口弧腹盆、侈口斜腹盆和敛口弧腹盆。

(1)侈口弧腹盆

王家嘴 PWZT11⑧：2:盘龙城二期,肩径 20 厘米、底径 8.8 厘米。侈口,颈略内收,肩弧折,斜腹壁,圜底内凹。颈部磨光,饰两周凹弦纹,肩饰云雷纹,下腹饰斜行细绳纹。泥质黑陶,灰胎,轮制。

王家嘴 PWZT85⑧：12:盘龙城二期,通高 13.2 厘米、口径 28.8 厘米。侈口微敞,尖唇,平折沿,颈内收,肩微突,弧腹壁,底略内凹。沿面内、外缘饰凹弦纹,肩、腹部饰两周凹弦纹,下腹饰横向中粗绳纹。泥质黑陶,模制,口颈部轮制。

侈口弧腹盆　王家嘴 PWZT85⑧：12

王家嘴 PWZ：069:盘龙城三期,通高 13.8 厘米、口径 22 厘米。颈内收,颈、肩部有明显界限，两侧附突泥耳，耳上加饰乳钉。颈肩部饰一周花边堆纹，口沿内侧饰一周凹弦纹，腹部饰细绳纹，上压有宽条凹弦纹。细砂灰黑陶。

（2）侈口斜腹盆

王家嘴 PWZT85⑧：10：盘龙城二期，口径 28.4 厘米。口外侈，方厚唇，颈略内收，深腹。腹饰交错细绳纹。砂质灰陶。

侈口斜腹盆 王家嘴 PWZT85⑧：10

王家嘴 PWZT65⑦：29：盘龙城三期，通高 19.2 厘米、口径 34 厘米、底径 10 厘米、肩径 31.4 厘米。方唇，敞口，凸肩，斜腹壁略弧，圜底内凹。颈饰凸弦纹，肩饰四周凹弦纹，腹饰凹弦纹、交错细绳纹。泥质灰陶，轮制。

王家嘴 PWZT67⑦：7：盘龙城三期，口径 30 厘米、肩径 30.4 厘米。宽扁圆唇，凸肩，斜壁。肩、腹部均饰平行凹弦纹。器表磨光。泥质黑陶，红胎，轮制。

（3）敛口弧腹盆

杨家嘴 PYZM8：5：盘龙城二期，通高 16 厘米、口径 22.8 厘米、底径 8 厘米。敛口，尖唇，沿面弧形，腹中部外鼓，底内凹。肩腹部饰三组凹弦纹，每组两周，肩部弦纹间饰斜方格纹，下腹部饰交错条纹，其上压一周凹弦纹。泥质黑陶，灰胎，轮、模合制。

敛口弧腹盆 杨家嘴 PYZM8：5

采集 P：097：盘龙城三期，口径 22 厘米。平折沿，下腹斜收。中腹部饰宽带雷纹，下腹饰凹弦纹和斜行细绳纹。泥质黑陶，红胎。

8.豆

分高圈足豆、矮圈足豆、高柄豆和矮柄豆。

（1）高圈足豆

城垣 79HP3TZ33⑨A：3：盘龙城一期，口径 12.4 厘米。浅盘，圜底，口沿呈阶状，粗高圈足作筒体状，足座外撇。盘下部有一周折棱，圈足下部饰两周凸弦纹。泥质黑皮陶，有光泽，褐红胎。

高圈足豆　城垣 79HP3TZ33⑨A：3

（2）矮圈足豆

王家嘴 PWZT20⑦：6：盘龙城三期，口径 17.6 厘米、盘深 5.6 厘米。盘体碗状，平折沿，喇叭形圈足。泥质灰陶。

矮圈足豆　王家嘴 PWZT20⑦：6

（3）高柄豆

王家嘴 PWZT37⑧：15：盘龙城二期，柄高 10.8 厘米、座高 6 厘米。浅盘，沿面内凹呈双折阶状，细柄，柄上部作算珠状鼓起，底座与柄连接处作垂直高台喇叭状。

柄、座均饰凸凹弦纹及不规则镂孔，盘腹部刻有叶脉纹。泥质黑陶，模制，器身轮制。

高柄豆　王家嘴 PWZT37⑧：15

高柄豆　王家嘴 PWZT83⑦：3

王家嘴 PWZT83⑦：3：盘龙城三期，通高 20 厘米、口径 13.2 厘米、足径 10.4 厘米。浅盘，高柄，柄上部圆鼓。座部作喇叭状。柄上部有 2 个圆形镂孔，柄饰为三组凹弦纹。泥质黑灰胎。

（4）矮柄豆

王家嘴 PWZT67⑦：22：盘龙城三期，通高 15.6 厘米、口径 14.4 厘米、圈足径 11.6 厘米。盘体作锅底状，折沿外敞，沿面向内，沿内外起棱。矮粗柄，柄上部作圆

矮柄豆　王家嘴 PWZT67⑦：22

鼓状。下部收束，喇叭状圈足。柄上部有 2 个对称圆形镂孔，上下各饰三周凹弦纹。黑皮红胎陶，器座有轮转凹槽。

9.瓮

分溜肩瓮、折肩瓮和圆肩瓮。

(1)溜肩瓮

李家嘴 PLZH5∶2：盘龙城二期，口径 28 厘米。体大，侈口外卷，短颈，斜折肩，深腹，底内凹。肩腹部饰三周平行锯齿状堆纹，腹饰交错绳纹。泥质灰陶。

(2)折肩瓮

王家嘴 PWZT66⑦∶24：盘龙城三期。口部残，折肩，斜腹。肩部附两个长方冠耳，耳上饰乳钉。肩、腹部饰平行凹弦纹，下腹饰小方格纹。泥质灰陶，模制。

溜肩瓮　李家嘴 PLZH5∶2

折肩瓮　王家嘴 PWZT66⑦∶24

（3）圆肩瓮

城垣 79HP3TZ33⑨B：5：盘龙城一期，口径 10.4 厘米。侈口，矮领，上腹鼓弧，下腹残。肩饰斜绳纹，上压四周凹弦纹。泥质黑皮陶，灰胎。

圆肩瓮　城垣 79HP3TZ33⑨B：5

10. 大口尊

大口尊可分为短颈有肩大口尊、短颈无肩大口尊、厚胎尊。

（1）短颈有肩大口尊

王家嘴 PWZT20⑨：5：盘龙城一期，口径 34.8 厘米、肩径 26.4 厘米。口径略大于肩径。口沿外敞，扁圆唇，颈内收，圆肩，颈肩部作阶状分界，斜腹壁。肩饰二周锯齿状堆纹，腹部有一周手按圆窝，腹饰中粗绳纹。泥质黄红陶。

王家嘴 PWZT82⑧：2：盘龙城二期，通高 35.2 厘米、口径 34.4 厘米、底径 12.8 厘米。口外侈，圆唇，颈内收，凸肩作突棱状，底内凹。口径与肩径大致相等。肩部有乳钉装饰，腹部饰斜行绳纹，上压三道平行锯齿状堆纹。泥质灰陶，模制。

（2）短颈无肩大口尊

王家嘴 PWZT11⑧：3：盘龙城二期，残高 24 厘米、口径 31.2 厘米。口大于肩，敞口，高领，颈部磨光，斜浅腹筒体状。肩饰一周绳纽状堆纹，腹部饰交错拍印纹。

泥质黑陶，红胎。

短颈无肩大口尊　王家嘴 PWZT11⑧：3

王家嘴 PWZ：028：盘龙城三期，通高 25.2 厘米、口径 30.4 厘米、底径 9.5 厘米。扁圆唇，体矮胖，底内凹。口唇内侧饰一周凹弦纹，颈饰三周纽状堆纹，下腹饰交错绳纹。底部划一圆圈，口颈部内侧有刻划符号。泥质黄陶。

（3）厚胎尊

李家嘴 PLZH7：4：盘龙城二期，通高 12.8 厘米、口径 18 厘米。侈口，折肩，斜腹壁，下腹壁厚，平底。口径约等于肩径。腹饰方格纹。砂质黄陶。

厚胎尊　李家嘴 PLZH7：4

11.壶

分长颈壶和短颈壶。

（1）长颈壶

王家嘴 PWZT36⑧：30：盘龙城二期，口径 12.5 厘米、腹径 26.4 厘米。圆唇，平折沿，细高颈，扁圆腹。颈饰一周凸弦纹，肩饰凹弦纹、斜行刻划纹。器表磨光。泥质黑陶，红胎，轮制。

长颈壶　王家嘴 PWZT36⑧：30

王家嘴 PWZT58⑧：1：盘龙城二期。口径 13.6 厘米、颈高 9.8 厘米。圆唇，平折沿，长颈，圆肩，下腹残。颈部有三周凹弦纹，肩部有两排人字纹。泥质黑陶红胎。手制。

王家嘴 PWZT36⑧：20：盘龙城二期。形制与 PWZT36⑧：30 基本相同。底内凹，颈饰一周凸弦纹，肩腹部饰人字纹，底饰中粗绳纹，器表经过磨光。泥质黑陶红胎。

（2）短颈壶

王家嘴 PWZ：0107：盘龙城二期，通高 6.4 厘米、口径 6.8 厘米。直口矮领，广肩，圆折腹，小平底。泥质黑陶，黄胎。

王家嘴 PWZ：0103：盘龙城二期，通高 7.2 厘米、口径 8 厘米。圆唇，直颈，折腹，底内凹。泥质红陶。

12.杯

杨家嘴 PYZ：064：盘龙城一期，通高 8.2 厘米、口径 6.4 厘米、底径 3.4 厘米。敞口，斜壁，平底，底内凹作按窝状。泥质红陶。

王家嘴 PWZ：078：盘龙城三期，通高 13.6 厘米、口径 13.2 厘米、足径 10.6 厘米。大口，斜腹，圜底，圈足外张。腹饰方格纹。夹砂黄陶。

13.碗

西城垣 PCY：0133：盘龙城三期，通高 5.6 厘米、口径 14.8 厘米。侈口，弧腹，圈足。泥质红陶。

14.壶形器

王家嘴 PWZ：035：盘龙城三期，口径 9.8 厘米。扁体，口沿上面凸起一棱，呈子口状，有颈，耸肩，腹部前后两侧有椭圆孔。素面，器壁内侧局部布满烟痕。

15.缸

分侈口斜腹缸和直口斜腹缸。

(1)侈口斜腹缸

王家嘴 PWZT48⑧：4：盘龙城二期，通高 44.6 厘米、口径 32 厘米。口外敞，弧腹，底附小圆饼足。颈饰连锁块状堆纹，腹饰细方格纹。夹砂砖红陶。

王家嘴 PWZT36⑧：7：盘龙城二期，口径 38.2 厘米、底径 24 厘米。方唇较厚，筒腹，底附同心圆状的大小两个圈足。口沿下和圈足处各饰两条平行堆纹，腹饰中粗绳纹。夹砂橙红陶。

侈口斜腹缸　王家嘴 PWZT36⑧：7

王家嘴 PWZT72⑦：6：盘龙城三期，通高 100.6 厘米、口径 54.4 厘米、底径 12.8 厘米、胎厚 1.8 厘米。体形特大，口外侈，斜腹壁，圜底，圆饼状足。颈饰带状堆纹，堆纹上饰椭圆形凹槽。腹饰带状堆纹 11 周，堆纹上饰长方形凹槽，凹槽上饰方格纹。夹砂红陶。

王家嘴 PWZT25⑦：27：盘龙城三期，口径 36.8 厘米、底径 46.8 厘米。窄方唇，斜腹壁，底附圈足。颈饰纽状堆纹，腹饰中粗斜行条纹。夹砂黄陶。

王家嘴 PWZ：039：盘龙城三期，口径 51.2 厘米。厚方唇，底残。口沿下饰一周带状泥条堆纹，泥条上三条竖槽为一组，槽内饰横行条纹。腹饰斜行菱格纹，间饰细绳纹。夹砂橙黄陶。泥条盘筑，火候低。

侈口斜腹缸　王家嘴 PWZT72⑦：6

王家嘴 PWZ：095：盘龙城三期，残高 42.4 厘米、口径 41.6 厘米。大口，颈略内收，两侧附突泥耳，上腹略鼓，下腹斜收。口沿下饰绳纽状堆纹，腹饰竖行中粗条纹。夹砂橙黄陶。

（2）直口斜腹缸

王家嘴 PWZT65⑦：8：盘龙城三期，通高 41.6 厘米、口径 32 厘米。直口，短颈，斜腹壁，底附花边圈足。颈饰纽状堆纹，腹饰中粗绳纹。夹砂砖红陶。

王家嘴 PWZ：0127：盘龙城三期，通高 43.6 厘米、口径 33.6 厘米。宽厚唇，下腹斜收为圆饼足。口沿下饰纽状堆纹，堆纹上饰斜行绳纹，腹饰细绳纹已抹，圈足周边饰凹齿纹。夹砂灰陶，羼和料较细，泥条盘筑。

直口斜腹缸　王家嘴 PWZT65⑦：8

16.坩埚

李家嘴 PLZH7：2：盘龙城二期，通高 42 厘米、口径 30.8 厘米。侈口，斜腹壁，下腹厚胎，圈足。口沿下饰绳索状堆纹，腹饰小方格纹。夹砂黄陶，泥条盘筑。

坩埚　李家嘴 PLZH7：2

三、硬釉陶

器类有尊和瓮。

1.尊

以下为双折肩斜腹尊。

王家嘴 PWZT82⑧：4：盘龙城二期，通高 30 厘米、口径 20.4 厘米、肩径 28.2 厘米。圆唇，折沿，高颈，双折肩，深腹，底略凹。口沿饰二周凸弦纹，颈饰凸弦纹，肩饰曲折纹、编织纹，腹饰编织纹。器表施黄釉，口颈内侧留有块状绿釉。

王家嘴 PWZT66⑦：23：盘龙城三期，通高 25.5 厘米、口径 20 厘米、底径 10.4 厘米。尖唇，沿面外倾，广肩微折，圜底内凹。肩腹部饰细方格纹。轮制，颈部有轮旋印痕。

双折肩斜腹尊　王家嘴 PWZT66⑦：23

2.瓮

王家嘴 PWZT17⑦：29:盘龙城三期,口径 22.6 厘米。折沿,沿面外倾,短颈。肩部饰对称的鼻耳。颈部有轮旋凸纹,肩饰云雷纹。器表青灰色,胎灰色,轮、模合制。

小口瓮　王家嘴 PWZT17⑦：29

四、石器

器类有刀、斧、凿、锛、镰、铲、杵、臼、球和砺石等。

1.刀

采集 P：0442:盘龙城三期,长 10 厘米、宽 3.5 厘米。长条梯形,直背两面刃。黑色板岩。

采集 P：0454：盘龙城三期,长 11.7 厘米、中宽 4.1 厘米。弯背,两面直刃,尾端两面磨成刃状,上面有一圆孔。灰色板岩。

刀 采集 P：0454

王家嘴 PWZ：0421：盘龙城三期,长 10.8 厘米、宽 4.7 厘米。扁平半月状,单面刃,上面有圆孔。灰色板岩。

采集 P：0428:盘龙城三期,长 17.6 厘米、宽 4.2 厘米。刀身长,尖端略窄呈柄状。

采集 P：0448:盘龙城三期,长 13 厘米、宽 4 厘米。曲背斜刃。

王家嘴 PWZT21⑦：20:盘龙城三期,残长 9.4 厘米、宽 2.4 厘米。弧背直刃,两面刃,前端作尖状。黑色,磨制。

2.斧

王家嘴 PWZ：0407:盘龙城三期,长 11.6 厘米、刃宽 7 厘米。横截面作椭圆形,圆顶,直刃。青灰色石灰岩。

盘龙城采集：408:盘龙城三期,长 10.5 厘米、刃宽 6 厘米。平顶,弧刃。

斧 盘龙城采集：408

王家嘴 PWZ：0409:盘龙城三期,长 25 厘米、刃宽 6 厘米。扁圆柱体,圆顶,两面弧刃。灰麻石。

采集 P：0403:盘龙城三期,长 15 厘米、刃宽 6 厘米。扁平长条状,横截面呈长方形。圆顶,两面刃。青色麻石。

王家嘴 PWZT51⑦ : 1: 盘龙城三期, 长 7 厘米、顶宽 2.8 厘米、刃宽 4.5 厘米、中厚 2.2 厘米。横截面呈长方形,平顶,顶窄于刃。

王家嘴 PWZT9⑦ : 1: 盘龙城三期, 全长 8.4 厘米、中宽 3.5 厘米、刃宽 3.2 厘米、中厚 2.2 厘米。扁圆柱形,横截面作椭圆形,两面刃,刃部宽于顶部。磨制较粗糙。

3. 凿

王家嘴 PWZ : 0415: 盘龙城三期, 长 9.5 厘米、刃宽 3 厘米、厚 1.2 厘米。平顶,斜刃。灰色岩石,磨光。

凿　王家嘴 PWZ : 0415

王家嘴 PWZ : 0416: 盘龙城三期, 长 5 厘米、刃宽 2.9 厘米。长方形,体小,质薄。两面刃,平顶。磨制。

杨家嘴 PYZ : 0429: 盘龙城三期, 长 7.4 厘米、刃宽 3 厘米。质薄,平顶,刃略残。灰色岩磨制。

采集 P : 0430: 盘龙城三期, 残长 7.5 厘米、刃宽 3 厘米。厚顶,薄刃。通体磨光。

盘龙城采集 : 414: 盘龙城三期, 长 5.3 厘米、刃宽 3.4 厘米。单刃,灰色岩磨制。

凿　盘龙城采集 : 414

采集 P：0427：盘龙城三期，长 7 厘米、刃宽 4 厘米。两面刃，灰色岩，磨制。

王家嘴 PWZ：0432：盘龙城三期，长 5.1 厘米、顶宽 2.2 厘米、刃宽 2.8 厘米。扁平，长方形，体小，单刃，平顶。磨制。

杨家嘴 PYZ：0433：盘龙城三期，残长 3.6 厘米。曲背，单面刃。青灰色岩，磨制。

4.锛

杨家嘴 PYZT30⑦：5：盘龙城二期，长 14.5 厘米、宽 5.6 厘米、顶厚 1.6 厘米。长条状，单面刃。

王家嘴 PWZT82⑧：3：盘龙城二期，长 5.7 厘米、顶宽 3.3 厘米、刃宽 4 厘米。长方体，单刃，平顶。粗磨。

王家嘴 PWZ：0447：盘龙城三期。长 10.5 厘米、刃宽 4 厘米。体作长条状，顶窄于刃，圆顶，斜刃，横剖面作长方形。灰色粗砂岩，磨制。

锛　采集 PWZ：0447

采集 PWZ：0447：盘龙城三期，长 10.5 厘米、刃宽 4 厘米。长条状，顶窄于刃，圆顶，斜刃。灰色粗砂岩，磨制。

采集 P：0406：盘龙城三期，长 9.6 厘米、刃宽 2.8 厘米。横截面作楔形，平顶，单刃。

王家嘴 PWZT81⑦ : 1:盘龙城三期,长 8.2 厘米、顶宽 3.8 厘米、刃宽 4.5 厘米、中厚 1.9 厘米。长方体,单刃。素面,磨制。

王家嘴 PWZT62⑦ : 2:盘龙城三期,长 9 厘米、宽 3 厘米、刃宽 3.4 厘米、厚 2.8 厘米。长条状,平顶,单面刃,上端作阶状。素面,磨制。

王家嘴 PWZT66⑦ : 34:盘龙城三期,长 9.4 厘米、宽 2.5 厘米、厚 3.4 厘米、刃宽 3 厘米。厚体长条状,圆顶,单刃。素面。

王家嘴 PWZT21⑦ : 19:盘龙城三期,长 9 厘米、中宽 3.2 厘米、刃宽 3.5 厘米、中厚 2 厘米。长条状,单面刃。素面,青灰色石灰岩,上半部打制,下半部磨光。

5.镰

王家嘴 PWZ : 0417:盘龙城三期,残长 9.3 厘米。直背凹刃,黑色板岩。

采集 P : 0418:盘龙城三期,残长 12 厘米。窄条状,尖残。青色板岩。

王家嘴 PWZ : 0420:盘龙城三期,长 9.6 厘米。体作扁圆状,尖部呈三角状,尾端下垂。青色板岩。

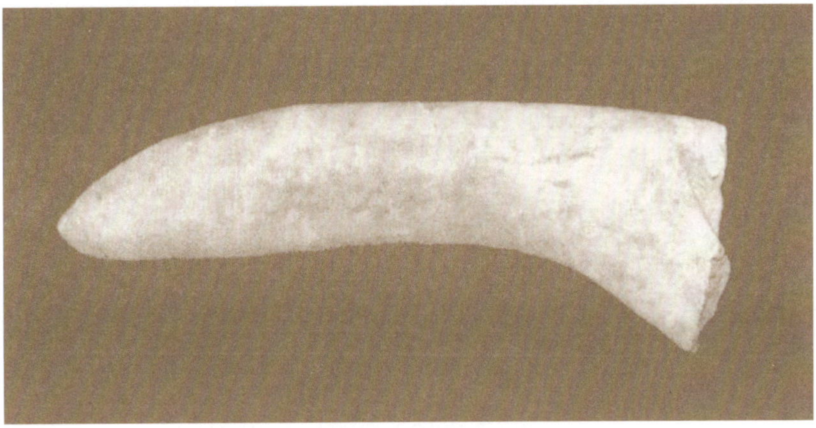

镰 王家嘴 PWZ : 0420

采集 P : 0431:盘龙城三期,长 18 厘米、厚 1.7 厘米。弯背,两刃略内凹。青灰色岩石。

王家嘴 PWZT78⑦ : 2:盘龙城三期,宽 4.5 厘米、中厚 0.6 厘米。曲背弧刃,尖残。器身两面刻有条纹。黑色,磨制。

王家嘴 PWZT78⑦ : 6:盘龙城三期,长 8.4 厘米、尖端宽 2.6 厘米、中厚 1 厘米。弯背,两面刃,尖端作单刃。黑色,磨制,局部有打制痕。

王家嘴 PWZT69⑦ : 1:盘龙城三期,宽 2.4 厘米、中厚 0.8 厘米。窄长条状,两面刃,弯背曲刃。黑色,磨制。

王家嘴 PWZT17⑦ : 3:盘龙城三期,残长 10 厘米。窄条状,尖端残,尾部向下斜成弧。黑色,通体磨光,局部有打击形成的破裂面。

6.铲

采集 P：0410:盘龙城三期,长 13.6 厘米、刃宽 5.8 厘米、厚 1.8 厘米。横截面作长方形,平顶,两面刃,中部有一穿孔。青灰色石灰岩,磨制。

铲　采集 P：0410

采集 P：0436:盘龙城三期,残长 9 厘米、刃宽 5.8 厘米。磨制。横截面作椭圆形,两面刃,器身有一圆孔。

铲　采集 P:0436

王家嘴 PWZ：0411:盘龙城三期,长 9.6 厘米、刃宽 6.1 厘米。横截面作楔形,平顶,弧刃,器身中部有一圆孔。通体磨光。

采集 P：0413:盘龙城三期,长 9 厘米、刃宽 6.6 厘米。长方形,横截面作扁圆形,平顶,弧刃,中部有一圆孔。通体磨光。

王家嘴 PWZT30⑦：4:盘龙城三期,长 10.4 厘米、厚 1.4 厘米、刃宽 7 厘米。扁体长方形,横截面作扁圆形,两面刃,上面有一圆孔,双面钻成。制作粗糙。

7.杵

采集 P：0422:盘龙城三期,长 9 厘米、直径 4.3 厘米。直筒状,顶平下圆。顶部打制,表面磨制。

采集 P：0452:盘龙城三期,长 18.8 厘米、上径 8.2 厘米、下径 9.6 厘米。圆柱形,上小下大,顶平下圆。磨制。

采集 P：0404:盘龙城三期,长 9 厘米、上径 4.5 厘米。上端方,下端圆。

杵 采集 P:0404

采集 PWZ：0423:盘龙城三期,长 16.4 厘米。两头圆,横截面呈方形。卵石改制。

8.臼

采集 P：0449:盘龙城三期,外径 17 厘米、内径 8.4 厘米、高 12.4 厘米。小平底,体扁圆,厚实,中部有一圆窝。

王家嘴 PWZT30⑦：7:盘龙城三期,长 32 厘米、宽 22.4 厘米、高 15.2 厘米、圆窝径 10.8 厘米、窝深 4 厘米。不规则六边形,体厚实,中部有一圆窝。有打制痕。

9.球

采集 P：0440:盘龙城三期,直径 3.8 厘米。磨光。

采集 P：0451:盘龙城三期,直径 3.8 厘米。磨光。

10.砺石

王家嘴 PWZ：0453：盘龙城三期。长条三角状，有使用痕迹。

74HP4TR24⑥：16：盘龙城三期，残长 8.6 厘米、宽 7 厘米、厚 2.2 厘米。人工打磨。

小 结

盘龙城二里头时期即相当于夏时期的文化，包含盘龙城一至三期。盘龙城一期：以南城垣之下的文化遗存及城外遗址文化层第 9 层为代表，年代相当于二里头文化第二期偏晚至第三期偏早。盘龙城二期：以王家嘴南区 1 号长窑和城外遗址文化层第 8 层为代表，年代相当于二里头文化第三期。盘龙城三期：以城内文化层第 6 层、城外遗址第 7 层和王家嘴 3 号长窑为代表，年代相当于二里头文化第四期。

第一期的遗迹主要是：在南城垣之下发现夯土台基，在王家嘴南、北区发现有早期黄土台基。遗物方面：(1)陶器中夹砂、泥质黑陶约占 34.01%，灰陶占 31.38%，次为黄陶和砖红陶，硬陶占 1.01%。陶器胎质较薄。纹饰以细绳纹居多，约占 42.1%，次为堆纹、弦纹，少数有花边装饰及鸡冠装饰。炊器有鼎、鬲、夹砂中口罐、甗；盛器有簋、盆、豆、大口尊、瓮、缸、长颈壶、器盖等。陶器特征：鼎：平底，侧扁足始自中腹；鬲：宽沿面作弧卷状，圆裆或联裆，尖锥足根层层包制，表饰细绳纹，陶器器壁薄；豆：圈足作粗筒状；大口尊：口、肩径相当；夹砂中口罐：深腹，弧壁或直壁，口唇部有花边装饰。(2)印纹硬陶有瓮，纹饰有雷纹、方格、叶脉纹等。

第二期的遗迹主要是：在南城垣之下发现灰坑 1 个(79HP3TZ33H3)，在王家嘴南区发现有长窑 1 座(PWZY1)、圆窑 1 座(PWZY2)、灰坑 2 个(PWZH8、H9)，在李家嘴发现灰坑 3 个(PLZH5、H7、H9)，在杨家嘴发现墓葬 2 座(PYZM6、M8)。遗物方面：(1)陶器以夹砂、泥质灰陶为多，比例占 36.8%，次为黑陶，占 25.63%，砖红陶占 21.79%，硬陶占 1.42%。陶器壁一般较薄。纹饰以绳纹居多，占 35.3%，次为方格、堆纹、弦纹、条纹、雷纹、网结纹、编织纹、圆圈纹、席纹、叶脉纹、乳丁纹、S 纹和人字纹。器类除沿袭一期外，酒器增加了斝、爵，盛器增加了壶，缸的数量增至 31.4%。陶器特征：鬲：口沿外敞，圆鼓腹，中高尖锥足，足根粗壮，腹部饰细绳纹。大口尊：口径等于或略大于肩径，矮颈体粗。豆：柄高细，上有凸棱装饰。长颈壶：高颈扁腹。器类新增加了尊，纹饰增加了弦纹、条纹、编织纹和 S 纹等。(2)铜器特征：铜镞作短翼状。

第三期的遗迹主要是：在北城垣西北角之下发现坑形遗迹三处，在王家嘴北区发现长窑 1 座(PWZY3)、灰坑 1 个(PWZH5)、房基 1 座(PWZF4)、柱洞遗迹 1 处；

遗物方面:(1)陶器以夹砂、泥质灰陶居多,占35.74%,黄陶比二期略有增加,占23.52%;黑陶减少,占11.94%;硬陶占2.03%。陶器壁薄。纹饰除继承二期外,增加了三角划纹、曲折纹。炊器中的夹砂中口罐少见,盛器新出现罍、杯、喇叭形器。小件器物如小坩埚、小壶、小鼎、小鬲、小盆等较多。器形特征:鬲:口沿外卷,联裆或深分裆,三尖锥足根高瘦,腹部细绳纹偏粗。大口尊:体粗矮,口径略大于肩径,凸肩,两侧饰鼻耳;豆:高柄上部圆鼓。(2)印纹硬釉陶:新出现釉陶尊,纹饰增加了复合组合纹和曲折纹等。(3)铜器特征:器类有斝、爵。斝:敞口高颈,口上无柱、三圆锥空足。爵:体矮胖,柱作三角状,弧腹。纹饰有曲折纹、弦纹、饕餮纹和圆圈纹等。

在盘龙城,王家嘴遗址下层发现了二里头文化遗存,应是夏民南下的遗迹,似表明禹征三苗后,夏朝一部分人继续留在江汉地区,与三苗土著文化结合。盘龙城王家嘴、杨家嘴遗址发现了二里头时期的大型夯土台基,中、小房基,灰坑及墓葬;出土了一批二里头中晚期的陶器,有鼎、罐、鬲、甑、甗、斝、爵、觚、盉、鬶、盆、簋、豆、瓮、罍、壶、大口尊、尊、器盖、缸、坩埚等,证明盘龙城一带居住着一支二里头时期的先民。同时,王家嘴遗址下层发现两类手工业作坊遗址:一类是与制陶有关,如王家嘴南区的1号长窑,出土了一批陶缸,其中有一件陶缸因火候不足,无法完整取出,说明它是一座以烧制陶缸及其他陶器的窑址;一类是坑形遗迹,分布在王家嘴3号长窑之南侧,共发现10个(坑1—10)。遗迹坑口形状有长方形、椭圆形和不规则形。坑口一般长约0.50米、宽0.30米,残深0.20米—0.30米,坑内积满以木炭和红烧土为主的黑灰土。内置陶缸1—2件,出土时陶缸有竖立状也有侧卧状。坑内除陶缸外,同出还有其他陶器,如坑7出土陶缸2件、鬲4件、罐2件、爵3件、簋2件、大口尊1件、尊1件、小鬲1件、小盆1件、纺轮1件和石斧1件等。陶缸内积满灰褐土夹以木炭屑,未见缸片有熔渣痕。而郑州发现有一类缸是供酿酒用,由此推断盘龙城已发现的坑形遗迹或与酿酒有关,因此作坊的性质可能为酿酒场所。湖北房县七里河、随州西花园及天门石家河等遗址中出土的大量红陶杯,反映了湖北地区自龙山时期始即盛行饮酒。王家嘴遗址的酿酒作坊,可能是当地土著民族的遗风。毫无疑问,生活在盘龙城的夏民与三苗后裔,对早期盘龙城的开发起了先导作用,也为以后商代文化的繁荣奠定了物质基础。

盘龙城夏时期的文化包含有二里头文化、先商文化(下七垣)、江汉土著文化和几何印纹硬陶等文化因素。其中的先商文化,包含有辉卫型、漳河型和南关外型。

1.盘龙城与二里头文化

盘龙城二里头文化因素在盘龙城一至三期均有发现[①]。

盘龙城一期的夏文化因素有盆形鼎(79HP3T33⑨A:7)、花边圆腹平底罐(79HP3T33⑨A:7)、中口弧腹圜底罐(79HP3TZ30⑨A:2)。二期夏文化因素有:

① 湖北省文物考古研究所:《盘龙城:一九六三年——一九九四年考古发掘报告》,文物出版社,2001年。

侧扁足盆鼎（PWZT31⑧：1）、夹砂中口罐（79HP3TZ33H3：4）、三角扁足釜形鼎（PWZT31⑧：1）、侈口花边斜腹盆（PWZT10⑧：1）、折肩瓮（PLZH5：3）、素面斝（PWZT86⑧：23）、素面爵（PWZT85⑧：2）、盉（PWZT32⑧：3）、鬶（PWZT39⑧：1）。三期夏文化因素有：鸡冠耳深腹盆（PWZ：069）、敛口鼓腹盆（PYZM8：5、PWZT17⑧：32）、刻槽盆（PWZT56⑦：5）、鼓腹高柄豆（PWZT83⑦：3）、斜腹爵（PWZT84⑦：1）、甑（PWZT66⑦：32）。

2.盘龙城与先商文化

据学者研究，距今约4000年前，中国太行山一带气候变冷变干。干旱给农业带来极大灾难，使得太行山东麓地区不再适宜居住，最早生活在这里的商朝先民便选择南下生活。夏商时期的先商文化在豫北、豫东一带多有发现[①]。盘龙城先商文化出现在盘龙城一至三期的各类遗迹中，与夏文化因素共存[②]。这支文化以下七垣辉卫型为主体，也留存有漳河型的因素。属辉卫型的陶器有：鼓腹平裆、足根饰细绳纹的鬲（PWZT20⑨：2、PWZT20⑨：1、PWZT12⑦：8）、高领矮分裆鬲（PWZT85⑧：4）、弧腹上有编织纹的中口罐（79HP3TZ30⑨A：3）、罐形鼎（PWZT32⑧：21、PWZT67⑦：11）。属漳河型的陶器有：卷沿细绳纹分裆鬲（PWZT9⑧：3、PWZT21⑦：5）、尖锥足上饰有刻槽或鬼脸式的罐形鼎（PWZ：0120）。

3.盘龙城与郑州南关外型文化

盘龙城南关外型，主要分布在杨家嘴南坡1号铸铜遗迹灰烬沟下的一片黄土台基上。典型陶器是：红褐陶鼓腹鼎（PYZT3⑦：1、PWZT20⑨：2）、红褐陶带鋬罐形鼎（PYZT3⑦：1）、堆纹细腰空袋足甗（PYZT4⑦：1）、砂质黑陶红胎的短颈大口尊（PYZT1⑦：1）等。另外，在王家嘴3号长窑中，还出土了有流无尾爵（PWZT71⑦：2）、敞口细腰素面斝（PWZT12⑦：13）也属此类。有学者推断，盘龙城南关外型是郑州南关外先商文化南迁而来，而郑州南关外型是来自豫北地区的辉卫型[③]，盘龙城南关外型包含有漳河型和辉卫型文化因素。但对于郑州南关外型的文化性质，李伯谦先生认为它与二里岗下层早段陶器有很大差异，不可能是二里岗下层早段先商文化的直接前驱，而有可能是"夏之某一与国的文化遗存"[④]。盘龙城南关外型与郑州南关外型相似，是否也是夏之某一与国的文化分布范围，值得进一步探讨。

总之，盘龙城二里头时期的文化因素，是一支诸多文化长期交流、碰撞、整合的共同体，是夏王朝南征的产物。盘龙城的夏文化应来自偃师二里头和郑州洛达庙型，盘龙城先商文化主要来自下七垣的辉卫型和漳河型[⑤]。据学者研究，辉卫型是从

①④ 李伯谦：《先商文化探索》，《中国青铜文化结构体系研究》，科学出版社，1998年。

② 湖北省文物考古研究所：《盘龙城：一九六三年—一九九四年考古发掘报告》，文物出版社，2001年。

③ 王立新、胡保华：《试论下七垣文化的南下》，《商代盘龙城学术研讨会论文集》，2014年。

⑤ 邹衡：《试论夏文化》，《夏商周考古学论文集》，文物出版社，1980年。

漳河型发展而来。这支下七垣文化南下的路线可分东西两线,西线是从“豫北——郑州——盘龙城”,东线则是从“濮阳——滑县东部——长垣——杞县——鹿邑”①,再与岳石文化结合后西进,至郑州又与辉卫型再汇合,直抵夏都。与此同时,这两支队伍的一部分又与郑州南关外型一起,向南抵达盘龙城②,这就是盘龙城先商文化存在辉卫、漳河和南关外型等文化因素的原因。夏时期各类型文化南下盘龙城的目的之一,即是以盘龙城为据点获取矿产资源。

夏时期的盘龙城,青铜器发现不多。在手工作坊中发现一大批石器,有斧、锛、镰、凿、铲等,少见青铜生产工具。说明当时社会生产仍以石器为主。坑形遗迹中发现的陶缸,内壁很干净。这种陶缸在郑州出土过,其内壁多附着白色水锈状沉淀物,有学者认为可能与酿酒有关。结合这一时期出土的青铜容器仅有爵、斝酒器的情况看,当时酒的需求或许很大,从中也间接反映出夏时期盘龙城的农业粮食生产具有一定规模,粮食自给自足并供酿造美酒。

① 宋豫秦:《夷夏商三种考古学文化交汇地域浅谈》,《中原文物》,1992年第1期。
② 王立新、胡保华:《试论下七垣文化的南下》,《商代盘龙城学术研讨会论文集》,2014年。

第二章　铸就辉煌——早商前期:盘龙城的兴盛

商王朝征服夏后,为了能够有效地控制四方的诸侯、部落和夏王朝的遗民,巩固新建立的政权,商汤在郑州建立亳都,并在王朝势力壮大起来后即行四面讨伐。首先与方国之间开展了激烈的军事斗争,商汤“十一征而无敌于天下”“凡二十七征,而德施于诸侯”,方国并灭,王畿扩大,商王朝国家不断发展,形成了以王畿为中心,包括臣服方国的庞大王朝。商汤继承了夏王朝政治统一体并通过征伐,大大扩展了商的疆域。所谓:“维女荆楚,居南乡,昔有成汤,自彼氐羌,莫敢不来享,莫敢不来王,曰商是常。”商王朝的势力范围西至陕西西部,东至今山东西部,北至河北北部,南至汉水以南的长江流域。在长江北岸,商人聚集盘龙城,迅速修建城邑。盘龙城内雄伟的宫殿、城外大规模的作坊,构成了盘龙城的城市主体,成为商王朝在南方的政治、经济、军事中心。鄂东南和赣东北等地开采铜矿资源,源源不断地运输到盘龙城,经中转送往商都,以满足商王朝与日俱增的对于铜矿资源的需求,保障铜礼器、酒器、车马器、兵器等国之要器的制造,以维护商王统治。

本期遗迹分布在内城的东北部、城东的李家嘴、城西的楼子湾、城北的杨家湾和杨家嘴;城南的王家嘴。其范围:以城址为中心,遗迹南起王家嘴,北至杨家湾,东达李家嘴,西抵江家湾,南北约 920 米,东西 1130 米,面积 1,039,600 平方米。主要遗迹有城址、大型宫殿基址、房基、铸铜遗迹、灰坑、墓葬等。

第一节　城　址

盘龙城城址三面为盘龙湖所环抱,仅西北角与杨家湾岗地相接,其南面向湖中延伸出一小岗丘即王家嘴,是夏代盘龙城居民的主要生产生活场所。城址平面近方形,方向为北偏东 20°。南北长 290 米、东西宽 260 米,面积达 7.5 万平方米,轮廓依稀可见。

盘龙城城址远眺

一、城垣

盘龙城城垣为夯土筑成，由主墙体和护城坡两部分构成。墙体采用水平夯筑，夯筑时用木板围固填土，再行夯打。层层往上夯，夯层增高，木板也随之加高。夯土工具可能与郑州商城一样，为成捆的圆头木棍，垂直夯打填土，因此形成密集的圆凹夯窝。墙体内外两侧均筑护坡，起维护及加固墙体的作用，内坡较缓，外坡较陡。外坡面朝城外，修成陡坡，显然是出于增强防御性的考虑。内、外护坡采用斜面夯筑，同

西城垣主墙体和护坡发掘现场平面图

样采用版筑方式夯实填土，夯层按斜坡面逐层垒高。盘龙城城垣的墙体不见基槽，应是先平整地面，除高填凹，直接在平整面上筑墙体。这与郑州商城、偃师商城的城垣采用修基槽建墙体的方式有所不同。此外，郑州商城在城墙顶面铺有一层料姜石碎块，是保护城垣免遭雨水冲刷的保护层。盘龙城城垣发掘时未发现这类保护层，推测已遭破坏。

盘龙城城垣周长约 1100 米。西城垣全长约 290 米、宽 18 米—45 米，现存高出地面 2 米—3 米，墙体北段较直，南段向内微弧。南城垣全长约 262 米、宽 21 米—28 米，现存最高处高出城内地面近 4 米，西段墙体较直，东段略弧向北偏斜。北城垣全长约 261 米、宽 21 米—38 米，墙体较直，基本夷平，但墙体脚部南坡大部保留下来，较城内地面略高。东城垣全长约 287 米，走向较直，损失最严重，基本平毁，残存下来的墙基底西脚仍隐约可见。古城东南、西南、西北三个城角较完整保存，西北角外缘近方形，东南、西南二角呈圆角形，东北角遭平毁。

北城垣西段遗迹

2001 年，武汉市文物考古研究所联合盘龙城遗址博物馆筹建处、黄陂区文管所，对盘龙城遗址进行考古勘探，在城外北的杨家嘴、杨家湾、马家岗、艾家嘴岗地一线，距盘龙城西、北城垣 250 米—500 米的地段，发现数处带状夯土遗迹。由于尚未正式发掘，带状夯土遗迹的年代、性质及功用，目前尚难明确。其属性推测有以下三种可能：一是堤防，二是道路，三是城垣。如果发现的带状夯土遗迹是盘龙城外城的城垣基址的话，那么盘龙城就是一座具有内外两重城的较大规模的城邑，其城市形态就更为成熟。内城为统治者占据，内城之外的外城，应主要是从事手工行业一类的自由民生产生活场所。这种内外两重城的城市布局，与郑州商城异曲同工。

二、城门

现存土城的南、北、西三面残垣中段各有一个豁口，均是原城门遗迹。据当地村民反映，原古城有四个城门，分别位于东、西、南、北四面城垣的中部，每个城门两侧有可能置有方石，今西城门西侧石块尚存。

南城门豁口：西距西南角约 128 米，现存南门豁口宽约 3 米，豁口西侧残垣高 1 米—2 米，东侧残垣高 2 米—3 米。

北城门豁口：西距西北角约 133 米，北门豁口宽约 3 米，西侧残垣高约 3 米，东侧残垣高约 4 米。

西城门豁口：北距西北角约 145 米，西门豁口宽 3.6 米，北侧残垣高 2 米，南侧残垣高 1.5 米。

西城门豁口

东城门残迹：东垣墙体已毁，仅留残迹。

1974 年冬，因城址南面修筑防汛长堤。当地农民在取土时，发现在南城垣中段（接近南城门处）从城脚坡直通城壕的线路上，有一条石铺路。据农民提供的情况，石路宽 1 米许，由大小不等的石块平铺而成。这条石路应是南城门进出的要道。

三、城壕

盘龙城三面为湖水环绕，城垣外围陆地有限，仅在连接王家嘴的城南及连接杨家湾的城西北有稍微开阔的陆地，因此，城四周地表几乎没有留下壕沟的线索。

1975 年，当地农民在盘龙城南城垣外的王家嘴岗地一带修筑府河围堤，于城外东南部取土时挖出一条灰白色的淤土带，宽有 10 多米，厚达数米。随后的考古勘探探明，这条淤土带围绕南城垣分布，长达几十米，在南城垣东南角处向北转成弯状。当时推断，这条淤土带可能与护城河有关系。这样，盘龙古城城壕的蛛丝马迹开始显露。

1976 年，北京大学与湖北省博物馆对南城垣进行考古发掘，在南城垣中段开了 5 条探沟，在位于城外的 3 条探沟的南部发现了壕沟遗迹。这段壕沟位于南城门以东约 50 米，与南城垣相距约 10 米，走向与南城垣基本平行。壕沟为锅底形，沟面宽约 11.6 米，最深处距地表 3.9 米。壕沟的北壁比南壁高，也就是靠近城的这面沟壁修得比对面高，高差 1.9 米。南、北两壁都呈缓坡状。在壕沟两岸的缓坡及沟底，发现了带木桩的桩洞遗迹。不少洞内还留有朽木痕，其中有一个柱洞还可见木桩尖端插入生土的状态。柱洞共发现 16 个。北坡 8 个，呈凹字形排列；沟底 7 个，其中有 5 个与北坡上柱洞位置接近；南坡仅 1 个。

南城垣中段外壕沟发掘现场

1979 年，盘龙城考古工作站对南城垣东南部的淤土带地段进行发掘，证实了 1975 年发现的灰白色淤土带确属城壕遗迹。1997 年,在此地又进一步作了发掘。这段壕沟位于南城门东南约 100 米,与南城垣相距约 10 米,走向顺南城垣一段后转向北绕。其往南,与 1976 年发掘的壕沟基本处在一条直线上。壕沟也大体为锅底形,沟面宽约 6.8 米,钻探数据表明沟底距地表 4.5 米。壕沟北壁高出南壁,北缓南陡。在北坡,共发现柱洞 20 个,大体呈东西走向排列,柱洞直径为 10 厘米—20 厘米,间距 70 厘米—160 厘米。更为重要的是,就在这排柱洞的一侧,发现了数块已朽的残木板。木板分布集中,呈叠压状。钻探得知,木板以下的淤土厚达 2 米。这些木板、木桩应属木构遗迹。壕沟内发现两根保存尚完好的木桩,长 120 厘米,直径有 5 厘米,两根木桩相距 80 厘米。出土时木桩垂直竖立,尖端向下插入泥土。在南坡,发现柱洞 4 个,洞的直径及间距同北坡柱洞,呈东西向排列。

1979 年,盘龙城考古工作站又在北城垣外西北部的杜家塘开探方 5 个,进行发掘,发现一条壕沟。壕沟位于北城门西北 100 余米,与北城垣相距约 10 米,走向与北城垣大致平行。1985 年,北城垣外的另一段壕沟又被发现。这次发现十分偶然,当时杨家湾村民杨坤炎在北城垣西北角处修鱼池,发现大片灰白淤土,厚达数米,呈长条状分布,后被确定为城壕遗迹。这段壕沟往东,与 1979 年发掘的壕沟基本成直线,在北城垣的西北角处向南转弯。

作为与古城一体的城外配套设施,城壕与城的年代应大体同时。这也是确定壕沟遗迹为城壕的重要依据之一。通过壕沟遗迹内所发掘出土遗物的年代排序,城壕的定性及其年代问题基本落实。在南城垣外壕沟内的最底层堆积中,出土了一些陶片。已复原的一件红胎黑皮陶敞口斝,时代相当于二里岗上下层之交,属盘龙城四期。壕沟堆积中未发现较之更早的遗物,可见壕沟的营筑年代应是二里岗上下层之际,与筑城同时而为。南城垣外壕沟下层堆积中主要是商代堆积,出土一定数量的商代陶片。壕沟上层堆积,扰乱层之下的文化层基本只见西周陶片,数量也很少,北垣外壕沟情况与之相似。从壕沟内的堆积情况分析,在商代二里岗期,这里活动比较频繁,此后商代的活动迹象不明显。到西周时期,这里基本荒芜。因此,城壕的废弃年代大体在殷墟一期,也就是商代中晚期。

盘龙城东、西两边,有湖水构成天然屏障。北城垣外的城壕,应当是出于城的西北部与陆地相连而考虑设置的防御设施。南城垣外城壕的修建也对城起到护卫作用,毕竟城南还面对王家嘴这一块面积不算大的开阔地。南城壕发现的木桩、柱洞、木板等木构遗迹,可从以下三个方面推测其功能:其一,作跨越城壕的桥梁;其二,加固城壕防止沟壁崩陷的安全设施;其三,在城壕里以防外来船只或人员靠近上岸的栅栏障碍。就早期夯土城而言,城壕的修筑往往是与城垣修筑有关联的,开挖城壕的土一般会用来填筑城墙。另外,城壕往往也是城内给水和排水的服务设施。

第二节　宫　殿

盘龙城城内的地势为东北高，西南低，现存高差约 6 米。东北部地形呈三级台地状，向西南逐步下降，盘龙城宫殿就建造在东北部。宫殿距北城垣 10 米，所在夯土台基南北长 100 米，东西宽 60 米，面积约 6000 平方米，相当于郑州商都宫殿基址的十分之一。盘龙城宫殿的主体即属盘龙城四期的一、二号宫殿建筑，排列在一条中轴线上，方向为北偏东 20°，与城址方向一致。其外围还发现了廊庑建筑。盘龙城宫殿是确立盘龙城作为政治中心的标志性建筑，也是盘龙城城市文明与文化繁荣极具代表性的象征。

一、一号宫殿建筑

一号宫殿基址主要有台基、房屋、回廊、檐柱、散水等构造，房屋是主体建筑。

一号宫殿基址发掘现场

台基：在早期房基之上填土平整，夯筑加高而成。台基东西长约 40 米、南北宽约 13 米，高近 1 米。台基营筑时，先在台地上依照规划的宫殿大小挖坑，再在坑内层层填土夯筑。夯层厚 10 厘米左右，夯窝直径 4 厘米—5 厘米，夯土为黄、红、黑色花斑土。至坑口齐平时，用红色土铺盖台面，再夯筑至高出周围地面 20 厘米形成台基，修齐边缘，台基完工后在其上建造宫殿。

房屋：共有四间，位于台基中部。四室呈东西向，排列于一条直线上，通面阔 33.9 米、进深 6 米—6.4 米。四室均为木骨泥墙。筑墙时，先挖好墙基槽，基槽宽 70 厘米—80 厘米，深约 20 厘米。再在基槽中心栽立成排的木柱，木柱直径约 20 厘米。然后用黄、红、黑花斑土填入基槽夯实，使木柱下端竖立牢固。成排的木柱上，填充苇束之类的材料，再用杆木分段捆扎固定，然后在其内外两面涂上草筋泥，即成房屋的木骨泥墙。四室的居住面，由于农耕等原因，多已破坏。

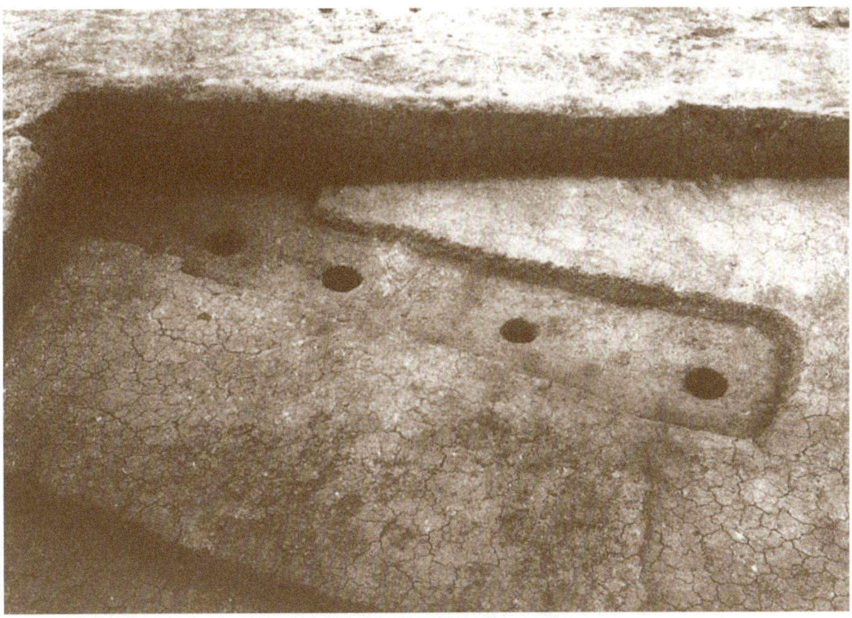

一号宫殿基址柱洞

四室彼此间隔。中间二室面积较大，略呈长方形。东西两侧的二室较小，略呈方形。由东往西排列成四室，第一、四室皆面阔 7.55 米，第二、三室皆面阔 9.4 米。各室都在南壁中间开一门，门宽 1.2 米—1.25 米不等。中间的二室又在北壁偏东处开一后门，门宽 0.9 米。两端的二室不见后门，很可能开设了后窗。四室的前、后门，均铺设有门道。门道用红褐色土铺筑，土质坚硬，与室内红色土面相连。前、后门的两侧墙壁均呈圆弧形，一侧各有一柱洞，估计与门框的支撑柱有关。

回廊：台基之上四间房屋的外围有一周回廊。回廊东、西、北三面宽 2.5 米，南面宽 2.4 米。宽敞的回廊不仅对房屋的雨打日晒起到保护作用,同时也改善了房屋的户外空间,进出更为从容、方便。

大檐柱穴:一号宫殿建筑的屋盖及房梁,使用 43 根大檐柱支撑。四面檐柱均立在台基上,距台基边缘 60 厘米。前(南面)檐柱有 20 根,间距 1.6 米—2.4 米。后(北面)檐柱有 17 根,间距 1.8 米—2.9 米。东、西两面檐柱各为 3 根,西面檐柱间距为 2.8 米—2.9 米,东面檐柱间距 2.25 米—3.5 米。南、北檐柱是方形柱础穴,东、西檐柱为圆形柱础穴。立大檐柱时,先挖好方形或圆形的大檐柱础洞,柱洞口大底小,底经夯打坚实,再放入石础。石础系用青灰岩石块加工打制而成,然后在石础上立檐柱,石面留有密布的打击点。檐柱直径约 50 厘米,下端砍削成圆头,最后往柱洞内填入黄色黏土夯实。发掘时发现有的柱洞中,尚存木质炭化物。

一号宫殿基址柱础

大檐柱旁立有擎檐柱。发掘共清理出擎檐柱洞 11 个,北面 7 个,南面 4 个。擎檐柱洞位于台基下,紧靠台基边缘,距离大檐柱洞 70 厘米—80 厘米。擎檐柱洞直径为 10 厘米—18 厘米,残深 6 厘米—10 厘米。立擎檐柱时,先在四周的大檐柱洞外挖一周深35厘米左右的浅沟槽，再在沟槽栽立擎檐柱，一根大檐柱旁立两根擎檐柱，两擎檐柱间有一定的距离，然后在沟槽内填满灰黄色土加以夯实。发掘清理的11个擎檐柱洞，绝非其原有数目。缺数的原因可能是一部分擎檐柱洞既细小，又埋得浅，已随墙基破坏而被毁，而大檐柱洞得以保存下来。

散水：一号宫殿建筑在台基四周边缘铺有散水设施，起檐下排水作用。散水为内高外低的斜坡，坡面自台基边缘向外延伸0.4米—1米。散水坡面用褐灰土和灰白土夯实，其上再层层铺陶片覆压，以保护土层坡面，使散水更耐用结实。铺的陶片多为陶缸和瓮、鬲的残片。

二、二号宫殿建筑

二号宫殿建筑位于一号宫殿建筑的南面，与之同处一条中轴线上，相距约13米。

二号宫殿基址发掘现场

二号宫殿建筑主要由台基、前堂、檐柱、散水及排水管道等构成。前堂是主体建筑。

台基：二号宫殿建筑台基所在的台地，原是一个不规则的小丘，在平整宫殿建筑群大台基时去高填低，形成一块长29.95米、宽12.7米的长方形夯土台基。在修筑台基时，有一些部位是直接利用了原小丘高处的红生土，未再填土夯筑，因此台基的这些部位见不到夯层。台基高出周围台地约20厘米，东西长27.5米、南北宽10.5米，用红土铺筑台面，周边全用黄黏土加固夯实，故看上去红土台基周围有一圈宽约1米的黄色土台边。台基之上建造前堂。

前堂：前堂是相对于以房屋为主体的一号宫殿建筑而言的。二号宫殿建筑未见分间，台基上所建应是一座大空间的厅堂，面阔27.25米、进深10.8米。前堂的南面和东、西两面，铺筑有门道。门道均用红褐色土铺面，门口与厅堂内的红土台基面相接，向外延伸至台基边缘及散水坡。南面有两个门道，一个位于南面偏东部位，东距台基东南角约 6.4 米，门道宽 2.6 米、门口距台基边缘 1.1 米；一个位于南面偏西部位，西距台基西南角 6.25 米，门道宽 2.6 米，门口距台基边缘 1.1 米。东、西两面各有一个门道，设置在东、西面的南端部位，彼此大致相对。东面门道宽 5.25 米，门口距台基边缘 1.5 米。西面门道宽 5.45 米，门口距台基边缘 1.1 米。

大檐柱穴：二号宫殿建筑的屋盖，使用了至少 28 根大檐柱支撑。大檐柱均落在台基上。前、后檐柱各有 12 根，距台基边缘 1 米。前（南面）檐柱间距为 2.25 米—2.60 米，后（北面）檐柱间距为 2.15 米—2.75 米。东、西面檐柱各有 2 根，距台基边缘 1.5 米。东面檐柱间距为 2.20 米—3.10 米，西面檐柱间距为 2.35 米—2.85 米。大檐柱础穴方形或近方形，口大底小，底作圜形，里面放置方形青石加工制作而成的大石础，础洞填黄色黏土夯实。大檐柱平均直径估计有 60 厘米。但在台基四角处清理出的三个大檐柱穴（另一个遭破坏）要比其他大檐柱穴都大，说明立在四角的大檐柱较其他檐柱粗大。

二号宫殿基址石础

大檐柱旁立有擎檐柱。发掘只清理出擎檐柱洞 3 个，全部在台基北边的台下，距离台基北缘 40 厘米—50 厘米，与大檐柱洞相距 70 厘米—80 厘米。擎檐柱洞直径为 10 厘米—18 厘米，残深 6 厘米—10 厘米。从已清理的擎檐柱洞与相邻大檐柱穴的相互位置看，两个大檐柱之间立一根擎檐柱，这与一号宫殿建筑的擎檐柱设计有所不同。立擎檐柱时，先顺着四面的大檐柱洞外挖一周浅沟槽，再在沟槽内栽立擎檐柱，然后再将沟槽填土夯实使擎檐柱树立牢稳。因台基周边严重破坏等原因，擎檐柱洞多数未能找出来，但擎檐柱的数量可以通过大檐柱来推算。

散水：二号宫殿建筑在台基四周边缘铺有散水设施。散水为内高外低的斜坡，坡面自四周台基边缘向外延伸 2.50 米。散水坡面用黄灰色土夯实，其上铺压层层陶片。

排水管道：二号宫殿建筑在台基外围埋有一排陶质排水管道。发掘揭露的一段陶制排水管道，位于台基西面门道外的檐下散水坡处，距离台基西缘 0.75 米，走向与台基西边平行。排水管道通过挖槽埋设在散水坡下，靠北端的距台基残面深 0.15 米，至南端深 0.39 米，可见管道不是水平铺设，而是北高南低渐向南倾，以利排水。发现的陶制排水管道共有 11 节，除南端的 1、2 节被大石块压损外，余皆保存完好。每节陶管长短不一，最短的一节长 46 厘米，最长的一节长 55 厘米，一般长度为 49 厘米。陶管对口相接，连成一排管道，总长 5.40 米。陶水管为夹砂陶质，厚胎，外表黑灰色，胎为红褐色，周身饰斜行绳纹。陶管为圆筒形，直径 24 厘米，胎厚 1.8 厘米—2 厘米。

二号宫殿排水管道

除一、二号宫殿建筑之外，盘龙城宫城还发现了廊庑建筑。

在1974年宫殿基址发掘中，于一号宫殿基址北面发现一片夯土台基，但未全面揭露。台基南距一号宫殿建筑台基7.5米，北距城垣24米。台基南北宽约5.10米，呈东西走向。这块夯土台基，起初一直被视作三号宫殿基址看待。杨鸿勋先生根据台基所处位置、走向及宽度等情况推断，这应是宫殿北面的一段廊庑基址，符合廊庑的宽度，并非一座殿堂。从已知的商周时期宫殿建筑考古资料看，杨先生的意见是合理的。

在二号宫殿建筑的东侧，分布有5个大柱洞及其5个石础，这是1974年在宫殿基址发掘前进行的考古调查中发现的。5个大柱洞靠近东城垣内坡，等距排列在一条线上，走向与二号宫殿建筑台基的东边大致平行，但位置处在台基的东南侧。这排柱洞很可能属宫殿东面廊庑的柱洞遗迹。

盘龙城宫殿的廊庑建筑，很可能因遭受严重破坏而几乎损失殆尽，布局、形制很难详知。陕西岐山凤雏西周宫室建筑，经复原，廊庑在东、北、西三面围绕整个宫室建筑群，其与南面门塾相连，形成一个前后两进、东西对称的全封闭院落，门塾与前堂之间、前堂与后室之间分别有一庭院。在盘龙城一、二号宫殿建筑之间的空地，发现有大片的灰白色含黑点的坚硬土层，是经有意加工的地面。凤雏西周宫室建筑的布局，对我们认识盘龙城宫殿的廊庑建筑及宫殿布局提供了参考。

盘龙城宫殿建筑是中国目前所发现的保存最完好的商代早期宫殿遗存，其与中原地区商代宫殿建筑有许多共同之处，布局紧凑，规划严谨，设计和施工都呈现商代宫殿的时代特征。具体表现在：

1.宫殿台基夯土高筑

盘龙城宫殿建筑落址城内东北部地势较高处，利用原有地形，削高填低，筑起高达1米的大面积夯土台地，作为整个宫殿建筑群的基址，然后在大台地上挖坑填土，夯筑宫殿的台基。它是迄今少有的几座早期城市高台建筑之一。

夯筑技术的发明在中国建筑史上有着重大意义，促成了我国古典土木混合结构体系的成熟发展。商周时期，夯筑技术不断进步，高台建筑也随之迅速发展，高台轩榭逐步成为王族显贵展示强势、炫耀财富和追逐享乐的经典建筑。在政治意义上，台室高筑，仰上通天，俯下统民，昭示君权神授，彰显贵族阶层的至高无上。在军事防卫上，宫城在高处，居高临下，可监察四方，攻守兼备。在建筑功能上，高台寝殿有利于向阳通风，宜于防潮避水，加之视野开阔，清静明亮，是理想的安居之所。

2.前朝后寝的格局

盘龙城的两座宫殿建筑，处在同一中轴线上，坐北朝南。北面的一号宫殿，主体建筑为并排的四室，应是后室，属“寝”；南面的二号宫殿，主体建筑为大厅堂，应是前堂，属“朝”。这是我国迄今所知最早的前朝后寝的建筑实例。与河南偃师二里头遗址的夏代宫殿将“朝”与“寝”寓于一栋建筑之中的格局相比，盘龙城的商代宫殿，大胆革新，创造性地利用空间结构不同的建筑前后布置，既保持了宫殿建筑群完整统一，融于一体的宏大气势，同时使不同功能的建筑具备各自独立空间及外观的差异。应该说，这种创新变化，既是建筑理论和技术进步的产物，也是社会政治生活发展的要求。

3.茅茨土阶和四阿重屋的构造

据古文献记载，殷人建筑有“茅茨土阶”“四阿重屋”之说。所谓“茅茨”指草屋盖，“土阶”指土台基，“四阿”指屋顶为中屋脊四坡面，“重屋”指屋檐下增设披檐。盘龙城一号宫殿建筑，长方台基，形方体大；四室居中，屋墙相间；外围回廊，空间宽敞；主檐柱外，布置擎檐。种种迹象表明，盘龙城宫殿建筑，大体符合“茅茨土阶”与“四阿重屋”的建造结构，同时也表现出一定的特色：其一，利用木骨泥墙承重。盘龙城一号宫殿建筑，只有外周的大檐柱及擎檐柱，前檐柱与后檐柱数量不一，互不对称，而且中部没有置立大柱来承担房梁及屋盖之重。显然，是中间四室的木骨泥墙承担起屋盖承重的任务。四室的外墙及隔墙，作为一个整体负重，必须要坚固结实，为此采用了土木合构的木骨泥墙，挖槽立柱，用苇束捆固木柱，并内外两面涂抹草泥。其二，采用大叉手形木结构屋架。“大叉手”形即“人”字形。盘龙城二号宫殿建筑，是一大空间的厅堂，中间没有房间，不能像一号宫殿建筑一样利用木骨泥墙承重。由于跨度较大，中部应当设计有支撑屋梁的大柱（因台基破坏严重，发掘中未发现中部有柱洞）。受中脊坡面形屋盖的制约，中部的支柱都要比外周的檐柱高，支柱与檐柱之间理应架设“大叉手”木结构过渡，形成屋盖顶面的骨架。其三，设计擎檐柱支撑屋重。擎檐柱的使用，是为了加大出檐以保护宫殿夯土台基，以及外围土木结构免遭雨淋损坏。偃师二里头夏代宫殿建筑便有了擎檐柱，用来支撑屋檐下增设的一周披檐。盘龙城宫殿建筑的擎檐柱设计，大体与二里头宫殿建筑类似。这些落地支撑的擎檐柱，是后来悬臂出挑斗拱的前身。

4.严谨规范的宫殿布局

盘龙城宫殿建筑是一座以前堂后室为主体，带外围廊庑的大型院落式宫殿建筑。其规划严密，布局严谨，在建筑测量、设计、构造及技术等诸多方面都体现出了较高的水准。郑州商城的 **C8G15** 号宫殿建筑，并排九间房屋，外围一周廊庑，其九室数量与《考工记》“内有九室，九嫔居之。外有九室，九卿朝焉”的记载相合，体现了都城宫殿的尊贵。盘龙城宫殿建筑的地位不能比都城，却也因地制宜，循规中矩，营造四室之寝，亦不失一方重邑之威。偃师商城的 4 号、5 号宫殿，均是以单一正殿为主体，周围有廊庑的封闭式宫殿建筑，其与二里头遗址夏代宫殿建筑设计如出一辙。盘龙城宫殿建筑，在廊庑之内设计规划了前堂、后室双殿，透露出盘龙城一城之主政治地位的非同寻常。

5.具有宫城的性质

进入文明时代的早期城邑，城垣围绕宫室及宗庙而建，形成宫城。宫城独立建造，戒备森严，在城市布局上具有强烈的排他性，在建筑理念上充满了唯我独尊的思想。在早期商代的偃师、郑州都发现了宫城。

偃师商城有大城和宫城二重，宫城处在大城的南部正中，宫城内先后建有九座宫殿，全部落在城的南部，城北部建有用石块垒筑的蓄水池或池苑，属宫殿附属设施。其中，4 号与 5 号宫殿，均由殿堂、庭院、廊庑和大门组成。偃师商城的宫城，除宫殿建筑及其蓄水设施外，一般不再安排与宫殿日常事务关系不大的其他建筑设施，比较单一。像武库、作坊、居民区，都是规划在宫城之外大城之内的区域。

郑州商城也有大城和宫城二重。宫城内建有三座大型宫殿建筑，两座在东北部，一座在北部。宫城内发现有用料姜石垒筑的蓄水池及埋有大量人头骨的祭祀遗迹。郑州商城的作坊、居民区、墓葬区大部分位于宫城之外大城之内，也有一部分在宫城内。

盘龙城规模不大，城垣倚宫殿而营筑。城内除东北部的宫殿建筑群外，几乎不见其他商代建筑遗迹，手工作坊、居民区、墓葬区等均分布在城外。盘龙城宫城是奴隶主贵族的“绿区”，是为保卫贵族奴隶主政权而建造的一座宫城。

在古代世界建筑体系中，中国建筑可谓独树一帜。盘龙城的宫殿建筑，夯土高筑的台基，前朝后寝的格局，四阿重屋的屋盖以及木骨泥墙、擎柱重檐的构造，提供了中国古典建筑的一个经典范例。数千年来，中国传统的宫殿建筑和大型祠堂寺庙，大抵都以四坡重檐的屋顶作为主要的形式。各种反曲屋檐，屋角反翘之类的轻灵活泼的天面设计，更是为这种四坡重檐增添了无穷的光彩。后世的殿堂，直至明、清，如北京故宫太和殿还保持了这种形式。盘龙城宫殿在中国建筑史上具有重要地位，其营造技术代表了商代先进的建筑水平。

第三节　房　址

在盘龙城发现商代前期的房址多处。其中，地面建筑有王家嘴 3 号和 7 号、杨家湾 1 号、杨家嘴 1 号房基，半地穴建筑有楼子湾 G1—G3。

一、地面建筑

1.王家嘴 3 号房基

盘龙城四期。房基建在盘龙城三期的王家嘴 3 号长窑及 5 号灰坑之上，与三期的 4 号房基相距 4 米。房基平面近方形，地面不太平整，东西长 8 米、南北宽 6.8 米到7.35米，四面边缘分布有成排的柱洞石础，共18个，基本处在同一水平面上。其中，南边石础有8个，北边5个，西边3个，东边2个。每个柱洞石础由单个或多个石块组成。房基除西北角外，其他三个角的石础都保存完好。

2.杨家湾1号房基

盘龙城四期。位于杨家湾岗地顶部，距地表深约0.2米，与六期的杨家湾1号灰烬沟相距3.5米。房基保存较好，建在红生土上，地面由黄色黏土夯筑而成，最高处高出周围0.45米。房基平面呈不规则梯形，长12米—16.5米、均宽6.5米。房基四面边缘均分布有成排的柱洞和石础，共有16个柱洞。东边6个，其中1个内有石础；西边4个；南、北两边柱洞各有3个，其中南边的有2个内有石础。柱洞一般为圆形或椭圆形，圆形柱洞直径0.30米—0.35米，椭圆形柱洞直径0.20米—0.45米，柱洞深0.35米—0.4米。柱洞间距不等，相距远的达4米，近的仅为0.15米。房基没有发现墙基遗迹，也未发现门道。不过，房基东、西两边的中间柱洞间距在4米左右，推测这两处相互对称的空隙可能是房基的门道或进出通道所在。房基地面上发现灶坑2个。一个位于南部偏西处，平面为椭圆形，坑径0.5米—0.95米、深0.30米，灶坑四周皆为红烧土，坑内堆积灰烬土，包含有缸、斝等陶片。另一个位于北部，距房基北边约0.20米，平面为椭圆形，坑径0.6米—1.20米，灶坑周围有烧痕，坑内堆积灰烬土。

3.杨家嘴1号房基

盘龙城四期。位于盘龙城五期的杨家嘴1号灰烬沟东侧约15米处。房基由黄灰土夯筑而成，西部高出东部0.5米。房基平面呈不规则长条形，全长12.5米、宽2米—4米，西宽东窄。房基面上发现25个没有石础的柱洞和5个未见柱洞的石础。柱洞和石础大致沿房基面的外缘围成一周。柱洞为圆形，直径0.12米—0.22米，深0.03米—0.58米，主要分布在北、东、南三边，间距不等。东边的较密集，西边的第1号和第21号柱洞之间空隙较大，达2.5米，推测可能是房屋的门道所在。

4.王家嘴7号房基

盘龙城五期。位于四期的4号房基北侧约15米。房基下有五期的祭祀坑H6，在房基南侧1.5米处还有五期的祭祀坑H7。房基平面近长方形，东西长6.7米、南北宽5米。房基的居住地面大部分为略作倾斜的浅灰土面，东部有一块宽0.7米—0.9米的黄土面，与浅灰土面区别明显。房基居住面的南部中间，发现一处红烧土遗迹，形状不甚规则，似与灶有关。房基的南、北两边均发现有石础，共4个。南边石础有3个，位于西段，呈东西向排成一排，间距0.5米。在成排的石础外缘，发现有一条宽0.3米的灰土带。北边石础有1个，位于中间。石础均为单个石块，直径约0.3米，系红砂石。在房基的西边，发现有两块长条状红烧土遗迹，一块位于西边中间，一块靠近西北角。两块红烧土之间形成一空隙，宽约1米，疑为房基的门道所在。在西北角红烧土的东侧和西边中间红烧土的西侧,各发现 1 个柱洞,两个柱洞大小相当,深浅相近,直径约 0.2 米,深 0.1 米。

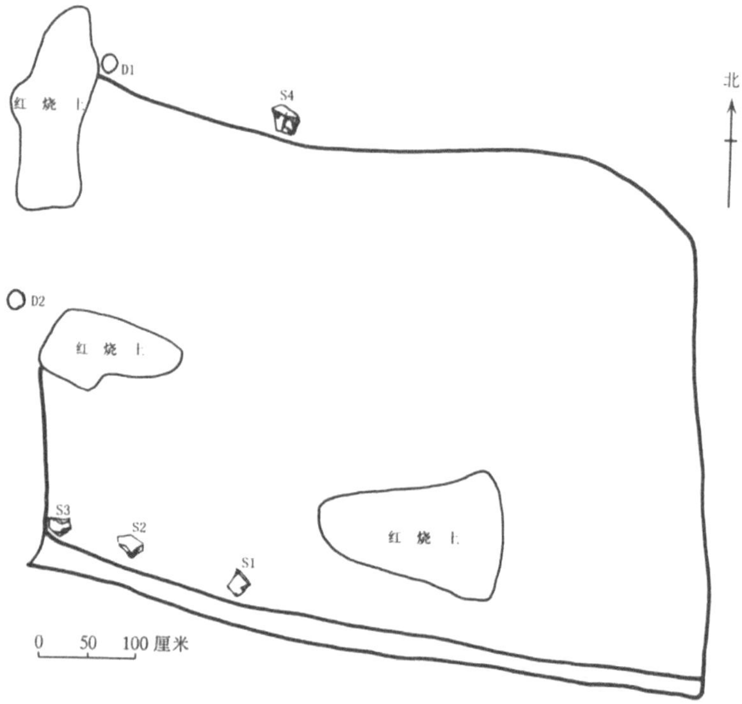

王家嘴 7 号房基平面图

二、半地穴建筑

1 座,即楼子湾 G1—G3:盘龙城五期。房基位于楼子湾岗地南坡,打破盘龙城四期的灰坑 H1。房基由三个相连的坑穴(G1—G3)组成。G2 居中,G1、G3 分别位于 G2 的北侧和西侧。G2 为大圆坑,坑径 2.8 米—3.0 米,深 1.1 米。G1 为小方坑,坑口长 1.4 米、宽 1.15 米。G3 为小椭圆坑,坑径 0.65 米—1.15 米,深 1.15 米。三个坑穴的坑壁较直,坑底较平。G2 与 G1 的相连处宽 0.79 米,G2 与 G3 的相连处宽 0.3 米。在 G2、G1 内均发现成堆的方形石块。G2 有 15 块,位于坑的东部。G1 有 18 块,位于坑的东北角。石块最大的长 0.42 米、宽 0.35 米、厚 0.17 米,最小的长 0.14 米、宽 0.12 米、厚 0.04 米。房基内还出土有陶缸片和熔渣。

第四节　铸铜遗迹

盘龙城发现的铸铜遗迹共 2 处，即杨家嘴 1 号铸铜遗迹和杨家湾 1 号铸铜遗迹。铸铜遗迹是在岗地的坡上挖槽而建,形制特征与长窑相似,平面为不规则长条形,两端窄,中部较宽。因沟内积满灰烬土,也称为“灰烬沟”。铸铜遗迹由沟底、沟壁和灰烬坑构成。杨家嘴 1 号铸铜遗迹属盘龙城早商前期。

杨家嘴 1 号铸铜遗迹:盘龙城五期。位于杨家嘴岗地的南坡,南临盘龙湖边。沟首端在南面低处，尾端在北面高处，高差 1.5 米。沟在中间部位束腰内收，全长 27.5 米、最宽处达 5 米。沟内灰烬土堆积为黑灰土,土质松软,厚薄不均,一般为 0.15 米—0.20 米。最厚处在南端,厚 0.50 米。

杨家嘴 1 号铸铜遗迹发掘现场

沟壁:灰烬沟北段的西壁比较清晰,其他地带隐约可见。沟壁为黑灰土,作凹形的缓坡状,土质较硬。厚 0.2 米—0.3 米。

沟底:灰烬沟底部铺垫一层以黄土为主的黄红砂土,叠压在红生土之上,土质较硬,似经夯筑。厚度为 0.15 米—0.4 米。

灰烬坑：沟底发现2个坑（K1、K2），坑内积满黑灰烬土。两坑分别位于沟的南、北部，相距约1米。

1号坑位于灰烬沟北部，平面近椭圆形，长7.9米、宽4.7米、深0.3米—0.5米。坑底平坦，坑内积满黑灰烬土，其内包含大量木炭屑及少量红烧土块。坑内置坩埚2件、陶缸1件，出土有铜刀、残铜片和铜渣等。2件坩埚置于坑的中部，中间有一石块相隔。石块长方形，长0.3米、宽0.16米、厚0.14米。其中1件坩埚作直立状，口略向西倾斜，内积满黑灰烬土和红烧土块。1件坩埚口朝西南，底向东北。陶缸置于坩埚的西南侧，相距约0.3米，作直立状。缸底西、南侧各有石块支撑，石块长0.30米、宽0.25米、厚0.15米。缸内遗留少量木炭屑和陶片。

杨家嘴1号铸铜遗迹1号坑出土的坩埚

1号坑上覆盖一层黄土，上铺一层碎陶片，面积为4平方米左右。

2号坑位于灰烬沟南部，平面作不规则梯形，长8.5米、宽2.5米—3.3米、深0.3米。坑底较平，坑内积满含木炭屑较多的黑灰烬土。坑内置较完整陶缸2个，还有一些残缸片、石块。出土有铜片和铜渣等，散布在陶缸附近。2件陶缸置于坑的南部，中间有石块相隔。其中1件陶缸斜置，口向北，底朝南，缸内积满木炭屑及烧土碎块。缸底周围有4块长条形石块支撑陶缸，石块最大的长0.31米、宽0.25米、厚0.2米，最小的长0.22米、宽0.18米、厚0.15米。1件陶缸直立，周围散布有残铜片2块，似铜爵的足尖部；铜渣1块，呈椭圆形，通体为蜂窝孔状，似熔渣。

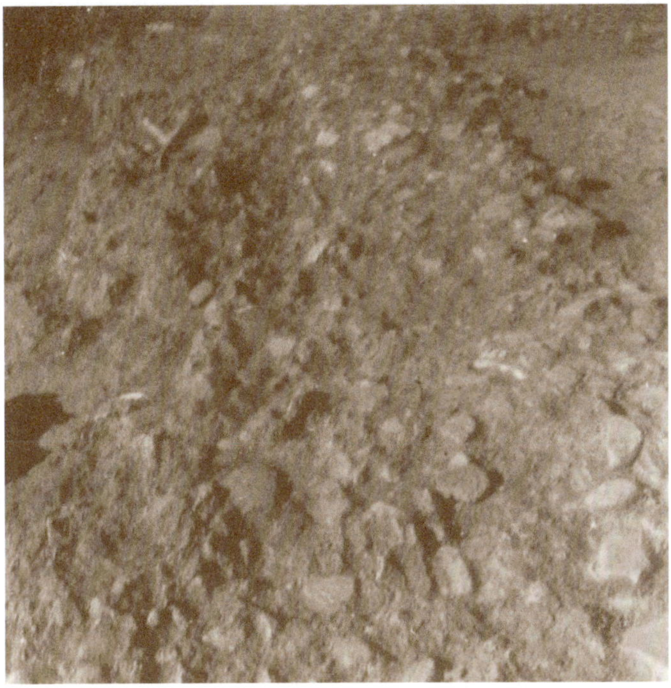

杨家嘴1号铸铜遗迹1号坑顶部的陶片层

杨家嘴1号铸铜遗迹2号坑出土的陶缸

在1号铸铜遗迹灰烬沟的东、西两侧,与灰烬沟距离约8米的地方,均有大片灰烬堆积。灰烬堆积由北向南一直向湖边延伸,东西长约20米、南北宽约10米。灰烬土色复杂，灰黑土、黄褐土与灰白淤土相互层层叠压，各层厚度0.15米—0.22米。其中，灰黑土质松软细腻，夹杂一些红烧土颗粒，各层都包含有一些陶片，器形有缸、鬲和盆等，还有少量碎铜片和熔渣。

第五节 灰 坑

盘龙城早商前期的灰坑主要有王家嘴H1、H3、H4、H6、H7，李家嘴H1、H2、H4、H11、H12、H13、H15、H19，杨家嘴H1，楼子湾H1、H3等。

一、王家嘴H1、H3、H4、H6、H7

王家嘴PWZH1：盘龙城四期。不规则椭圆形，最大径约3米、深0.5米。坑内有5个小椭圆形坑，径为0.3米—0.5米。小坑内出土一些碎陶片，可辨器形有鬲、缸和大口尊等。

王家嘴PWZH3：盘龙城四期。长方形竖井式深坑，坑口长1.28米、宽0.98米、深2.4米，底部为圆角方形，边长0.5米。壁陡直，坑底较平。坑底层出土3件较完整的黑陶罐。

王家嘴PWZH4：盘龙城四期。椭圆形，面积较大，保存完整。最大径9米、深1.5米。坑内出土器物有缸、鬲、罐和尊等。坑底呈锅底形。

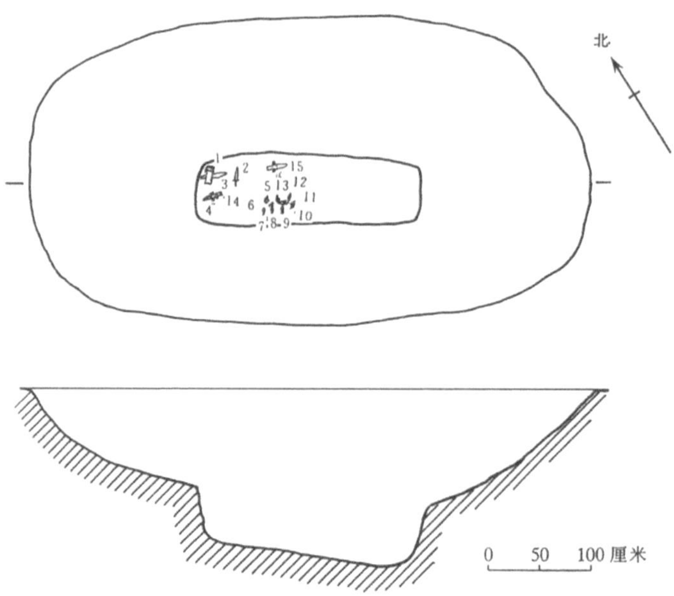

王家嘴PWZH6祭祀坑平剖面图

王家嘴 PWZH6:盘龙城五期,属祭祀坑。坑口呈椭圆形,底作长方形。坑口长5.6米、宽3米、深1.5米—1.7米,坑底长2.25米、宽0.5米—0.7米。口大底小,坑壁上部平缓,下部陡直。坑内出土铜器14件,有锛2件、刀1件、戈1件、匕1件和镞10件;出土陶器有鬲、斝、盆、壶、罐、大口尊和瓮等。

王家嘴 PWZH7:盘龙城五期,属祭祀坑。与王家嘴灰坑H6相距1.5米,呈南北向并列。坑口为不规则长方形,东西长10.25米、南北宽3.5米—5米。口大底小,坑壁平缓。坑内出土铜爵、觚、斝、戈、锛、刀,玉戈、柄形器,石斧以及卜骨等。铜器绕成一周放置,玉、石器置于铜器间,坑底南侧铺有朱砂。坑口外的东北角置两块石头、坑南置一块石头,似有意设置。

二、李家嘴 H4、H11、H12、H1、H13、H15

李家嘴 PLZH4:盘龙城四期。位于李家嘴岗地西北坡濒湖处。坑口平整,圆角长方形,长1.2米、宽0.9米、深2.12米。口大底小,壁斜直,底较平。坑内出土器物数十件,有陶鬲、盆和罐等。

李家嘴 PLZH11:盘龙城四期。位于李家嘴岗地西北坡濒湖处。坑口圆角长方形,长2米、宽1.3米、深1.3米。口大底小,壁斜直,底较平。

李家嘴 PLZH12:盘龙城四期。位于李家嘴岗地西北坡濒湖处。坑口平整,近方形,南北长1.14米、宽1米、深1米。口略大于底,四壁陡直,底较平。坑内含有少量木炭屑、红烧土颗粒及兽骨渣等,出土有红陶缸残片。

李家嘴 PLZH1:盘龙城五期。位于李家嘴岗地南坡。坑口近圆形,口径1.4米—1.6米、底部长1.2米、宽0.54米、深4.4米。壁斜直,壁面凹凸不平,底呈弧形。坑内包含物较丰富,全为日用陶器,有鬲、盆、罐和瓮等碎片。

李家嘴 PLZH13:盘龙城五期。位于李家嘴岗地北坡濒湖处。坑口近圆形,直径1.1米、深1.24米。口大底小,壁斜收,坑壁在开口下0.5米处向外弧出,底近平。坑内夹杂大量木炭屑。

李家嘴 PLZH15:盘龙城五期。位于李家嘴岗地北坡濒湖处。坑口长方形,南北长1.00米、东西宽0.82米、深1.00米。口略大于底,坑壁光滑平整,底部近平。坑内包含物较少。

三、杨家嘴 H1

杨家嘴 PYZH1:盘龙城五期。位于铸铜遗迹西侧约5米。坑口平面呈亚腰形,东西长1.24米、南北宽0.4米—0.6米、深0.58米—0.78米。坑口往下0.2米处在坑中部有一生土埂,将灰坑分成为东西两个椭圆形坑。口大底小,坑壁斜直,坑底较平。坑内出土有陶器。

四、楼子湾 H1、H3

楼子湾 PLWT7H1：盘龙城四期。坑上部被盘龙城五期的建筑遗迹 G1 破坏。坑口距地表深 1.50 米，近方形，直径 1.3 米，坑四周由直壁向外扩，形成上部略小，下部略大的袋状坑，底部长 1.9 米、宽 1.7 米。坑内出土陶鬲、瓮、罐和缸等。

楼子湾 PLWH3：盘龙城四期。坑口方形，坑壁略内收，平底。底长 0.95 米、宽 0.6 米、残深 95 米。

第六节　墓　葬

盘龙城早商前期的墓葬发现较多。一类墓有李家嘴 1、2 号以及 3、4 号墓等，二类墓有杨家湾 10 号墓、杨家嘴 1、2 号墓以及楼子湾 1、5、7 号墓等，三类墓有楼子湾 3、4、6 号墓等，四类墓有杨家嘴 10 号墓，五类墓有杨家嘴 5、7、9 号墓。

一、一类墓

1. 李家嘴 2 号墓

盘龙城四期。位于李家嘴岗地顶部南侧，是盘龙城已发现的最大的贵族墓。

墓坑形制：发掘时墓坑上部残。长方形土坑竖穴墓，方向 200°。墓坑口略小于底，残墓口南北长 3.67 米、东西宽 3.24 米，坑底南北长 3.77 米、东西宽 3.4 米，残深 1.41 米。墓坑与椁室之间修筑夯土二层台，椁室四周及墓底填白膏泥。腰坑位于棺底中部偏东，长方形，南北长 0.76 米、东西宽 0.45 米、深 0.17 米。腰坑内发现骨骸，坑内还有 1 件断成三截的玉戈，似是有意打碎。

李家嘴 PLZM2 发掘现场

葬具与葬式：有棺有椁，棺椁皆朽，仅剩木质板灰痕迹。木椁位于墓室中间，长方形，长 2.78 米、宽 2.02 米、高约 0.65 米。椁板雕刻花纹，

李家嘴 PLZM2 椁板雕刻花纹

纹饰涂朱，纹样有饕餮纹、夔纹、云雷纹，椁板周围发现有朱砂。木棺置于椁室中间，长方形，南北长 2.06 米、东西宽 1.03 米。棺内人骨架已散乱，葬式不明。椁盖板下压着零散的人骨，其中有头骨，疑属墓主人。

殉人：殉人骨架共 3 具。2 具位于墓坑西边二层台上，紧靠在一起。其一为成人个体，头北足南。其他二位在成人骨架的头骨一侧，躯干及四肢残缺不全，头骨较完整。从头骨及残存骨架看，应属儿童。另外 1 具发现在墓室北端的椁板上方，肢骨零散且很少，仅见两块已经分开的盆骨，葬式不明。推测该殉人当时是被置于椁盖板上，或椁盖板与北面二层台之间。

李家嘴 PLZM2 殉人骨架

随葬品：1974 年发掘时共出土酒器 4 套，铜、玉、陶、硬釉、陶器等 77 件。在清理墓室时，考虑到需要完整保护木雕椁板及外椁东侧的 1、2 号殉人骨架，当时即将其加固后取出，存放工作站室内保存。2001 年，盘龙城遗址博物馆在布置文物展时，发现 1、2 号殉人骨架已遭虫蛀，骨架下露出青铜器。经清理发现铜镞 19 件、铜锛 1 件。铜镞分两排放置，其中一排在人骨架左肋骨下，另一排在右肋骨下，每排 9 枚。在两排铜镞之南约 30 厘米处清理出 1 件铜锛,又在两排铜镞与铜锛之间发现了1枚铜镞。因此,李家嘴2号墓总计出土铜、玉、陶器数量为97件。铜礼器18件,计有觚1件、爵4件、斝3件、盉1件、鼎4件、鬲1件、甗1件、簋1件、盘1个、尊1个。铜兵器、工具及饰品约50件,计有钺2件、戈5件、矛2件、镦1件、镞22件、刀7把、斧1件、锛3件、凿1件、锯1件、泡5件等。玉、石器16件,计有柄形器6件、戈5件、绿松石饰件5等。陶器7件,有鬲1件、罐2个、壶1把、缸1个、饼形器2件等。硬釉陶器2件,有尊1件、瓮1件。残木器1件,已朽,仅见痕迹,器形难辨。不少随葬器物周围撒有朱砂。铜礼器中,酒器觚、爵、斝、盉置于椁室东北与西南角,簋、盘、尊置于椁外二层台西北角,鼎、鬲置于椁外二层台东南角,甗置于椁外二层台东北角。铜兵器、工具、饰件及玉石器多放置在椁室内。绿松石饰件出于棺内。

李家嘴PLZM2出土大铜钺

2.李家嘴1号墓

盘龙城五期,东距李家嘴M2不到10米。出土酒器6套,铜礼器22件,有觚3件、爵4件、斝6件、鼎2件、鬲2件、簋2件、盘1个、尊1个、卣1个等。陶器5件,有鬲1个、罐1个、豆2个、瓿1个。硬陶尊2件。玉器6件,有柄形器4件、戈1件、璜1件。

3.李家嘴3号、4号墓

盘龙城五期。两墓相距不到2米,西北距李家嘴M2约10米,发掘前均遭到严重破坏,仅存墓底,皆有腰坑。

李家嘴 M3 出土铜斝 1 件。陶器 8 件,有鬲 2 件、甗 1 件、瓮 2 件、饼形器 2 件、瓮口沿 1 个。硬陶尊 3 件。玉器 5 件,有戈 2 件、蛇形饰 1 件、隼形饰 1 件、绿松石饰件 1。其中的大玉戈,长 94 厘米,为迄今所见最大的一件早商期玉戈。

李家嘴 4 号墓出土铜器 4 件,有刀 3 把、锛 1 件。陶器 5 件,有鬲 2 件、甗 1 件、瓮 1 件、罐 1 件。玉器 3 件,有璜 2 件、饰品 1 件。

二、二类墓

1.杨家湾 10 号墓

盘龙城四期,位于杨家湾岗地北侧。长方形土坑竖穴墓,方向 355°,墓口南北长 2.3 米、东西宽 0.5 米,深 0.3 米。墓内填土为黄斑土。人骨架保存较好,全长 1.9 米,头朝北,面向东,仰身直肢。出土随葬品 10 件。其中,陶器有爵 1 件、斝 1 件、鬲 1 件、盆 1 个、罐 1 个、饼形器 1 件。石器有斧 1 把、镰 1 把。随葬器物多位于墓主头端和足端。

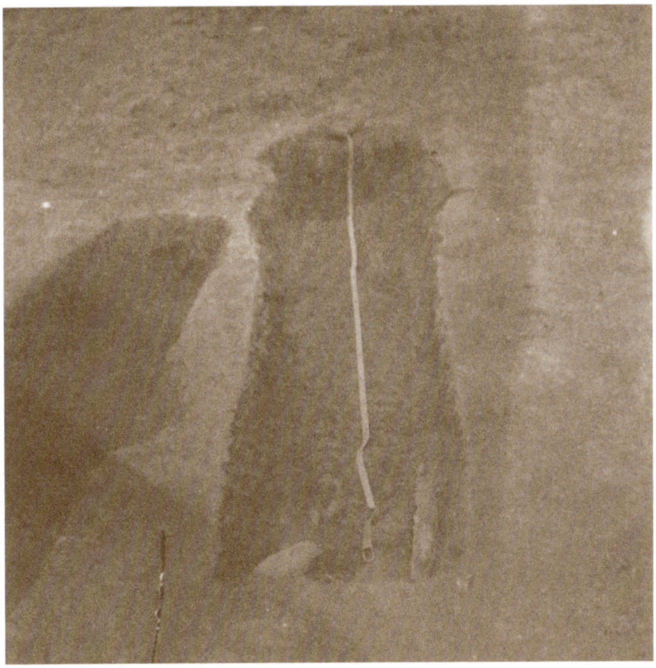

杨家湾 PYWM10 发掘现场

2.杨家嘴 2 号墓

盘龙城五期,位于杨家嘴岗地东侧,濒临盘龙湖边,发掘时墓葬已残。长方形土坑竖穴墓,方向 20°。残墓口东西长 2.6 米、南北宽 1 米—1.24 米、深 0.06 米。出土铜器、玉器等 10 件。铜礼器有觚 2 件、爵 2 件、斝 2 件，铜兵器、工具有戈 1 件、刀 1 把，玉器有柄形器 2 件。

3. 杨家嘴 1 号墓

盘龙城五期。墓残，葬具已朽，可见板痕，板痕残长 1.2 米、宽 0.45 米。人骨架残缺。从残痕推断为仰身直肢葬，头向北。墓口东西长 2.64 米、南北宽 1.32 米、残深 0.12 米。出土铜礼器有爵 1 件、斝 2 件、鼎 1 件，玉柄形器 1 件及陶鬲、瓮、盆、缸各 1 件。

杨家嘴 PYZM1 发掘现场

4. 楼子湾 1 号墓

盘龙城五期。长方形竖穴土坑墓。方向 60°。墓口残，墓底南北长 2 米、宽 1 米、深 0.84 米。葬具已朽，局部残留棺板痕，人骨架已腐。随葬铜礼器放置在墓主足下或右侧，武器和工具置于左侧。铜器有斝、爵、锛、戈和镞，陶器有硬陶尊，玉器有玉饰和绿松石以及石镰等。

5. 楼子湾 5 号墓

盘龙城五期。长方形竖穴土坑墓。方向 15°。墓底长 2.55 米、宽 1.55 米、深 1.1 米。熟土二层台，宽 0.08 米—0.2 米、高 0.19 米。腰坑南北长 0.68 米、东西宽 0.36 米、深 0.09 米，坑内残存有兽骨。葬具已腐，残留板灰印痕。人骨架腐烂。从骨骸残迹看，头向北，仰身直肢。墓底铺有朱砂，以头部及随葬品周围铺撒较多。随葬铜礼器放置在墓主的头端，陶器置于两侧。铜器有爵、觚、斝，陶器有罐、饼，玉器有柄形器等。

6.楼子湾7号墓

盘龙城五期。西南距楼子湾1号墓约50米。该墓为农民平稻场挖沟时发现，墓葬形制不明。随葬器物有铜斝、戈,玉戈、玉柄形器,陶爵、鬲和壶等7件。

三、三类墓

1.楼子湾4号墓

盘龙城四期。位于楼子湾岗地南坡。长方形土坑竖穴墓，方向350°。墓坑口略小于底,墓口南北长2.55米、东西宽1.22米、深0.6米,生土二层台宽0.08米—0.12米、高0.24米。墓底中部有长方形腰坑,南北长0.7米、东西宽0.44米、深0.17米,坑内发现动物骨骼痕迹。木棺已朽,残留的板灰痕迹长2.14米、宽0.84米。棺内人骨架腐朽,残存肢骨,头向北。墓坑四周铺有朱砂。随葬铜、陶、玉器13件。铜礼器有爵1件、斝2件、鼎1件、鬲1件,铜兵器有钺1件、戈1件,玉器有柄形器2件、戈1件、蝉形饰1件,陶器有鬲1件、饼形器1件。

2.楼子湾6号墓

盘龙城四期。西南距楼子湾M1约35米。发掘时仅残剩墓室一半，推测原为长方形土坑竖穴墓。方向27°。葬具已朽,有肢骨残痕。随葬器物有铜觚、爵、斝,玉璇玑,陶尊、硬陶尊等6件。

3.楼子湾3号墓

盘龙城五期。位于楼子湾岗地南坡，东距楼子湾M4约2.25米。长方形土坑竖穴墓,方向348°。墓口南北长2.62米、东西宽1.02米—1.24米、残深约0.8米。熟土二层台宽0.12米—0.18米、高0.14米，二层台上置有一个牛腿骨。墓底中部有长方形腰坑,南北长0.55米、东西宽0.35米、深0.11米,坑内有一小狗骨骸。木棺已朽,残留的板灰痕迹长2.32米、宽0.66米—0.74米。棺内人骨架腐朽,残存头骨及下肢骨,墓主头向北。四周铺有朱砂。随葬铜礼器置于墓主足端,兵器置于墓主两侧,陶器置于二层台上。出土铜、陶、硬陶器17件。铜礼器有爵1件、斝1件、觚1件、鼎1件。铜兵器、工具有矛1件、戈1件、镞2件、刀1把、锛2件、菱形器1件。陶器有坩埚1件、饼形器1件。硬陶器有尊2件、瓮1件。

四、四类墓

1.杨家嘴10号墓

盘龙城五期。位于杨家嘴岗地东侧。长方形土坑竖穴墓，方向180°。墓口南北长2米、东西宽0.6米—0.7米、深0.10米。人骨架保存较好,头朝南,仰身直肢。随葬器物均置于墓主足端,有陶爵1件、斝1件、鬲1件、瓮1件。

五、五类墓

1.杨家嘴5号墓

盘龙城四期。位于杨家嘴岗地东侧。长方形土坑竖穴墓,方向19°。墓口南北长1.87米、东西宽0.64米—0.66米、深0.05米。人骨架残,头向北,仰身直肢。仅出土陶长颈壶1件。

2.杨家嘴7号墓

盘龙城四期。位于杨家嘴岗地东侧。长方形土坑竖穴墓,方向20°。墓口南北长1.9米、东西宽0.7米。人骨架保存较好,头向北,仰身直肢。出土器物2件,有陶罐1件、铜刀1件。

3.杨家嘴9号墓

盘龙城四期。墓葬破坏严重,仅见下肢骨。随葬器物大部分为残片,可分辨出铜锛、玉质平刃柄形器和石斧等。

第七节　随葬器物

一、铜器

(一)容器

器类有鼎、鬲、甗、簋、盘、爵、斝、觚、卣、盉、尊等。

1.鼎

分锥足鼎和扁足鼎。

(1)锥足鼎

李家嘴PLZM2∶36:盘龙城四期。通高55厘米、口径31.6厘米。口微敛,薄方唇,宽沿外折,沿面呈阶状,梯形鼎耳中空,内起槽,槽内有一拱形凸棱,形成两道凹槽,腹壁较直,圜底,尖锥空足。颈部饕餮由两列细线云纹构成,分三组,每组各饰动体饕餮。饕餮圆角长方形眼,椭圆珠凸起,眉饰勾云纹,额作弧线,倒T形鼻两侧上卷,角上扬,下身作云纹,尾上扬,足

锥足鼎　李家嘴PLZM2∶36

作两个相从云纹。器表有烟熏痕。器身外壁有铸痕,腹底接缝起凸棱,足中下部有修补铸接痕,器身有6处补丁。

采集P:016:盘龙城四期。通高32.6厘米、口径18.6厘米。侈口,折沿,沿面呈阶状,环状鼎耳,颈内收,深腹略鼓,尖锥足空心透底。颈饰四周平行凸弦纹,腹饰三角人字纹三组。

李家嘴PLZM1:1:盘龙城五期。通高45厘米、口径28.5厘米、壁厚0.2厘米。薄方唇,宽沿外折,沿面作阶状唇边,鼎耳顶部呈半圆形,弧腹壁,圜底,三锥足矮胖,中空透底,外撇。颈饰一周窄带饰,分三组,每组各饰一饕餮。饕餮作流动体,由细线云纹构成,鹰嘴勾状眼,勾云纹眉,角、尾作云纹上卷,足作流动体夔纹。腹底有三处铸痕,浇口在足部,有修补痕迹。

锥足鼎 李家嘴PLZM1:1

杨家嘴PYZM1:3:盘龙城五期。残损,仅有口沿、腹部和足跟。口沿外折,半圆立耳,圆腹,尖锥足。

锥足鼎 杨家嘴PYZM1:3

(2)扁足鼎

李家嘴 PLZM2：37:盘龙城四期。通高 17.6 厘米、口径 11.6 厘米。口微敛,平折沿,半圆形立耳,深腹,圜底,三扁足外撇,足外侧上端起棱似夔体。颈腹部饰三周平行凸弦纹。

扁足鼎　李家嘴 PLZM2：37

2.鬲

均为折沿鬲。

杨家湾 PYWM6：2:盘龙城四期。口径 15.2 厘米。阶状宽平折沿,下腹外鼓,腹底凸出三脊,腹裆间内陷成槽状。二棱扁圆形尖锥空足外撇。颈饰两周凸弦纹,腹裆部饰四组双线交叉凸弦纹。腹部有烟熏痕。壁薄,制作较粗糙。器身有三处铸痕,底、裆部有三处补丁。

楼子湾 PLWM4：3:盘龙城四期。通高 24.4 厘米、口径 19.2 厘米、足高 6.2 厘米、壁厚 0.2 厘米。侈口,折沿,沿面作斜阶状,下腹圆鼓,分裆,四棱尖锥实足。颈饰一周夔纹,分三组。夔方目,夔身由细线 T 形、S 形纹构成。铸痕有三处。

折沿鬲　杨家湾 PYWM6：2

折沿鬲　楼子湾 PLWM4：3

李家嘴 PLZM2 : 38:盘龙城四期。通高 18 厘米、口径 12 厘米。口微敛,沿外折,沿面呈阶状,半环状耳,直腹壁,下腹微鼓,分裆,扁圆空足外撇。颈部饰粗线饕餮纹。饕餮圆角方形眼,方珠凸起,T 形纹眉,方条形额,倒 T 形鼻两侧上卷,额鼻中脊起棱,角、尾上扬,身作两列云纹,足作两个相从云纹。腹、裆部饰双线人字纹。

折沿鬲　李家嘴 PLZM2 : 38

折沿鬲　李家嘴 PLZM1 : 4

李家嘴 PLZM1 : 4:盘龙城五期。残高约 17.4 厘米、口径 13.2 厘米、耳高 2 厘米。折沿,沿面作斜阶状,颈内收,略鼓腹稍下垂,曲底,分裆,尖锥空心足透底。颈饰一周夔纹,由细线云纹构成,腹、裆部各饰三组凸线人字形装饰。

3.甗

李家嘴 PLZM2 : 45:盘龙城四期。通高 36 厘米、口径 22 厘米。口微敞,宽平折沿,斜弧腹壁,束腰,腹裆间作深凹槽状,分裆始自腰部,尖锥高足中空透底。腰内周壁附一箅,箅中间有一个圆形大孔,大孔周围有 8 个不规则的长方形小孔。颈饰一周带饰夔纹,线条较细,分三组,每组饰一夔纹。夔眼居中作圆角长方形,椭圆珠凸起,前后饰云纹。腹、裆部饰三组双线人字纹。

甗　李家嘴 PLZM2 : 45

4.簋

均为折沿簋。

李家嘴 PLZM2：2:盘龙城四期。通高 23.8 厘米、口径 23.6 厘米。敛口,折沿,沿面作阶状,深腹,底近平,圈足。上腹部饰一周饕餮纹,带饰较窄,线条较粗,分三组,每组饰饕餮一组。饕餮由两列云纹构成,圆角长方眼,方珠凸起,双线 T 纹眉,额作竖置长条状,倒 T 形鼻两侧上卷,额鼻部中脊起棱,下颌内卷作咧嘴状,牙作锯齿状,角上扬,身、尾作双线云纹上卷,足作无目简化夔纹,相邻的夔纹又组成一个无目饕餮。圈足饰两周弦纹,加饰 3 个凸状镂孔。

折沿簋　李家嘴 PLZM2：2

李家嘴 PLZM1：5:盘龙城五期。通高 17.4 厘米、口径 22 厘米、腹径 22.8 厘米、圈足径 16.3 厘米,足高 3 厘米。折沿,沿面向内,中腹微鼓,最大径在腹部,弓形双耳,耳饰铺首,圈足较高。腹饰一周宽带饕餮纹,饕餮由三列粗线云纹构成。饕餮纹为三组,每组尾部的夔纹两两相对组成另一饕餮。颈部、圈足均饰弦纹,圈足间饰 3 个对称的十字镂孔。

折沿簋　李家嘴 PLZM1：5

5.盘

李家嘴 PLZM1：6:盘龙城五期。通高 12 厘米、口径 27.6 厘米、足高 5.5 厘米。宽折沿,沿面呈阶状,斜腹壁,高圈足较直。圈足上有两个十字形镂孔,腹壁上饰三条弦纹。

盘 李家嘴 PLZM1∶6

6.爵

分弧腹爵和折腹爵。

(1)弧腹爵

杨家湾 PYWM6∶1:盘龙城四期。颈高 2.3 厘米、厚 0.1 厘米。器身扁圆,作双层周壁状。口沿内侧唇厚,颈短粗,弧腹较宽,扁圆形平底。四棱三角形尖锥实足。矮柱立于流折,柱茎横截面三角形,柱纽作曲尺形。扁平鋬。颈部饰一周饕餮纹,分三组,正面一组由双夔构成一饕餮,其余二组各饰一夔身,分置鋬的两侧。器底、器身有 5 处铸痕。

弧腹爵 杨家湾 PYWM6∶1

李家嘴 PLZM2：23:盘龙城四期。通高 14.4 厘米。器身椭圆形,颈较矮,腹略显高,作弧状,平底。颈部有两道弦纹。

弧腹爵　李家嘴 PLZM2：23

采集 P：030:盘龙城四期。足高 5.9 厘米、底长 8.1 厘米、宽 5.1 厘米。桃形口,口沿内侧作宽厚唇状,弧腹,平底,四棱尖锥足。开口流上扬,柱茎作三棱状,柱纽呈曲状。颈饰两道弦纹。周壁有铸痕 2 处,底部有铸痕 3 处。

弧腹爵　采集 P：030

弧腹爵　楼子湾 PLWM8：2

楼子湾 PLWM8：2:盘龙城五期。通高 15.8 厘米、足高 6.2 厘米、壁厚 0.15 厘米。椭圆口，高颈，弧肩、腹，平底，三角锥足。窄流上扬，柱茎呈半圆形，柱纽作曲状。颈部饰饕餮纹，用粗线云纹构成，正面饕餮椭圆目，圆珠凸起，额鼻作宽条状，鼻两侧作云纹上卷，眉作T形，嘴作云纹内收，角呈云纹上扬。尾、足双线云纹上扬，两侧作圆粗线夔纹。

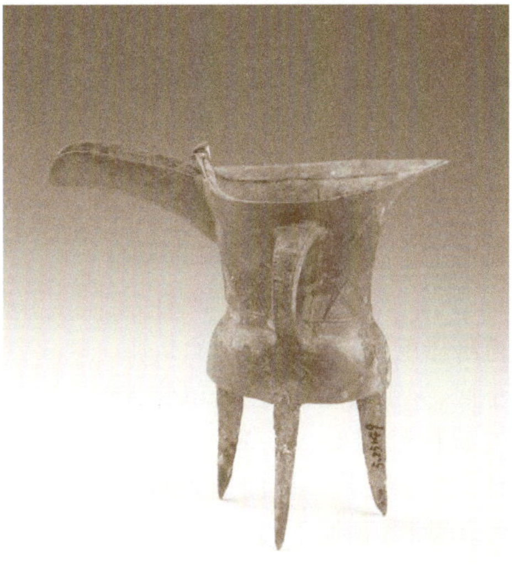

弧腹爵　楼子湾 PLWM2：1

楼子湾 PLWM2：1：盘龙城五期。通高 16.3 厘米、柱高 1.1 厘米、足高 6.2 厘米、壁厚 0.15 厘米。器身周壁作双层。口沿内侧加厚唇边，椭圆形平底，四棱尖锥实足外撇。柱身呈半圆形，纽作三角曲状。颈饰一周曲折纹。器身有 2 处铸痕，底有 3 处铸痕。

杨家嘴 PYZM2：4：盘龙城五期。通高 16.4 厘米、足高 6 厘米。矮颈，弧腹，扁平鋬，底略凸，三角尖锥足。窄流，流折上立矮柱，柱茎作三棱状，柱纽作三角状。颈饰一周饕餮纹，正面饕餮，方目，方珠凸起，鼻作方条状，角作云纹上卷，尾作两个云纹上下卷，鋬两侧作无目夔纹。器身有 2 处铸痕。

弧腹爵　杨家嘴 PYZM2：4

弧腹爵　杨家嘴 PYZM2：5

杨家嘴 PYZM2：5：盘龙城五期。通高 15.2 厘米、流尾长 8.9 厘米、足高 6.5 厘米。椭圆口，口沿内侧有厚唇边，短颈，弧腹，平底，三棱尖锥足。长流上扬，流折立双柱。颈饰带状饕餮纹，分三组，正面一组饕餮纹，额鼻作长方形，方目，椭圆珠凸起，眉作T形，嘴作云纹内卷，尾、足作双线上卷。鋬两侧作细线夔纹。器身有2处铸痕，底有3处铸痕。

（2）折腹爵

李家嘴PLZM2：12：盘龙城四期。通高15.1厘米。器身扁圆，作双层周壁状。口沿内侧有加厚的唇边，颈短粗，斜折腹，平底，尖锥实足较直。矮单柱，圆管状长流较平，上饰一夔状棱牙，尾上翘。柱茎截面呈圆形，柱纽作菌状，顶坡平缓。扁平鋬。颈部带饰为三组布局，正面为一饕餮纹，眼作圆角方形，圆珠凸起，角上卷。侧面夔纹线条粗疏，夔纹眼作椭圆形，珠凸起，夔身作二列云纹，尾上卷。

折腹爵　李家嘴PLZM2：12

楼子湾PLWM3：4：盘龙城五期。通高14.4厘米。口扁圆，口唇内侧呈方唇状，长流短尾，纽扁圆，双层周壁，体扁圆矮胖，折腹，平底，扁平鋬，四棱尖锥实足。颈部有带饰一周，分三组，正面饕餮圆珠。铜锈灰绿色。身有铸痕二，底三铸痕。

李家嘴PLZM1：16：盘龙城五期。通高20.1厘米、底径5.9厘米—7.8厘米、口长9.2厘米、口宽7.2厘米、流尾长8.1厘米、流宽2.15厘米。器身椭圆，双层周壁，窄方腹，平底，四棱尖锥足外撇。长流短尾，单柱加高，叉立流口。柱作扁圆形，纽作菌状，柱纽作伞状，上饰云纹。扁平鋬正对一足。颈部带饰分三组，

折腹爵　楼子湾PLWM3：4

正面有一饕餮纹,其余两组分饰鋬的两旁,为饕餮的延长。饕餮目作鹰嘴状,圆珠鼓起,鼻上卷,身与足增添了卷云纹。器身有 2 处铸痕,底有 3 处铸痕。

折腹爵　李家嘴 PLZM1 : 15

折腹爵　李家嘴 PLZM1 : 16

李家嘴 PLZM1 : 15:盘龙城五期。流尾长 15.6 厘米、通高 17 厘米、壁厚 0.1 厘米。器身椭圆形,四棱尖锥足。长流短尾,双柱较高,柱作半圆形,扁圆纽对立流旁。鋬正对一足。颈部带纹分作三段,正面作饕餮纹,其余两段在鋬两旁,为饕餮纹的延长,纹样线条较细。饕餮目作方形,方珠凸起,足作卷云纹。两侧为无目夔纹作T形,鼻中部起脊,鼻尖上卷,纹饰细密。器身有 2 处铸痕,底有 3 处铸痕。

折腹爵　王家嘴 PWZT82H7 : 5

王家嘴 PWZT82H7 : 5:盘龙城五期。通高 16 厘米、柱高 0.9 厘米、足高 7.1 厘米、壁厚 0.1 厘米。弧肩,平底,四棱实足,正对鋬的一足外撇,正面二足较直。开口流略上扬,流近口端粗,末端较窄,双柱立折流,茎作半圆形,柱纽作三角状。颈部有饕餮纹带饰,正面饕餮目作圆角方形凸起,嘴作云纹内卷,T 形眉,角作云纹上卷。两侧有两组细线夔纹。

7.斝

分鬲形斝和弧腹斝。

(1)鬲形斝

杨家湾PYWM6：4:盘龙城四期。壁厚0.15厘米。口、颈残。扁圆腹、圜底，二棱扁圆形尖锥空足。扁平鋬，外侧面弧形，中脊起棱。颈饰三组弦纹，每组2道弦纹。器底、器身有3处铸痕，下腹部有1个铜补丁。

鬲形斝　杨家湾PYWM6：4

(2)弧腹斝

李家嘴PLZM2：10:盘龙城四期。通高31.6、口径21.2厘米。口外侈，宽厚唇，矮短颈，弧腹较窄，四棱三角形尖锥空足较高，外张。鋬扁平，中脊起棱。柱茎作三棱状，柱纽扁圆作竖状，柱顶坡平缓。颈饰饕餮纹和夔纹，纹线粗疏，带饰分三段，饕餮目作鹰嘴状，圆珠凸起，T形眉，角上扬，额作横体方块状，鼻作云纹内卷，咧口。身由两列云纹组成，上列尾上扬，下列尾下垂，两足作两个勾状云纹相从，间以刀纹。两侧夔纹鸟嘴状目，闭口，上颌下卷，下颌上钩，夔身由两列云纹构成，尾上卷，两足作云纹相从。

弧腹斝　李家嘴PLZM2：10

李家嘴 PLZM2：22：盘龙城四期。通高 24 厘米、口径 14.8 厘米。口外侈，宽厚唇，矮颈内束，折平底，四棱三角形尖锥空足略外撇。矮柱作三棱状，扁圆柱纽作笠状，顶部尖状凸起。鋬扁平，外侧呈弧状，脊起棱。颈部饰三周凸弦纹。腹部饕餮纹线条较粗，带饰上缘加饰一周连珠纹。饕餮眼作圆角方形，鼻作倒置勾状 T 纹，嘴由单线倒置 T 纹构成咧口状。身尾作两个双线云纹相从，足由两个相从云纹中间饰刀纹。两侧夔身尾由两列云纹构成，上列由二云纹相从，下列两个相从云纹，中间饰 T 纹。

弧腹斝　李家嘴 PLZM2：22

弧腹斝　楼子湾 PLWM4：2

楼子湾 PLWM4：2：盘龙城四期。通高 24.2 厘米、口径 18 厘米、柱高 1.5 厘米、足高 9.8 厘米。大口外侈，口沿内侧作宽厚唇状，中高颈，斜腹壁。平底，尖锥空足外张。口立矮柱，柱茎作半圆状，柱纽扁圆，上饰圆窝纹。扁平鋬，鋬宽厚，中起一棱。颈饰一周窄带状饕餮纹，分三组，每组饰一饕餮。饕餮目作鸟嘴状，圆珠，额作椭圆状，眉作斧形。身饰双线云纹，尾作云纹上卷，足作双线云纹。器身有 3 处铸痕。

李家嘴 PLZM3：1：盘龙城五期。通高 22 厘米、口径 15.5 厘米、柱高 2.4 厘米、腹高 4.2 厘米、鋬高 8 厘米、壁厚 0.15 厘米。口外侈，宽厚唇，颈较高，弧肩，弧腹，底略凸，四棱三角形尖锥空足较高。梯状柱茎，半圆柱纽作菌状，顶部饰云纹，上有乳钉突出。颈部带饰分三段，中段为一饕餮，由云纹构成，两侧各一夔纹。饕餮目作鹰嘴状，圆珠凸起，长方额，鼻饰圆点纹，额鼻相连，中脊起棱，双线 T 形眉，咧口作云纹内卷。角为云纹上扬，身尾作两列云纹上扬，足饰无目夔纹。腹部饰 7 个圆涡纹，圆涡突出器面。器身、底有 3 处铸痕。

楼子湾 PLWM7：1：盘龙城五期。高 22 厘米、口径 15 厘米、足高 8.5 厘米、壁厚 0.15 厘米。敞口，矮颈，弧腹，平底略凸，四棱三角形尖锥空足外撇。矮柱，柱茎断面呈梯形，伞状纽，扁平鋬。颈饰两周凸弦纹。腹部满饰宽带状饕餮纹，上下框以凸弦纹。饕餮纹分三组，正面饕餮由双夔组成，饕餮纹线宽槽深，其余两组各饰相对夔纹，分置鋬的两旁。饕餮方目方珠略斜立，嘴作双线云纹上卷。额鼻上凸起一棱，作倒置 T 形。眉作 T 形，一侧粗，一侧内卷。角作两条云纹上卷，足作两个云纹相从。鋬两侧的夔纹，目作椭圆斜立，角作云纹上扬。身饰雷纹，尾饰双线云纹。器身、底有 3 处铸痕。

弧腹斝　李家嘴 PLZM3：1

弧腹斝　楼子湾 PLWM7：1

杨家嘴 PYZM1：4：盘龙城五期。通高 34.4 厘米、口径 22.4 厘米、足高 14.8 厘米、壁厚 0.2 厘米。侈口，口沿内侧作厚唇边，弧腹，平底作微弧状，高足作三角尖刀状。矮柱，柱茎作三棱状，纽扁圆作菌状。颈部带饰分三组，正面为一饕餮纹，两侧各饰一夔纹，分置鋬的两旁。正面饕餮纹由双夔组成，饕餮方珠凸起。额作方状与鼻相连，鼻作宽直条状。眉作 T 形。咧口作倒置 T 纹，角作云纹上扬。身作两个相从卷云纹，尾作双线云纹上扬。鋬两侧夔纹，方目方珠凸起，头向前，张口作云纹上卷，尾上扬。器身有 3 处铸痕。

杨家嘴 PYZM2：1：盘龙城五期。通高 26.8 厘米、口径 17.6 厘米、足高 10 厘米、壁厚 0.2 厘米。形制与 PYZM1：4 近似。器身、底有 3 处铸痕。

弧腹斝　杨家嘴 PYZM1：4

弧腹斝　杨家嘴 PYZM2：1

杨家嘴 PYZM1：2：盘龙城五期。残高 20 厘米、口径 15.8 厘米、足高 8.6 厘米、壁厚 0.15 厘米。侈口，口沿内侧作宽唇边，弧腹较鼓，平底略凸，三角形尖刀状中高足中空。柱茎作梯形，纽扁圆作菌形状。颈饰一周带状饕餮纹，分三组，正面一组饰一饕餮，鋬两侧各饰一夔纹。饕餮方目方珠凸起，额作方状，鼻作樱桃状，眉作 T 形，咧口作倒置 T 纹，身尾作两个云纹上下卷。鋬两侧的夔纹，方目方珠，口向下，身尾由两列云纹、刀纹、T 纹相间构成的流动体。器身、底有 3 处铸痕。

弧腹斝　杨家嘴 PYZM1：2

楼子湾 PLWM1：1：盘龙城五期。底径 14.4 厘米、壁厚 0.15 厘米、足高 11.4 厘米。口残，颈增高，缓肩，弧腹，平底微突，四棱三角形尖锥状中高足中空。柱增高，柱茎作梯形，纽作菌状，上饰云纹，纽顶乳头凸起。颈饰窄带饕餮纹，由三列云纹构成，线条较密，分三组，正面为一饕餮，两侧为夔纹，分置鋬的两旁。正面饕餮，目作鹰嘴状，圆珠凸起，额作长方块，额鼻间有凸线相连。眉作双线T形，尾上扬。夔纹用两列云纹构成，目作鹰嘴状，头向前，上唇作两列云纹上卷，身有两列云纹作上下翘。身、底有三处铸痕。

弧腹斝　楼子湾 PLWM1∶1

弧腹斝　王家嘴 PWZT82H7∶1

王家嘴 PWZT82H7∶1：盘龙城五期。通高28.8厘米、口径19.2厘米、足高12.4厘米。侈口，口沿内侧作宽厚唇。颈中高，高腹作倾斜状，底略凸，三角尖锥空足宽厚。矮柱，柱茎作三角状，柱纽作龟背状，中脊起棱。鋬作弓背状，上、下两端较宽，各有一个三角长孔。颈饰一窄带状复线菱格纹，可分三组，正面有四个菱格，各用三根凸线交叉构成，中间加饰一圆圈纹，两侧各有两个菱格，均用二根凸线构成。器身、底有二处铸痕，下腹一侧有一处铸补痕。

楼子湾 PLWM8∶1：盘龙城五期。通高20.4厘米、口径14.2厘米、足高8.4厘米、壁厚0.15厘米。敞口，口沿内侧作宽唇边，矮颈，弧腹，平底，三角尖锥空足外撇。矮柱、柱茎半圆，柱纽扁圆，柱纽上饰云纹。鋬扁平，中起一棱。颈饰一周凸弦纹。腹部宽带饰，线条较细，分三组，正面残，两侧各饰一夔纹。夔呈张口，目作鹰嘴状，圆珠，眉作T形，卷云角。夔身饰两个云雷纹，尾作双线卷云纹。足作两个弧状云纹。器身、底有三处铸痕。

弧腹斝　楼子湾 PLWM8：1

弧腹斝　采集 P：042

采集 P：042:盘龙城五期。通高 22.4 厘米、口径 15 厘米、壁厚 0.2 厘米。口外侈,口沿内侧作宽唇状。颈增高,底略凸,中高足。矮柱增高,柱茎作梯形,柱纽作笠状,纽面呈缓坡,柱顶饰乳钉纹和云纹。鋬弧背,中脊起棱。颈饰窄带饕餮纹,由三列云纹构成,分三组,中段饰一饕餮,其他两组各饰一夔纹。饕餮目作鹰嘴状,圆珠凸起,目作长方形,鼻梁凸起一棱,眉作双线 T 纹,咧口作云纹内卷,身尾作三列云纹上扬。腹饰对称圆窝纹 6 个。身底有三处铸痕。

8.觚

分细腰觚和粗腰觚。

(1)细腰觚

细腰觚　楼子湾 PLWM6：1

楼子湾 PLWM6：1:盘龙城四期。通高 17.2 厘米、口径 13.3 厘米、腰径 4.7 厘米、圈足高 4.2 厘米、壁厚 0.15 厘米。口外敞，高圈足外撇变大。腰部略细，有一周窄带饰。带饰分两组，每组各有一饕餮，饕餮均以细线云纹构成，身、尾作细线云纹上扬。圈足饰三周凸弦纹，加饰 3 个镂孔。器表光亮。

李家嘴 PLZM1：21：盘龙城五期。足高 4.6 厘米、足径 8.2 厘米、腰径 5.1 厘米、壁厚 0.15 厘米。口残。腰部略细，喇叭形圈足底部外缘作方唇状。腰部饰细线无目饕餮纹。圈足下部饰对称勾云纹，上部饰两个对称十字镂孔。表面磨光。器身有两处铸痕，腹、圈足各有一处铸痕。

细腰觚　李家嘴 PLZM1：21

细腰觚　杨家嘴 PYZM2：3

杨家嘴 PYZM2：3：盘龙城五期。通高 14 厘米、口径 10.4 厘米、腹深 10 厘米、腰径 4.4 厘米、壁厚 0.1 厘米。口外敞，高圈足作喇叭状。腹部一周窄带饰，有粗线饕餮纹两组。表面光亮。器身有两处铸痕。

（2）粗腰觚

李家嘴 PLZM1：19：盘龙城五期。通高 16.8 厘米、口径 12.6 厘米、腹深 11 厘米、足高 5.6 厘米、足径 10 厘米、腰径 6.2 厘米、壁厚 0.15 厘米。口外侈，腰部较粗。圈足较高，足径略小于口径。腹部、圈足上饰四周带纹。第一周为三条平行弦纹，第二周由两组粗线饕餮纹组成。第三周由 8 个镂孔雷纹相连并列组成，雷纹相接饰以人字形镂孔。第四周由两组对角夔纹组成，夔纹目在正中，两端由对角云纹作上下排列。器表磨光。器身有铸痕两处，腹及圈足内各一处。

楼子湾 PLWM5：2：盘龙城五期。圈足高 3.8 厘米、壁厚 0.15 厘米。颈、腹、足

粗腰觚　李家嘴 PLZM1 : 19

粗腰觚　楼子湾 PLWM5 : 2

之间有明显分界,扁圆腹鼓起,腹底近平,圈足外侈变小。腹部带饰由两组夔纹组成。夔纹眼珠凸出,线粗槽深。颈、足部饰弦纹,圈足上部有 3 个十字镂孔。器表有两处铸痕。

采集 P : 0119:盘龙城五期。通高 16.8 厘米、口径 12.4 厘米。口外侈,高圈足外张。腰饰一周饕餮纹,由细线云纹构成,饕餮目作鹰嘴状,圆睛突起,眉作双线云纹,额鼻作 T 形,身、尾作云纹上扬,足作简化夔纹。颈部、圈足各有平行凸弦纹三周,间饰 3 个十字镂孔。

9.提梁卣

提梁卣　李家嘴 PLZM1 : 9

李家嘴 PLZM1 : 9:盘龙城五期。通高 31 厘米、口径 7.2 厘米、圈足径 12.5 厘米。口上加盖,宽唇直颈,折肩,圆鼓腹,圈足,近底处作宽唇状。肩部有绳索状提梁,盖与提梁有环相连,肩部有环纽与提梁相连。盖饰为夔纹和圆圈纹。颈部饰三周弦纹。肩部饰一周夔纹,夔纹分三组,由两列相从的细线云纹构成,上缘镶一周圆圈纹。腹部饰一周宽带饕餮纹,分三组。饕餮目作圆角方形,圆珠凸起,眉、尾皆为双线上卷,上下用圆圈纹镶边。

10.盉

盉 李家嘴 PLZM2：20

李家嘴 PLZM2：20:盘龙城四期。通高 36 厘米,圆顶隆起,一侧开梯形口,一侧有两个乳钉,顶端斜置上粗下细的管状冲天圆流,流底两旁饰乳钉。颈部内收。深腹,曲底分裆,袋足间内陷成槽。尖锥状袋足中空透底,足尖外撇。扁平鋬上端作方状立于口沿处,下端立于腹部。上腹饰一周流动体饕餮纹,线条粗疏,分三段,正面一段为饕餮,其余两段为夔纹。饕餮眼作圆角长方形,方珠凸起,额作横置长条状。鼻作倒置 T 形,两侧上卷,额鼻部中脊起棱。眉作 T 形,角上扬。下颌内卷作咧嘴状,牙作锯齿形。身作两列云纹,尾上扬。足作两个云纹相从。

11.尊

尊 李家嘴 PLZM2：75

李家嘴 PLZM2：75:盘龙城四期。通高 28 厘米、口径 20.8 厘米。侈口,沿外敞。粗颈,折肩作钝角状。弧腹壁,体胖,平底。高圈足,圈足近底处作垂直厚唇状。腹饰一周宽带饕餮纹,由两列粗疏云纹构成。带饰分为三段,每段饰一饕餮。饕餮臣字眼,内眦勾卷,圆珠凸起。额作两个对称的双线卷云纹,鼻作两排对称的卷云纹和刀纹相间,眉作双线 T 纹,耳、角云纹上扬。额内卷作咧嘴状,身作两列双线云纹,双线内间饰云纹和 T 纹,尾下卷。颈部饰三周平行凸弦纹。圈足饰两周平行凸弦纹,间饰三个对称十字镂孔。

李家嘴 PLZM1∶7:盘龙城五期。通高 26.9 厘米、口径 15.8 厘米、足高 4.1 厘米、圈足径 12.4 厘米、壁厚 0.15 厘米。体高瘦,口外侈,矮颈略内收,斜折肩。颈肩部作弧状,深腹,腹壁斜收,圈足较高,近底部作宽厚唇。颈饰三周凸弦纹,肩部饰一周夔纹。腹上部饰一周饕餮纹,由两列云纹构成,线条较密,分三组,每组的正中为一饕餮纹,两旁为夔纹,相邻的夔纹又组成一个饕餮纹,整体呈 6 个饕餮纹彼此倒置。饕餮臣字眼,眉作两个云纹对称上卷,眉根竖起一椭圆点。额作方块,中脊起棱。鼻两侧作卷云纹,角作云纹上扬,身、尾作两列云纹上卷。夔纹作方目,圆珠凸起,眉作两个云纹相连,上、下唇卷作张口状。身体相连的卷云纹、T 纹、肩带饰分六组,每组饰一夔纹,目居中,口尾均作两列云纹上下扬。足饰两周凸弦纹,圈足上有 3 个十字镂孔。三合范铸。

尊　李家嘴 PLZM1∶7

(二)兵器

器类有戈、矛、刀、钺、镞、铍、镦等。

1.戈

分直内戈和曲内戈。

(1)直内戈

李家嘴 PLZM2∶25:盘龙城四期。残长 26.8 厘米、援本宽 4.6 厘米。锋较纯,刃微弧。援作长条三角形,援身略倾,援中部起脊。

直内戈　李家嘴 PLZM2∶25

楼子湾 PLWM4∶7:盘龙城四期。通长 23.6 厘米、援长 17.1 厘米。前端作尖锋状。援作长条三角形,两刃较直,援中部略隆起,脊线不显。援末端高于内的上下缘。内、援间有扁条状阑,内作长方形。

直内戈　楼子湾 PLWM4∶7

王家嘴 PWZT82H7∶9:盘龙城五期。通长 27.2 厘米。援部作长条三角状,刃上缘略曲,前端作尖锋状。援末端较宽,上缘高于内上缘,下缘低于内下缘。援中部隆起。内、援间有长条形阑。内作长方形,内靠阑端有一方形穿,穿与阑之间有木柄痕。二合范铸。

杨家嘴 PYZM2∶7:盘龙城五期。通长 26.8 厘米、残援长 18 厘米、脊厚 0.7 厘米。援作长条三角状,末端高于内的上下缘。援中部隆起,作不明显脊状。内、援间有长条形阑。内一端略窄。三合范铸。

直内戈　杨家嘴 PYZM2∶7

杨家嘴 PYZM1∶1:盘龙城五期。通长 27 厘米。前端作尖锋状。援末端较宽,援中脊略隆起作脊状。

楼子湾 PLWM7∶4:盘龙城五期。通长 24.0 厘米、援长 5.7 厘米。援作长条三角状,两刃略曲,前端作尖锋状。援末端较宽,上缘高于内上缘,下缘高于内下缘。内、援间有扁体阑,内作长方形。二合范铸。

直内戈　楼子湾 PLWM7：4

(2)曲内戈

采集 P：08:盘龙城五期。通长 27.2 厘米、援长 18.1 厘米、脊厚 0.5 厘米。脊中部略厚,脊线不显。内、援间有阑。曲内作三角形。

楼子湾 PLWM1：7:盘龙城五期。通长 26.8 厘米、援长 16.1 厘米。援中脊起棱,脊线清晰。内、援间有扁条形阑。内弯曲呈半圆形,貌似兽首。内上满饰夔纹,夔张口,唇上下卷。二合范铸。

曲内戈　楼子湾 PLWM1：7

楼子湾 PLWM3：7:盘龙城五期。通长 29.2 厘米、援长 20.5 厘米。援脊线不显。内、援间有扁圆状阑。内弯曲呈方状。内上满饰夔纹,由细线云纹构成。二合范铸。

曲内戈　楼子湾 PLWM3：7

2.矛

李家嘴 PLZM2：56:盘龙城四期。残长22厘米，双叶作柳叶状，脊部凸起，骹作菱形。菱形銎，銎外沿有箍边，旁附勾状纽。骹长与叶长比为1：2，饰叶脉纹。

矛　李家嘴 PLZM2：56

楼子湾 PLWM3：8:盘龙城五期。通长23.6厘米，双叶作柳叶状，脊部凸起，骹作圆筒状。銎口外沿箍边较宽，骹附环纽。二合范铸。

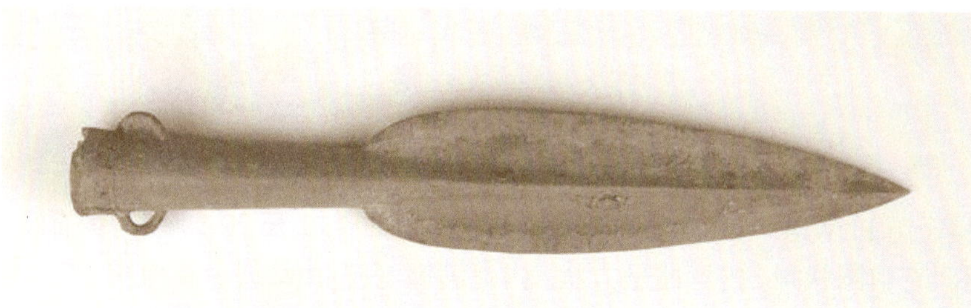

矛　楼子湾 PLWM3：8

3.刀

分直背刀和弧背刀。

(1)直背刀

李家嘴 PLZM2：70:盘龙城四期。残长27.6厘米、宽3.2厘米。刀身作窄长条三角状，刀柄较短，刃作弧状。刀背较直，较薄，饰人字纹。

杨家嘴 PYZM7：2:盘龙城四期。残长30.2厘米、刃宽3.4厘米。弧刃，短柄，柄及前锋残。

李家嘴 PLZM4：4：盘龙城五期。通长 25.5 厘米，刀柄与刀身连成一线，刀身作三角状。刀背作脊状，饰人字纹。二合范铸。

直背刀　李家嘴 PLZM4：4

王家嘴 PWZT82H7：11：盘龙城五期。通长 41.8 厘米、柄长 8.4 厘米。刀柄与刀背连成一直线，尖端略翘。刀刃前端较宽，略呈弧刃。背脊起棱，上饰叶脉纹。二合范铸。

楼子湾 PLWM3：9：盘龙城五期。残长 28 厘米、柄长 7.6 厘米。刀柄与刀身连成一直线，刃部与尖端微残，背部起脊。二合范铸。

直背刀　楼子湾 PLWM3：9

（2）弧背刀

李家嘴 PLZM2：6：盘龙城四期。通长 29.6 厘米、宽 3.2 厘米。刀身作长条三角状，平刃略呈弧形。柄作圆形，中有一圆孔。圆柄周围饰透空云纹，柄部饰曲折纹。

李家嘴 PLZM2：71:盘龙城四期。残长 35.6 厘米、残宽 2.4 厘米。通体窄长，刀身最宽处在中部,柄与刀身间有阑。刀背中脊起棱,上饰贝纹。

弧背刀　李家嘴 PLZM2：71

李家嘴 PLZM2：65：盘龙城四期。残长 28.8 厘米、刃宽 2.4 厘米。形制与 PLZM2：71 相似,柄与刀身间无阑。

弧背刀　李家嘴 PLZM2：65

李家嘴 PLZM2：66:盘龙城四期。残长 16.4 厘米、残宽 5.6 厘米。弧刃,一端作尖状上翘。銎圆筒形、中空,銎口作厚唇状,两侧有方形镂孔。

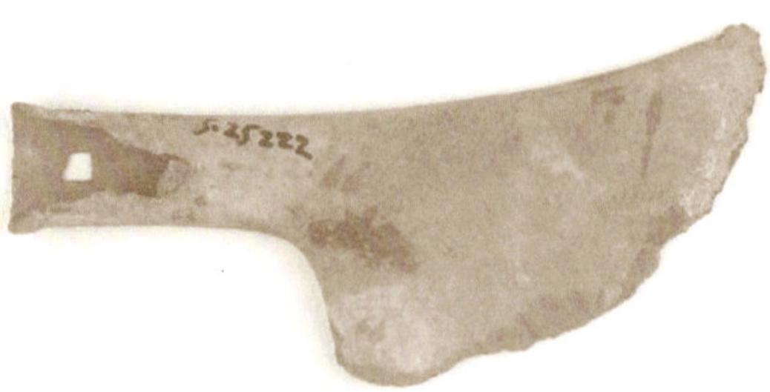

弧背刀　李家嘴 PLZM2：66

王家嘴 PWZT61⑥:12:盘龙城四期。残长 16.8 厘米、背厚 0.5 厘米。直柄与刀背连成弧线。素面,二合范铸。

李家嘴 PLZM4:3:盘龙城五期。残长 23.6 厘米,刀柄与刀身连成一直线,前锋作尖状。刀背较厚作脊状,背部饰人字纹。二合范铸。

弧背刀　李家嘴 PLZM4:3

李家嘴 PLZM4:2:盘龙城五期。残长 24.8 厘米,形制与 PLZM4:3 近似,二合范铸。

杨家嘴 PYZM2:2:盘龙城五期。柄长 5.4 厘米、宽 1.6 厘米、通长 19.3 厘米。弧刃,尖端上翘,刃最宽处在柄端,背脊起棱。二合范铸。

弧背刀　杨家嘴 PYZM2:2

4.钺

李家嘴 PLZM2:15:盘龙城四期。通高 41.4 厘米、刃宽 26.7 厘米、孔径 11 厘米。梯形,长方直内,平肩,两侧外张,弧刃。器身中部有一大圆孔,肩两侧有对称长方形穿。肩下及两侧均饰夔纹。正面夔纹,目作椭圆形,前后有两列云纹。两侧夔纹作竖立状,圆睛,身作两列云纹,以蝉纹为尾。

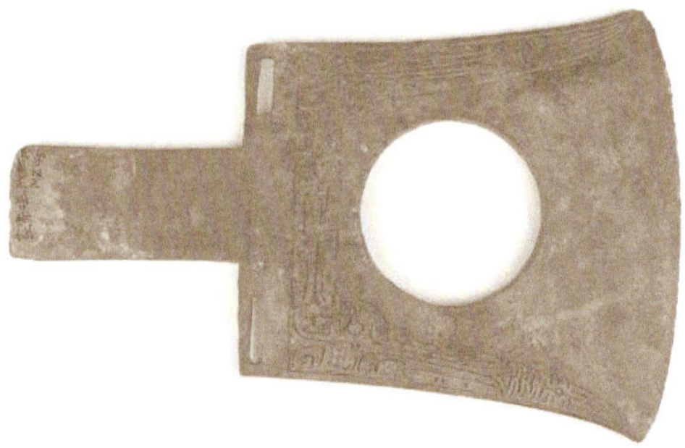

钺　李家嘴 PLZM2∶15

李家嘴 PLZM2∶54：盘龙城四期。通高 24.4 厘米、刃宽 13.3 厘米。形状与 PLZM2∶15 相似,惟体略长。两侧内束,弧刃,两角外张。器身圆孔较大,肩两侧各有对称的长方形穿孔。

钺　李家嘴 PLZM2∶54

楼子湾 PLWM4∶8:盘龙城四期。通长 17.2 厘米、刃宽 8.8 厘米、内长 4.3 厘米、内宽 4 厘米、孔径 3.2 厘米。长方形,中部有圆孔,周围作脊状凸起。

5.镞

均为有翼镞。

王家嘴 PWZT67⑥∶18:盘龙城四期。脊作四棱扁圆状,双翼飞燕状。铤呈四棱状,上端粗下端细。二合范铸。

王家嘴 PWZH6∶14:盘龙城五期。脊作四棱扁圆状。双翼中宽,与脊呈锐角。铤作扁圆,翼本作锐角形。二合范铸。

楼子湾 PLWM1∶4:盘龙城五期。通长 6.9 厘米、脊厚 1.0 厘米。脊作四棱扁圆状,双翼较窄。后锋较短,与脊近垂直。铤作扁圆形。

有翼镞　楼子湾 PLWM1：4

楼子湾 PLWM1：11:盘龙城五期。通长 6.0 厘米、翼宽 0.5 厘米。末端作三角状,脊作四棱形,双翼作三角状,翼本垂直,铤作扁圆形。

有翼镞　楼子湾 PLWM1：11

楼子湾 PLWM3：11:盘龙城五期。通长 5.3 厘米。脊作四棱状,双翼窄,后锋作垂直状,铤扁圆。

楼子湾 PLWM3：12:盘龙城五期。通长 10 厘米。脊作四棱形,双翼较宽作燕尾状,铤作四棱形。

6.铍

王家嘴 PWZH6：2:盘龙城五期。长 23 厘米、柄长 6.3 厘米。三角形,两面刃,有阑。阑两端各饰一乳钉,短柄。

铍　王家嘴 PWZH6：2

7.镦

李家嘴 PLZM2：73：盘龙城四期。直径 2.8 厘米。扁圆体，筒状中空，饰一周带纹，上下两道凹弦纹。带饰分二组，每组一夔纹，夔纹方目在中，两旁饰云纹、T纹。

镦　李家嘴 PLZM2：73

(三)工具

器类有臿、锛、凿、斧、斨、锯、菱形器和鱼钩等。

1.臿

李家嘴 PLZM2：3：盘龙城四期。长 12.4 厘米、刃宽 8.8 厘米。器身近方形，体宽扁，单面弧刃，刃部与器身宽度大体相当。銎口扁半圆。器身上中部有一方形穿孔。

臿　李家嘴 PLZM2：3

杨家湾 PYW : 06:盘龙城五期。通长 16.4 厘米、刃宽 9.2 厘米。长方形,体宽扁,銎口扁半圆。单面弧刃,刃部与器身宽度大体相当。器身中上部有一方形穿孔。三合范铸。

臿　杨家湾 PYW : 06

2.锛

李家嘴 PLZM2 : 64:盘龙城四期。长 12.8 厘米、刃宽 2.4 厘米。扁平长条形,中空,双面弧刃。器身及銎断面作梯形,銎宽大于刃部。器身正面饰十字凸线。

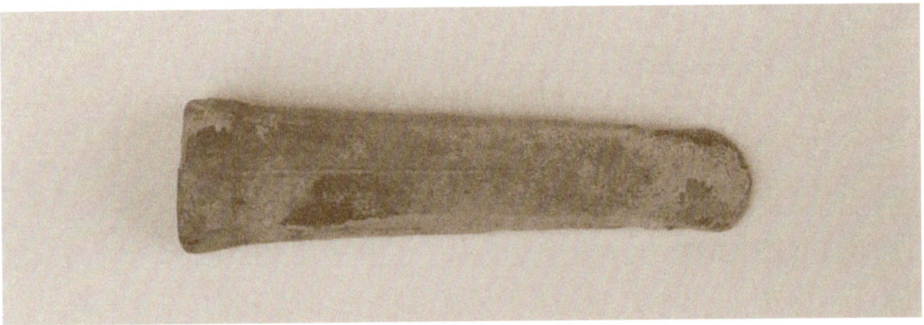

锛　李家嘴 PLZM2 : 64

杨家嘴 PYZM9 : 3:盘龙城四期。长 17.5 厘米、中宽 2.7 厘米、刃宽 5 厘米。扁平长条楔形,中空,一面刃。銎口作梯形,銎正面及两侧有凸边。器身正面有十字凸线。二合范铸。

李家嘴 PLZM4 : 1:盘龙城五期。长 19.6 厘米、刃宽 6 厘米、銎最大径 4.2 厘米。长条形,中空,一面刃,刃作半圆弧状。椭圆形銎,刃宽于銎部。正面有三角形凸线,两侧有附耳装饰。

王家嘴 PWZT82H7 : 3:盘龙城五期。长 17 厘米、刃宽 5.6 厘米。长条楔状,中空,单面弧刃外侈。銎口梯形,銎宽略小于刃宽。器身正面有十字形凸线。二合范铸。

锛　王家嘴 PWZT82H7∶3

王家嘴 PWZT85⑤∶1：盘龙城五期。长 19.8 厘米、刃宽 5 厘米。扁平长方楔形，中空，单面弧刃。銎与刃部宽度相当。器身正面有凸线呈“↓”形。

锛　王家嘴 PWZT85⑤∶1

王家嘴 PWZT82H7∶12：盘龙城五期。长 19.6 厘米、刃宽 4.7 厘米。器身扁圆，中空，双面弧刃。扁圆銎，銎宽大于刃宽，銎内有木柄残块。二合范铸。

锛　王家嘴 PWZT82H7∶12

王家嘴 PWZT85⑤：14：盘龙城五期。长 19.6 厘米、刃宽 5 厘米。长条形，中空，一面刃作斜状。銎口梯形，周边三面有箍，銎宽大于刃宽。器身正面有一凸线。二合范铸。

锛　王家嘴 PWZT85⑤：14

楼子湾 PLWM1：3：盘龙城五期。长 13.7 厘米、刃宽 2.4 厘米、壁厚 0.3 厘米、銎箍宽 1.3 厘米。长条形，中空，单面弧刃。銎口梯形，銎箍边凸出，銎口大于刃部。器身正面有 T 形凸线。二合范铸。

锛　楼子湾 PLWM1：3

楼子湾 PLWM3：5：盘龙城五期。长 19.7 厘米、刃宽 4.3 厘米。扁平长方楔形，中空，一面刃。銎口正面及两侧有凸边。器身正面有十字形凸线。

楼子湾 PLWM3：6：盘龙城五期。长 12.4 厘米、刃宽 2.0 厘米。体小，扁平长条形，中空，单面弧刃。銎箍边较窄，銎口大于刃宽。器身有叶脉状凸线。二合范铸。

锛　楼子湾 PLWM3：6

楼子湾 PLWM1：6：盘龙城五期。长 18.7 厘米、刃宽 3.2 厘米。体型大，长条楔形，中空。双面弧刃，刃部窄于銎部。口呈六角形。器身两侧有凸线。

锛　楼子湾 PLWM1：6

3.凿

李家嘴 PLZM2：72：盘龙城四期。长 18.6 厘米、刃宽 1.1 厘米。器身细长，实心体，横断面呈梯形。单面刃，无銎。

凿　李家嘴 PLZM2：72

采集 P：010：盘龙城五期。长 12.7 厘米、刃宽 1.5 厘米。长条形，中空。腰内束，一面刃作扁圆状，刃部大于銎部。銎作梯形。器身正面有一凸线。二合范铸。

凿　采集 P：010

4.斧

采集 PWZ:068:盘龙城四期。长 6.2 厘米、刃宽 4.3 厘米。体小,中空。双面弧刃外侈,刃宽大于銎宽。方銎。二合范铸。

斧　采集 PWZ:068

5.斨

杨家湾 PYW:07:盘龙城五期。长 27.3 厘米、孔长 1.7 厘米、宽 1 厘米,刃宽 8.7 厘米。体宽,扁平长方形。单面弧刃稍外侈,刃略宽于銎。銎口梯形。器身上部有一个长 1.7 厘米、宽 1 厘米的方孔。三合范铸。

斨　杨家湾 PYW:07

6.锯

李家嘴 PLZM2:69:盘龙城四期。长 25.6 厘米、宽 4 厘米。长方形,刀背部弧内凹,近柄处略宽。刃部作细密齿状,柄部略高于刀身。

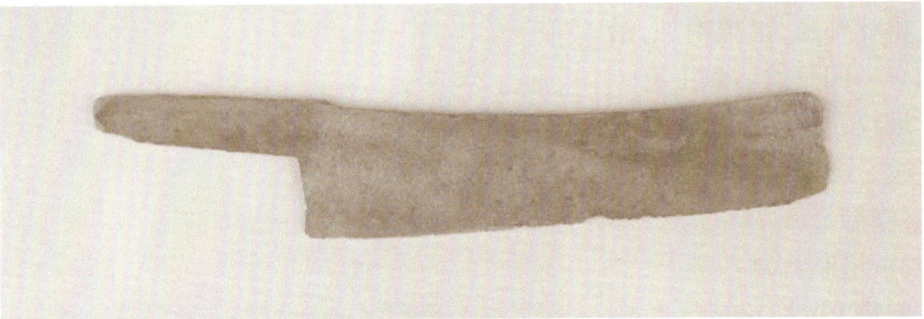

锯　李家嘴 PLZM2:69

7.菱形器

楼子湾 PLWM3：10：盘龙城五期。通高 6.7 厘米、宽 2.2 厘米。四菱形薄片状，两面边线整齐，两面边呈锯齿状，横断面呈楔形，素面。

菱形器　楼子湾 PLWM3：10

8.鱼钩

楼子湾 PLWG1⑤：12：盘龙城五期。长 5.6 厘米、径 0.5 厘米。钩有倒须，柄呈方柱状。

二、陶器

器类有鬲、甗、爵、斝、盆、豆、带流壶、罐、大口尊、瓮、缸、坩埚、器盖等。

1.鬲

分折沿平裆鬲、折沿联裆鬲、折沿分裆鬲和带柄鬲。

(1)折沿平裆鬲

王家嘴 PWZT80⑥：1：盘龙城四期。通高 32.4 厘米、口径 27.6 厘米、足高 8.8 厘米。圆唇，平折沿，短颈，圆腹平裆。三尖锥足粗壮外撇，足根附加。沿面内侧有一凹弦纹。颈上有一周箍状堆纹，腹裆部上饰斜行中粗绳纹。夹砂黄红陶，足根红黄陶，模制。

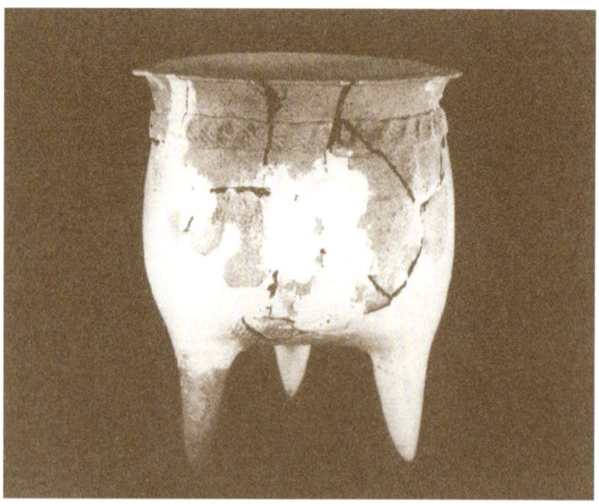

折沿平裆鬲　王家嘴 PWZT80⑥：1

(2)折沿联裆鬲

王家嘴 PWZT65⑥：1：盘龙城四期。通高 20.4 厘米、口径 12.8 厘米、足高 5.4 厘米。沿面较宽,上凸起一圆棱。颈内收,颈、肩部有明显分界。下腹微鼓,三尖锥足高粗外撇。腹饰斜行中粗绳纹。砂质灰黑陶红胎,足根红陶,模制,口部经轮转。

折沿联裆鬲　王家嘴 PWZT65⑥：1

李家嘴 PLZM2：48：盘龙城四期。通高 20.8 厘米、口径 15.2 厘米。窄沿尖唇,沿面内缘有一周凹弦纹，矮领，圆腹，联裆,尖锥足中粗。腹饰中粗绳纹。口、颈部经轮转。

杨家嘴 PYZT5⑤：1：盘龙城五期。通高 14.6 厘米、口径 12.8 厘米、腹径 13 厘米。侈口,折沿,沿面内凹。腹较直,尖锥足外张。颈部饰一周圆圈纹,腹饰竖行中粗绳纹。夹砂红陶。

折沿联裆鬲　杨家嘴 PYZT5⑤：1

折沿联裆鬲　楼子湾 PLWG2⑤：14

楼子湾 PLWG2⑤：14:盘龙城五期。通高 19.6 厘米、口径 17.2 厘米、足高 5.2 厘米。平折沿,沿面内侧有一周凹弦纹。浅腹,三尖锥足中粗外张,腹饰中粗绳纹。

砂质黑陶，红胎。

（3）折沿分裆鬲

李家嘴 PLZH4：1：盘龙城四期。残高 18 厘米、口径 15.2 厘米。平折沿，束颈，弧壁。体矮胖，分裆明显。尖锥足。沿面内侧有一周凹弦纹，腹饰竖行绳纹。

折沿分裆鬲　李家嘴 PLZH4：1

杨家嘴 PYZT6⑤：1：盘龙城五期。通高 17.6 厘米、口径 15.2 厘米。侈口，口沿外侈。尖唇，唇面向外，矮颈。三袋足深陷，分裆始自肩下。颈饰一周凹弦纹，腹饰中粗绳纹。器表有烟熏痕，夹砂红陶。

折沿分裆鬲　杨家嘴 PYZT6⑤：1

（4）带柄鬲

杨家湾 PYWM10：2：盘龙城四期。通高 14.4 厘米、口径 12 厘米、柄长 6.6 厘米。圆唇，平折沿，沿面有一道隐约凹弦纹。颈中高，圆鼓腹，腹侧附扁平柄，作上翘状，柄手和三足制好后附加于器身。腹饰竖行粗绳纹。夹砂红陶，口颈部有轮制痕。

王家嘴 PWZT72⑥:12:盘龙城四期。口径 10 厘米,口略上扬。折沿,沿面略内凹,中腹微分裆,把手脱落。肩部附泥条。颈饰一周堆纹,腹饰细绳纹,足根饰细绳纹。砂质灰陶,手制。

带柄鬲　王家嘴 PWZT72⑥:12

王家嘴 PWZT12⑤:11:盘龙城五期。通高 9.6 厘米、口径 8.4 厘米。折沿,沿面饰一周凹弦纹。肩腹部附鋬,略分裆,尖锥足。腹饰绳纹。砂质灰陶,手制。

带柄鬲　王家嘴 PWZT12⑤:11

杨家嘴 PYZM1：10：盘龙城五期。通高 15.4 厘米、口径 12.2 厘米、腹径 13.6 厘米。圆唇，平折沿，圆腹，平底，尖锥足，身侧附把手。腹饰中粗绳纹。夹砂黑陶，砂粒较粗，红胎。模制，口沿经轮转。

2.甗

分细腰甗和粗腰甗。

(1)细腰甗

王家嘴 PWZT80⑥：2：盘龙城四期。通高 46 厘米、口径 28 厘米、腰径 14.4 厘米。薄方唇，折沿。沿面内侧凹弦纹较深。束颈。深腹束腰，细腰变粗，腰内侧凸起一棱，高袋足圆鼓外张。器身饰竖行中粗绳纹。夹砂灰陶。

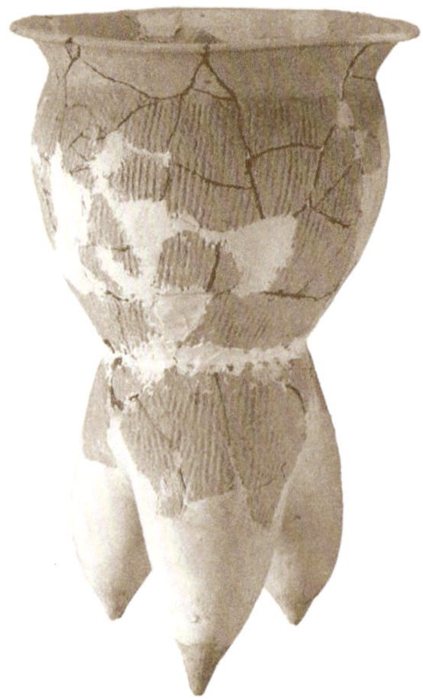

细腰甗　王家嘴 PWZT80⑥：2

(2)粗腰甗

王家嘴 PWZT80⑥：5：盘龙城四期。口径 27.2 厘米、腰径 16.4 厘米。尖唇，宽平折沿，沿面内侧饰浅凹弦纹。短颈外侈，束腰，体胖腹深。腹饰中粗绳纹。夹砂红陶。

李家嘴 PLZM4：11：盘龙城五期。通高 39.6 厘米、口径 23.2 厘米、腰径 15.2 厘米。窄沿，颈内收。腰内束，分裆，尖锥足。腹饰中粗绳纹。砂质黑灰陶。

粗腰甗　李家嘴 PLZM4：11

3.爵

分扁圆腹爵和直腹爵。

(1)扁圆腹爵

杨家嘴 PYZM10：1：盘龙城五期。流尾长 8 厘米、足高 4.2 厘米。直口，扁平錾较窄，尖锥足。流折处有乳丁状纽。夹砂灰陶。

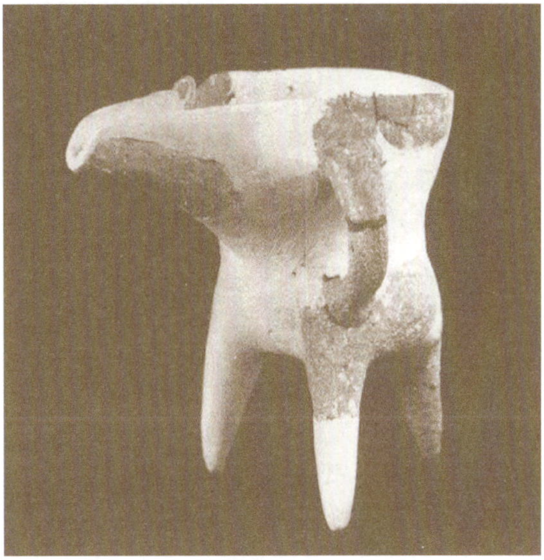

扁圆腹爵　杨家嘴 PYZM10：1

(2)直腹爵

杨家嘴 PYZT8⑤：3：盘龙城五期。流尾长 7.2 厘米。短流上扬，近口处宽，近尾处窄，颈、腹部分体不明显。上体瘦，下体扁圆。尖锥足。夹砂红陶。

4.斝

分侈口联裆斝、侈口分裆斝、敛口联裆斝、敛口分裆斝。

(1)侈口联裆斝

杨家湾 PYWF1Z1：7：盘龙城四期。口径 9.6 厘米。方唇，平折沿，高颈。口沿及颈部各饰一周凹弦纹。扁圆腹，颈腹间附一扁平錾。腹部饰中粗绳纹。夹砂灰陶。

侈口联裆斝　杨家湾 PYWF1Z1：7

(2)侈口分裆斝

李家嘴 PLZH4：11：盘龙城四期。通高 18.4 厘米、口径 15.4 厘米。侈口微敞，厚唇，器口一侧捏成流，斜壁，束腰，空心袋足，扁圆泥条状鋬。腹饰两组弦纹。泥质灰陶。

(3)敛口联裆斝

杨家嘴 PYZM10：2：盘龙城五期。残高 16.8 厘米、口径 10.5 厘米、足高 0.6 厘米。敛口，唇下饰两周凹弦纹，宽折肩，腰部微束，斜腹，尖锥足高瘦，外撇，扁平鋬。夹砂灰陶。

杨家嘴 PYZH1：5：盘龙城五期。残高 17.2 厘米、口径 11 厘米。尖唇，口缘饰两周浅凹弦纹，弦纹间凸棱微起。窄肩弧折，束腰。下腹分裆间略内陷，尖锥足瘦长外撇，扁平鋬较长。肩下有一周隐约凹弦纹，下腹饰中粗绳纹。夹砂灰陶。

敛口联裆斝 杨家嘴 PYZH1：5

(4)敛口分裆斝

杨家嘴 PYZT6⑤：3：盘龙城五期。残高约 23 厘米、口径 11.6 厘米。沿唇内折，口沿饰凹弦纹，深分裆。鋬一侧作绳纽状腹饰绳纹。夹砂红陶，模制，口颈部经轮转。

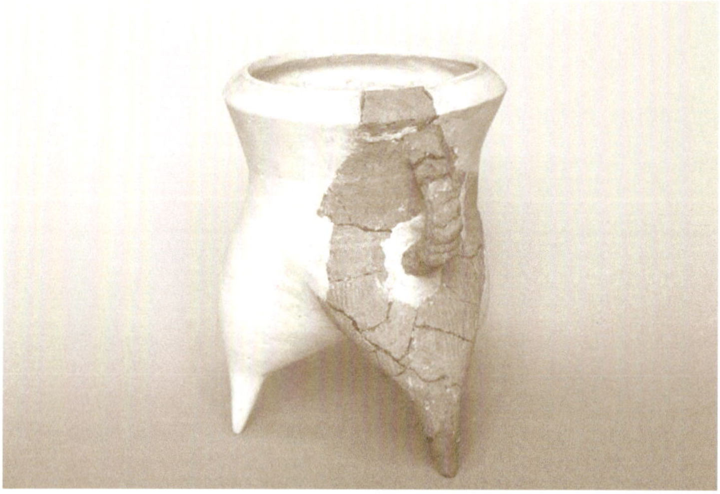

敛口分裆斝 杨家嘴 PYZT6⑤：3

5.盆

分侈口弧腹盆、敛口弧腹盆、侈口斜腹盆、敛口斜腹盆、直口斜腹盆、直口弧腹盆和研磨盆。

(1)侈口弧腹盆

杨家湾 PYWM10∶10:盘龙城四期。通高 13.6 厘米、口径 22 厘米、腹径 21.6 厘米、底径 12 厘米。尖唇,腹中部微鼓。腹中部饰带状斜方格纹,下腹饰中粗竖行绳纹。夹砂灰红陶,轮、模合制。

王家嘴 PWZT72⑥∶1:盘龙城四期。口径 19.6 厘米。方唇,口外侈,颈略内收,圆腹,底残。唇部有一条凹弦纹,颈部有隐约绳纹。腹部磨光。泥质黑陶,胎红色。模制。

王家嘴 PWZT75⑥∶1:盘龙城四期。口径 29.8 厘米。圆唇,平折沿。腹饰横斜交错绳纹。泥质灰陶。

(2)敛口弧腹盆

王家嘴 PWZT71⑥∶1:盘龙城四期。口径 27.2 厘米、通高 12.8 厘米、腹深 12 厘米。大口略敛,沿外折,沿面略向外倾斜,腹壁斜收,底内凹。上腹部饰竖行绳纹,上加弦纹,下腹部拍印交错绳纹。泥质黑陶,胎呈灰色。模制,口颈部经轮转。

王家嘴 PWZT86⑤∶34:盘龙城五期。口径 30.8 厘米。折沿,沿面外倾,下腹内收,底残。腹饰绳纹经手抹。

敛口弧腹盆　王家嘴 PWZT86⑤∶34

(3)侈口斜腹盆

李家嘴 PLZH4∶8:盘龙城四期。口径 28.8 厘米。宽平折沿,沿面向外,深斜腹。上腹磨光,下腹饰斜行绳纹。

侈口斜腹盆　李家嘴 PLZH4：8

(4)敛口斜腹盆

王家嘴 PWZT72⑥：1:盘龙城四期。残高 9.6 厘米、口径 19.6 厘米。方唇,唇部饰一周凹弦纹。口沿外侈,颈略内收,腹加深。颈部有隐约绳纹。腹部磨光。泥质黑陶,胎红色,模制。

杨家湾 PYWM10：10:盘龙城四期。口径 22 厘米、腹径 21.6 厘米、底径 12 厘米、通高 13.6 厘米。尖唇,卷沿,沿面略呈弧状,深腹中部微鼓。底微内凹。腹中部带饰斜方格纹,下腹饰中粗竖行绳纹。夹砂灰红陶。轮、模合制。

敛口斜腹盆　杨家湾 PYWM10：10

（5）直口斜腹盆

王家嘴 PWZT37⑥：37：盘龙城四期。口径 16.4 厘米。尖唇宽沿，上腹较直，下腹斜收。上腹饰二周宽带方格纹，上下框间饰凹弦纹，下腹饰绳纹。泥质灰陶。

直口斜腹盆　王家嘴 PWZT37⑥：37

（6）直口弧腹盆

杨家嘴 PYZT8⑤：13：盘龙城五期。残高 10.4 厘米、口径 20 厘米。圆唇，平折沿，上腹较直，下部折腹斜收。上腹饰一周带状雷纹，雷纹作单行排列。腹中部饰两周凹弦纹，下腹饰交错中粗绳纹。泥质灰陶。

直口弧腹盆　杨家嘴 PYZT8⑤：13

(7)研磨盆

王家嘴 PWZT67⑥：3：盘龙城四期。通高 16.4 厘米、口径 24.8 厘米。直口，圜底。腹饰竖行绳纹，盆内壁有竖行刻槽。泥质红陶，模制。

研磨盆　王家嘴 PWZT67⑥：3

6.豆

分浅盘矮圈足豆和深盘矮圈足豆。

(1)浅盘矮圈足豆

王家嘴 PWZT65⑥：28：盘龙城四期。通高 9.2 厘米、口径 12.8 厘米、足径 8.2 厘米、壁厚 0.4 厘米—0.5 厘米。折沿，口沿饰一周凹弦纹。斜腹壁，足外张。夹砂灰陶。

(2)深盘矮圈足豆

杨家嘴 PYZT26⑥：1：盘龙城四期。通高 9.2 厘米、口径 15.5 厘米、底径 10.4 厘米。折沿，斜腹，矮圈足外张。腹饰一周凸弦纹。泥质灰陶，轮制。

7.带流壶

李家嘴 PLZM2：60：盘龙城四期。通高 14.4 厘米、口径 5.2 厘米。体似罐形，小口平沿，尖唇微突。短颈，鼓腹，矮圈足。两鼻耳之间的一侧附一冲天圆流，流长 2.8 厘米。肩两侧附半圆横鼻耳各一。圈足有 2 个圆形镂孔与鼻耳相应。腹饰两组凹弦纹。

带流壶　李家嘴 PLZM2：60

8.罐

分圆肩斜腹罐、圆肩弧腹罐、溜肩圆腹罐。

(1)圆肩斜腹罐

李家嘴 PLZH4：17:盘龙城四期。通高 22.4 厘米、口径 12.8 厘米。尖唇,沿面向外,深腹,底内凹。肩部两周凹弦纹间饰方格纹,下腹饰竖行细绳纹。泥质灰陶。

圆肩斜腹罐　李家嘴 PLZH4：17

（2）圆肩弧腹罐

李家嘴 PLZM2：77：盘龙城四期。通高 24 厘米、口径 10.8 厘米。小口，微折沿。短颈，鼓腹。肩部阴刻划纹四周，下腹饰中粗绳纹。泥质黑陶。

圆肩弧腹罐　李家嘴 PLZM2：77

（3）溜肩圆腹罐

李家嘴 PLZH4：13：盘龙城四期。通高 15.6 厘米、口径 11.6 厘米。圆唇，口略外侈，颈内收。圆腹，平底。腹饰斜行细条纹，纹样不清晰。外表有烟熏痕。夹砂红陶。

溜肩圆腹罐　李家嘴 PLZH4：13

9.大口尊

分长颈有肩大口尊和短颈有肩大口尊。

(1)长颈有肩大口尊

李家嘴 PLZH4∶9:盘龙城四期。口大于肩,筒体较粗,短颈凸肩。肩部凸起两个对称的鼻耳,上装饰一对乳钉。肩部饰两道纽状堆纹,颈、腹部饰凹弦纹,下腹饰方格纹。泥质红胎灰陶。

长颈有肩大口尊　李家嘴 PLZH4∶9

(2)短颈有肩大口尊

李家嘴 PLZH13∶4:盘龙城五期。口径 24 厘米、肩径 22 厘米、底径 9.2 厘米。口大于肩,平沿,短颈,凸肩,筒体腹。颈腹部饰凹弦纹,下腹饰绳纹。泥质黑陶,红胎。

短颈有肩大口尊　李家嘴 PLZH13∶4

10.瓮

分折肩瓮、溜肩瓮和圆肩瓮。

(1)折肩瓮

楼子湾 PLWH1：12:盘龙城四期。残高 44 厘米、口径 25.6 厘米。缩口加盖,宽厚唇,折肩,腹壁斜收。肩附 4 个对称横鼻,鼻面饰乳丁纹和竖行划纹, 腹饰平行凹弦纹。泥质黑陶,泥条盘筑。

折肩瓮　楼子湾 PLWH1：12

(2)溜肩瓮

王家嘴 PWZT80⑥：4:盘龙城四期。通高 28.4 厘米、口径 11.6 厘米、底径 10.6 厘米。直口, 短颈,鼓腹,底内凹。颈部及上腹经轮旋磨光,留有凹弦纹,下腹饰斜行中粗绳纹。泥质黑陶,红胎,轮模合制。

溜肩瓮　王家嘴 PWZT80⑥：4

(3)圆肩瓮

李家嘴 PLZM4：10:盘龙城五期。通高 25.2 厘米、口径 12 厘米、腹径 24.4 厘米、底径 8.8 厘米。体小，小口折沿，沿面向外。尖圆唇，颈内收。颈部一圈呈凸状，圆腹。肩饰方格纹，腹饰绳纹。

圆肩瓮　李家嘴 PLZM4：10

圆肩瓮　李家嘴 PLZH2：11

李家嘴 PLZH2：11：盘龙城五期。通高 27 厘米、口径 12 厘米。小口，圆肩，深腹，小平底。泥质灰陶。

李家嘴 PLZM4：2：盘龙城五期。通高 18 厘米、口径 11.2 厘米。折沿，颈内收，深腹。泥质灰陶。

圆肩瓮　李家嘴 PLZM4：2

11.缸

分侈口斜腹缸和直口斜腹缸。

(1)侈口斜腹缸

杨家嘴 PYZT11⑤：6:盘龙城五期。残高 56 厘米、口径 42.8 厘米。深腹筒体状，上体比下体略大。通体饰八周平行堆纹，间距约 5.5 厘米。堆纹上拍印有贝状凹槽，槽内饰方格纹。夹砂黄陶，泥条盘筑。

侈口斜腹缸　杨家嘴 PYZT11⑤：6

(2)直口斜腹缸

杨家嘴 PYZT10⑤：5:盘龙城五期。通高 56 厘米、口径 36.8 厘米、底径 8.8 厘米，口沿上有斜行凹槽。腹饰斜行绳纹，近底部急收为小圆饼。圆饼足径较小，周边饰纽状凹槽，槽内饰条纹，拍印草率。颈部饰纽状堆纹。夹砂红陶。

楼子湾 PLWG2⑤：3:盘龙城五期。通高 35.0 厘米、口径 23.2 厘米。直筒腹，近底部急收成圜底。腹饰方格纹，上压五道平行堆纹，近腹底处饰中粗绳纹。夹砂褐陶。

直口斜腹缸 楼子湾 PLWG2⑤:3

12.坩埚

采集 P:023:盘龙城五期。残高 22 厘米、底径 2.4 厘米。体作将军盔状,多层厚壁。下腹外壁作圆锥体,内壁作漏斗状,底残。素面,夹砂灰陶。

杨家嘴 PYZ:017:盘龙城五期。壁厚 2 厘米。仅有下腹部残片。夹砂灰陶。

杨家湾 PYW:044:盘龙城五期。残高 10.8 厘米、足径 4.8 厘米。器底作盖纽状,中实,圆锥体。腹部绳纹已抹。夹砂红陶。

13.器盖

(1)为菌形纽器盖。

采集 P:098:盘龙城五期。盖纽作龟尾状,盖顶上饰雷纹。砂质红陶。

(2)为桥形纽器盖。

李家嘴 PLZH1:17:盘龙城五期。通高 5.2 厘米、直径 13.6 厘米、纽高 4 厘米。盖面平,周边凸起方唇,较厚。素面,泥质灰陶,模制。

器盖　李家嘴 PLZH1：17

三、硬釉陶

器类有尊、瓮、罐、器盖等。

1.尊

分折肩斜腹尊、双折肩斜腹尊、弧腹尊和鼓腹尊。

(1)折肩斜腹尊

李家嘴 PLZM1：24:盘龙城五期。通高 19.2 厘米、口径 16.2 厘米、颈高 4.2 厘米、底径 7.2 厘米。口小于肩，直唇，口外侈。唇部饰一道凹弦纹，口沿饰二道凹弦纹，

折肩斜腹尊　李家嘴 PLZM1：24

中高颈。肩略呈弧形，中部微突一棱。斜腹底内凹。腹、肩均饰方格纹。酱色釉，轮、模合制。

（2）双折肩斜腹尊

楼子湾 PLWM3：16：盘龙城五期。通高 18 厘米、口径 17.6 厘米。宽折沿，中高颈，折肩。斜腹较浅，底内凹。肩、腹部饰中粗方格，间饰雷纹。外表有灰绿色釉。

双折肩斜腹尊　楼子湾 PLWM3：16

（3）弧腹尊

楼子湾 PLWM1：8：盘龙城五期。通高 26.4 厘米、口径 17.6 厘米。沿面有凸棱、高颈、折肩、斜腹，圈足较高。颈饰四组平行凹弦纹，每组四根。肩饰线纹，腹饰篮纹。轮制。

（4）鼓腹尊

楼子湾 PLWM3：14：盘龙城五期。通高 18.4 厘米、口径 12.8 厘米。敞口，口部有一浅凹槽。直颈，圆鼓腹，喇叭状圈足。颈部、圈足饰平行凸弦纹，腹饰叶脉纹，局部间以雷纹。外表施黄釉。

弧腹尊　楼子湾 PLWM1：8

2.瓮

分小口瓮和大口瓮。

(1)小口瓮

李家嘴 PLZM2：49：盘龙城四期。通高 26.4 厘米、口径 13.2 厘米，折沿有凸棱。短颈，圆肩，圆鼓腹，平底略凹。肩部有横置鼻纽三个。颈部饰凸弦纹，通体饰细密叶脉纹。

小口瓮　李家嘴 PLZM2：49

(2)大口瓮

杨家嘴 PYZT9⑤：7：盘龙城五期。通高 35.4 厘米、口径 24.4 厘米、腹径 44 厘米。口沿外缘起棱，圆肩，鼓腹，底内凹。肩部有四鼻耳。腹部饰雷纹，颈部饰平行弦纹。灰色，轮制。

3.罐

分弧腹罐和鼓腹罐。

(1)弧腹罐

杨家嘴 PYZT3⑥：26：盘龙城四期。通高 21.6 厘米、口径 11.2 厘米。短唇外折，沿内侧有凸棱。微折圆肩，筒体腹，底略内凹。肩部有鼻。肩腹部饰叶脉纹，间饰雷纹。

(2)鼓腹罐

杨家嘴 PYZH1：7：盘龙城五期。残高 32 厘米。下腹外鼓，腹部拍印叶脉纹。红色，轮制。

鼓腹罐　杨家嘴 PYZH1：7

四、玉器

器类有戈、柄形器、璜、璇玑、蝉形饰、蛇形饰、隼形饰、花头构件、饰件和绿松石饰等。

1.戈

杨家湾 PYWM6：3：盘龙城四期。残长 30.8 厘米、厚 0.8 厘米。前锋三角形，长援，短内，援上下有刃，戈身两面中脊起棱。内、援间有阑，内靠阑处有一小圆孔，援靠阑处两侧各有三条凸棱。蛇纹石，棕色，有褐白色斑块，油脂光泽。

戈　杨家湾 PYWM6：3

李家嘴 PLZM2：13：盘龙城四期。长 61.6 厘米、内长 12.8 厘米、宽 8.8 厘米、援长 48 厘米、宽 9 厘米、厚 0.8 厘米。体长，前锋作锐角状，援上下有刃，援正面中部起棱，有阑，靠阑处有一个圆孔。内末端斜直。蛇纹石，棕黄色，蜡状光泽。

李家嘴 PLZM2：14：盘龙城四期。长 70 厘米、内长 18 厘米、宽 9.6 厘米、援长 51.6 厘米、宽 9.6 厘米、厚 0.8 厘米。通体宽长，前锋作锐角状，援上下有刃，援正面中部起棱，援上线作弧状下垂，有阑，靠阑处有一圆孔。内末端斜直。蛇纹石，棕绿色，青褐、红色斑块相间分布，油脂光泽。

戈　李家嘴 PLZM2：14

李家嘴 PLZM2：28：盘龙城四期。长 45.6 厘米、宽 10 厘米。蛇纹石。棕白色。有褐、白斑块，蜡状光泽。

戈　李家嘴 PLZM2：28

李家嘴 PLZM2：58:盘龙城四期。残长 29.6 厘米、宽 6.4 厘米。锋残,援部上下有刃,阑处有一圆穿,内援作阶状。蛇纹石,棕黄色,有灰、白斑块。出土时断为五块。

戈　李家嘴 PLZM2：58

采集 P：0319:盘龙城四期。援宽 7.2 厘米、厚 0.6 厘米,援部有一圆穿。刃部上下加饰双线凸棱三组,援部两面刻有 2 个长方形双线方框,小方框内加饰双线菱格纹。蛇纹石,黄白色,蜡状光泽。

李家嘴 PLZM4：6:盘龙城五期。援宽 9.3 厘米、中厚 0.4 厘米、内宽 8.1 厘米。内、援部残。有阑,阑端作尖棱状突出,内上有一圆孔。蛇纹石,黄白色,有灰白斑块,微蜡光泽。

戈　李家嘴 PLZM4：6

李家嘴 PLZM3：14:盘龙城五期。长 94 厘米、内长 21 厘米、宽 11 厘米,援长 71 厘米、宽 11 厘米、厚 0.5 厘米。通体宽长。前锋尖锐状,援上下有刃,援正面中部起棱,有阑。内作长方形,中部起棱,靠阑处有小圆孔。蛇纹石,灰白色,蜡状光泽。

李家嘴 PLZM1：33:盘龙城五期。长 39 厘米、援长 28.8 厘米、宽 8 厘米、内长 10.2 厘米、宽 7.3 厘米。体宽大,前锋上下缘折为三角尖状。援较长,内、援间作阶状,内末端作弧状。内上有三条凹弦纹,间饰网状划纹,内一侧有棱牙。援部靠阑处有一圆穿。蛇纹石,黄白色,有紫色斑点,微蜡光泽。

戈　李家嘴 PLZM1：33

楼子湾 PLWM7：2:盘龙城五期。残长 12 厘米、刃宽 8 厘米、厚 1.4 厘米。扁平长方形。援两侧各有二凸棱状阑,中部有一圆形穿。蛇纹石,灰褐色,夹杂闪光晶体,蜡状光泽。

2.柄形器

分平刃柄形器、斜刃柄形器、尖刃柄形器。

(1)平刃柄形器

李家嘴 PLZM2：29:盘龙城四期。长 11.3 厘米、宽 2.4 厘米、厚 0.5 厘米。扁长方体,平刃,两角略内收,柄部及下端各有一个圆穿孔。蛇纹石,灰白色,蜡状光泽。

平刃柄形器　李家嘴 PLZM2：29

李家嘴 PLZM2：41:盘龙城四期。长 13.5 厘米、宽 2 厘米、厚 1.1 厘米。长条形,刃端有两个钻孔。柄首有一条凸线弦纹。透闪石,白色,蜡状光泽。

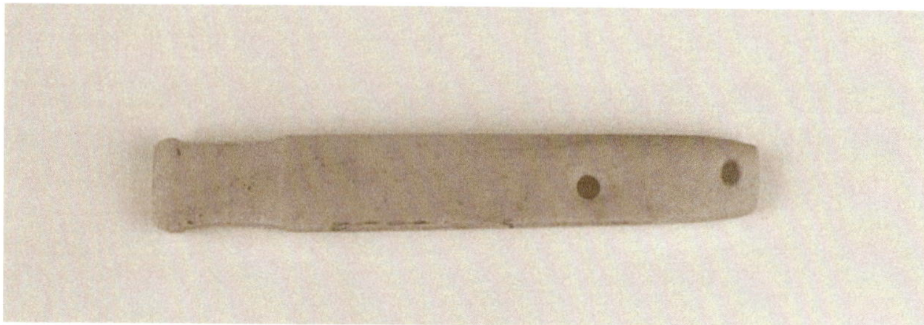

平刃柄形器　李家嘴 PLZM2：41

李家嘴 PLZM2：74:盘龙城四期。长 16.6 厘米、宽 1.78 厘米、厚 1.4 厘米。长条形,下端不规则,柄内收,柄首作方框形。透闪石,棕黄色,蜡状光泽。

平刃柄形器　李家嘴 PLZM2：74

杨家嘴 PYZM9：6:盘龙城四期。长 10.6 厘米、中宽 2.6 厘米、厚 0.4 厘米。长条形,柄部略内凹。蛇纹石,灰色,深褐斑,蜡状光泽。

平刃柄形器　杨家嘴 PYZM9：6

王家嘴 PWZT82H7：4:盘龙城五期。长 14.3 厘米、柄长 2.3 厘米、柄首径 1.7 厘米。扁平长条形。蛇纹石,灰白色,蜡状光泽。

李家嘴 PLZM1：27:盘龙城五期。长 9 厘米、柄长 2.6 厘米、中厚 0.8 厘米。长条形，下端作榫头状。柄内收，柄首作方框形。透闪石，灰白色，蜡状光泽。

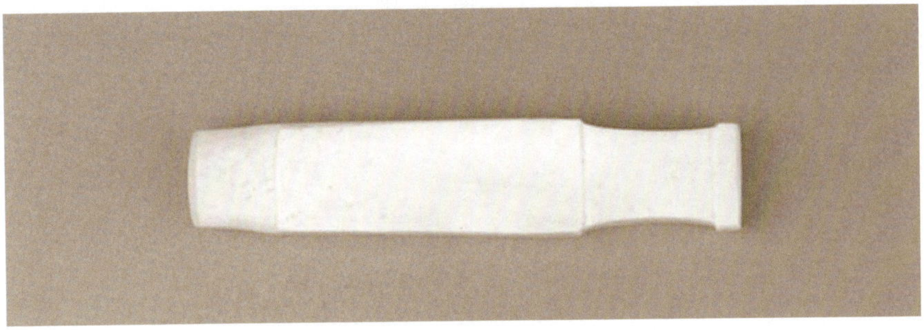

平刃柄形器　李家嘴 PLZM1：27

楼子湾 PLWM5：5：盘龙城五期。通长 9.6 厘米。扁平长条形，下端作平头状，柄首作方框形，颈内收。透闪石，灰白色，蜡状光泽。

平刃柄形器　楼子湾 PLWM5：5

楼子湾 PLWM7：3：盘龙城五期。长 11.5 厘米、中径 2.3 厘米。长条形，柄与身有明显分界，两面刃，柄部有一条凸弦纹。蛇纹石，灰白色，蜡状光泽。

平刃柄形器　楼子湾 PLWM7：3

（2）斜刃柄形器

李家嘴 PLZM2：33：盘龙城四期。长 9.4 厘米、宽 2.4 厘米、厚 0.8 厘米。长条形，单面斜刃，表面磨光。蛇纹石，灰白色，蜡状光泽。

斜刃柄形器　李家嘴 PLZM2：33

李家嘴 PLZM2：8：盘龙城四期。长 12.6 厘米、宽 3.3 厘米、厚 0.8 厘米。长条形，单边斜刃，刃部一面磨光，一面打制，制作粗糙。透闪石，白色，蜡状光泽。

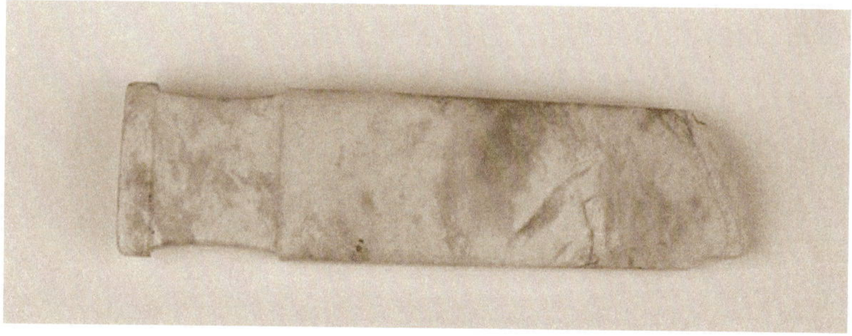

斜刃柄形器　李家嘴 PLZM2：8

楼子湾 PLWH1：13：盘龙城四期。长 11.7 厘米、宽 1.6 厘米、厚 0.9 厘米。长条形，下端作阶状，双刃作斜状。柄内收，柄首作方框形。蛇纹石，灰白色，蜡状光泽。

李家嘴 PLZM1：28：盘龙城五期。长 8.7 厘米、厚 0.6 厘米。长条形，横截面作三角状，下端残留半圆穿孔，一端经磨平。柄首与柄身分界明显，柄首作方框形。透闪石，黄绿色，油脂光泽。

李家嘴 PLZM1：26：盘龙城五期。长 14.2 厘米、柄长 3 厘米、中厚 1.1 厘米。长条形，柄端内收，下端作斜阶状。单面斜刃，刃部未经琢磨而显粗糙。器表磨光。蛇纹石，灰白色，蜡状光泽。

斜刃柄形器　李家嘴 PLZM1：26

杨家嘴 PYZM1：6:盘龙城五期。长 13.6 厘米、刃宽 1.6 厘米。长条形,柄端内收,弧背微曲,平刃。柄部有竖行阴弦纹,弦纹之间刻横向平行条纹。透闪石,浅绿色,油脂光泽。

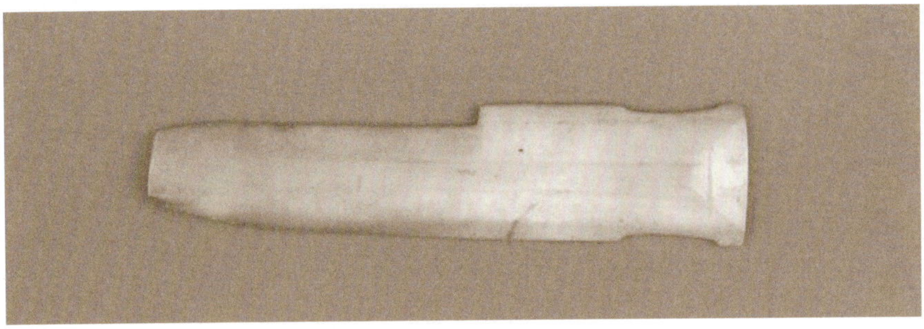

斜刃柄形器　杨家嘴 PYZM1：6

(3)尖刃柄形器

李家嘴 PLZM2：31:盘龙城四期。长 12.8 厘米、宽 3.2 厘米、厚 1.8 厘米。长条形,侧刃钝角状,双面刃。蛇纹石,黄绿色,有深绿色斑点,蜡状光泽。

尖刃柄形器　李家嘴 PLZM2：31

楼子湾 PLWM4：14:盘龙城四期。残长 5.9 厘米、柄长 5.6 厘米、宽 2.0 厘米、厚 1.0 厘米。长条形,下端残,柄内收,作方框形。蛇纹石,黄白色,蜡状光泽。

尖刃柄形器　楼子湾 PLWM4：14

杨家嘴 PYZT9⑤：18：盘龙城五期。长 7.7 厘米、宽 2.5 厘米、厚 0.4 厘米。长条形，尾端作尖状，一侧有一个穿孔。蛇纹石，灰色，蜡状光泽。

尖刃柄形器　杨家嘴 PYZT9⑤：18

3.璜

李家嘴 PLZM1：30：盘龙城五期。长 13.5 厘米、厚 0.53 厘米。通体夔龙造型，较粗一端为龙首，以阴线表现龙的咧嘴。上、下缘均有勾状牙扉及齿棱，中部并排四个长条形孔，尾端有一孔。蛇纹石，灰白色。

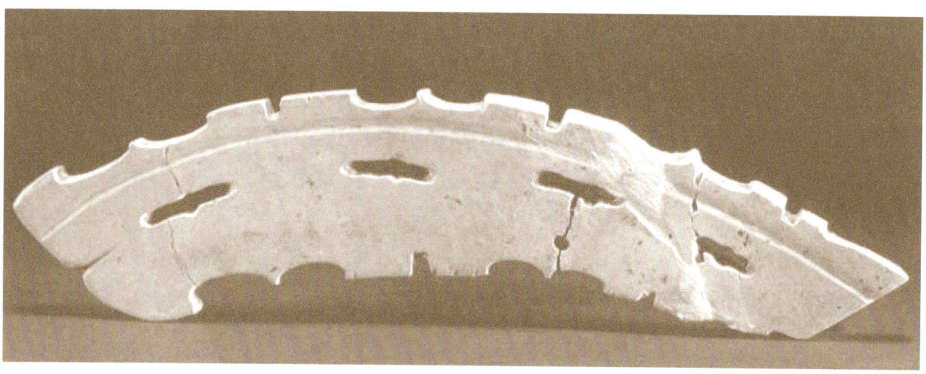

璜　李家嘴 PLZM1：30

李家嘴 PLZM4：5：盘龙城五期。长 5.1、径 1.6 厘米、孔径 0.5 厘米、厚 0.7 厘米—0.8 厘米。体小，近半璧形，内缘垂直，外缘略作坡状。一侧有一圆孔，蛇纹石，黄白色，有紫色斑点，微蜡光泽。

4.旋玑

楼子湾 PLWM6：4：盘龙城四期。径 7.6 厘米、孔径 3 厘米、厚 0.3 厘米—0.4 厘米。圆璧形，外缘不规整，有对称直角锯齿槽，砣具切割痕尚存。璧孔为单面钻孔。通体素面。透闪石，浅绿色，带黄色斑点，蜡状光泽。

璇玑　楼子湾 PLWM6：4

5.蝉形饰

楼子湾 PLZM4：12：盘龙城四期。长4.7 厘米、上宽 2.6 厘米。长方柱状，四面浮雕蝉纹。蝉首圆柱形，张嘴。蝉身分节，长翅下垂。颈饰二周凸弦纹。黄白色。

楼子湾 PLW：0320：盘龙城四期。长2.2 厘米、宽 0.8 厘米、厚 0.8 厘米。长方柱状，双眼鼓起，双翼并拢，头与身有凸带分界。器身前后各有一相通小孔。蛇纹石，灰白色，蜡状光泽。

6.蛇形饰

李家嘴 PLZM3：3：盘龙城五期。长 9 厘米、直径 1 厘米。长蛇造型。蛇头三角形，圆眼，伸颈，身扭成螺旋状，以阴刻表现双身缠绕。尾部残留钻孔痕迹。蛇纹石，灰白色，蜡状光泽。

蝉形饰　楼子湾 PLZM4：12

蛇形饰　李家嘴 PLZM3：3

7.隼形饰

李家嘴 PLZM3：12:盘龙城五期。全长 8.8 厘米、直径 1.4 厘米。圆雕鹰隼造型,细圆柱体。鹰昂首站立状,圆眼,勾喙,胸微凸,双翼收拢,以阳线浅浮雕勾云纹羽翅。尾下垂,有爪。中部有一单面钻孔,下部饰一道凸弦纹。蛇纹石,灰白色,蜡状光泽。

隼形饰　李家嘴 PLZM3：12

8.花头构件

李家嘴 PLZM2：30：盘龙城四期。长 11.4 厘米、直径 1.3 厘米。首端呈花瓣形柱状，尾端作锥状。身饰三周凹弦纹，中部有圆孔未穿透。蛇纹石，淡青色，蜡状光泽。

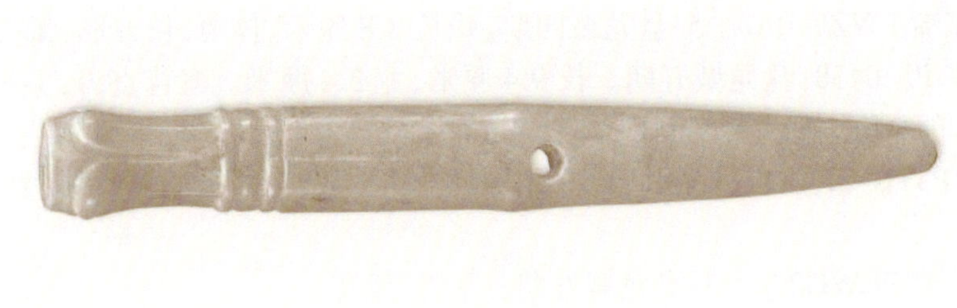

花头构件　李家嘴 PLZM2：30

9.饰件

采集 P：0310：盘龙城四期。长 4.6 厘米。形似鱼，头、嘴、眼、鳍线条可辨。砂金石，灰色斑，浅绿色。

饰件　采集 P：0310

10.绿松石饰

采集 P：0321：盘龙城四期。长 2.5 厘米、径 0.7 厘米、孔径 0.3 厘米。椭圆体管状，中有一孔，绿色。

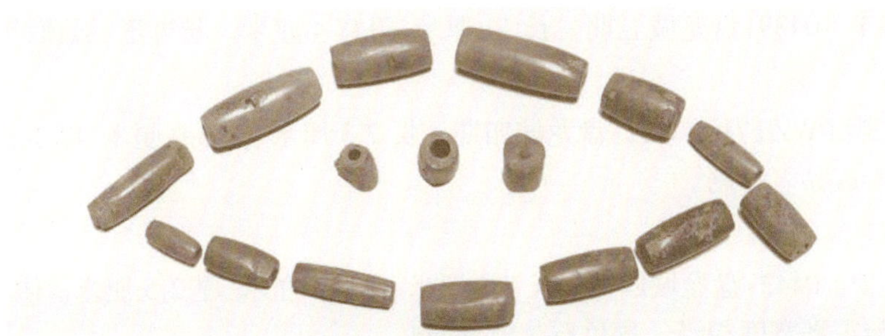

绿松石饰　采集 P：0321

五、石器

器类有刀、斧、凿、锛、镰、铲、纺轮、杵、勺和砺石等。

1.刀

王家嘴 PWZT61⑥：5:盘龙城四期。残长 8.8 厘米。体薄,长方形,弧刃。磨制。

采集 P：0438:盘龙城五期。长 9.4 厘米、宽 3.4 厘米。弯背直刃,尖端作锐角状,尾端单面刃上翘。灰色板岩。

76HP3TB′27④D：4:盘龙城五期。残长 17.5 厘米、宽 6 厘米。横长方形,背微曲,平刃。

楼子湾 PLWG2⑤：3:盘龙城五期。平刃,弧背。

2.斧

杨家湾 PYWM10：1:盘龙城四期。长 14 厘米、刃残宽 4.8 厘米、厚 3.6 厘米。顶端呈扁圆柱状,有肩,平刃,刃部有使用痕。

斧　杨家湾 PYWM10：1

李家嘴 PLZ：0424:盘龙城四期。长 11.5 厘米、刃宽 6 厘米。长方体,平顶,弧刃。

李家嘴 PLZ：0425:盘龙城四期。残长 15.2 厘米。曲背平刃。

采集 P：0439:盘龙城五期。长 11 厘米、刃宽 4 厘米。长方形,弧顶,平刃。

3.凿

王家嘴 PWZT71⑥：12:盘龙城四期。长 7.3 厘米、宽 3.0 厘米、厚 1.3 厘米。单面刃,半成品。打制。

4.锛

采集 P：0443:盘龙城四期。长 8.5 厘米、宽 4.2 厘米、厚 2.5 厘米。体厚,长方体,顶部与刃部宽度相当。青色石灰岩,磨制。

采集 P：0419:盘龙城四期。残长 6.6 厘米、刃宽 4 厘米、厚 2 厘米。单刃,粗磨。

采集 P:0441:盘龙城四期。长 11 厘米、刃宽 3.5 厘米。长方体,弧顶,单刃。

王家嘴 PWZT66⑥:33:盘龙城四期。长 11.2 厘米、刃宽 4.4 厘米、厚 2.6 厘米。体厚,单面刃,顶部不规则。器身有打制痕,青色石灰岩。

王家嘴 PWZT71⑥:3:盘龙城四期。形制与 PWZT66③:33 近似,单面刃。

杨家嘴 PYZT10⑤:10:盘龙城五期。长 6.7 厘米、刃宽 4.2 厘米、厚 0.8 厘米。长方体,单面刃。素面,磨制。

锛　杨家嘴 PYZT10⑤:10

杨家嘴 PYZ:0426:盘龙城五期。长 11 厘米。长方体,弧顶,单面刃。磨制。

采集 P:0412:盘龙城五期。长 11 厘米、刃宽 3.4 厘米、厚 4 厘米。长方体,顶部向下斜。磨制。

采集 P:0444:盘龙城五期。宽 3.4 厘米、厚 3 厘米。长方体,单刃,顶部不规整。青灰色岩,粗制。

5.镰

杨家湾 PYWM10:5:盘龙城四期。通长 23.4 厘米、厚 1.2 厘米。弧背,刃微凹。一端较宽,另一端略呈尖角。

镰　杨家湾 PYWM10:5

杨家嘴 PYZT30⑤:1:盘龙城五期。残长 11.5 厘米。弧背,两面刃略内凹,尖端较薄。磨制。

杨家嘴 PYZT8⑤：18:盘龙城五期。残长 6.3 厘米、尾端宽 3.4 厘米。两面刃，磨制。

杨家嘴 PYZT6⑤：21:盘龙城五期。残长 6 厘米、中宽 2.5 厘米。窄条状，背下曲，刃微凹。磨制。

76HP3TB′27④D：3:盘龙城五期。长弧形，弧背，平刃。

楼子湾 PLWM1：13:盘龙城五期。残长 8 厘米。三角状，弧背，弧刃。

王家嘴 PWZT13④：3:盘龙城五期。残长 11 厘米、宽 5.5 厘米、厚 1 厘米。近似长条形，有琢磨使用痕。青灰色。

镰　王家嘴 PWZT13④：3

6.铲

采集 PCY：0401:盘龙城四期。长 54.8 厘米、顶宽 6 厘米、刃宽 15.6 厘米、厚 6.4 厘米。体作长条状，顶与刃宽度相当，平顶，斜刃。灰白色粗砂岩制成。

铲　采集 PCY：0401

7.纺轮

杨家嘴 PYZT9⑤：16:盘龙城五期。直径 3.4 厘米、孔径 0.8 厘米、厚 0.8 厘米。圆饼状，中部有一圆孔，周边为直壁。磨制。

杨家嘴 PYZT11⑤:11:盘龙城五期。直径 3.2 厘米、孔径 0.5 厘米、厚 0.7 厘米。圆饼状,周边直壁,中部有一圆孔。素面,磨制。

8.杵

杨家嘴 PYZ:0434:盘龙城五期。长 17 厘米、底径 4.5 厘米、中径 4 厘米。体作骨节状,上端呈扁形,下端作圆柱状,中间内束。

采集 P:0402:盘龙城五期。长 24 厘米。长条状,上细下粗。灰色卵石磨制。

杵　采集 P:0402

9.勺

楼子湾 PLWG3⑤:1:盘龙城五期。直径 4 厘米、长 9.5 厘米。瓢状,有柄。黑色岩。

10.砺石

王家嘴 PWZT61⑥:4:盘龙城四期。全长 4 厘米、宽 2.2 厘米。方体,正面凹槽深约 1 厘米,有磨痕。

小　结

盘龙城早商前期包含盘龙城四至五期。盘龙城四期以城外王家嘴北区第 6 层和楼子湾第 6 层、李家嘴 2 号墓(PLZM2)为代表,盘龙城五期以城外文化层第 5 层及杨家嘴铸铜遗迹、李家嘴 1 号墓(PLZM1)为代表。

第四期的遗迹主要是:在王家嘴遗址发现房基 1 座(PWZF3)、灰坑 3 个(PWZH1、H3、H4),在李家嘴发现灰坑 3 个(PLZH4、H11、H12)、墓葬 1 座(PLZM2),在杨家嘴发现房基 1 座(PYZF1)、墓葬 3 座(PYZM5、M7、M9),在杨家湾发现房基 1 座(PYWF1)、墓葬 2 座(PYWM6、PYWM10),在楼子湾发现灰坑 2 座(PLWH1、H3)、墓葬 2 座(PLWM4、M6)。盘龙城城址出现在这一期,城内东北部发现宫殿基址 3 座(74HPF1、F2、F3)。遗物方面:(1)陶器中的夹砂、泥质灰陶占 30.59%,砖红陶占 31.82%,次为黄陶,黑陶减少至 10.22%。陶胎中厚。纹饰有绳纹,占29.82%,方格纹占7.53%,还有少量雷纹、网结纹、条纹、堆纹和弦纹等。器类与盘龙城三期相比,增加了勺、带流壶、簋形器、喇叭形器,而少见鼎、甑、杯、小口长颈壶、夹砂中口罐及小件器皿等。陶器特征:鬲:平折沿,沿面内缘有一道凹弦纹,联裆居多,尖锥足根瘦长,腹饰中粗绳纹。大口尊:口径大于肩径,或肩部不显,上饰堆纹。豆:附喇叭状高圈足。(2)硬釉陶占2.10%,以灰色居多,次为黄色、红色。纹饰与三期同,但绳纹略为减少,主要是人字纹、复合纹、席纹、饕餮、网结纹和曲折纹。器类同三期。(3)铜器特征:器类有鼎、鬲、甗、簋、盘、爵、斝、觚、盉和尊。鼎:腹较深,耳呈半环状立于口沿。爵:体矮,平底,矮柱靠近流折,有圆流和开口流。斝:敞口矮领,口立矮柱,扁圆纽,腹作二层阶状。簋:深腹,无耳。纹饰有饕餮纹、云雷纹和夔纹。饕餮纹作流动体,线条粗疏,多为单层二列云纹构成。这一期发现卜骨,有钻有灼。

第五期的遗迹主要是:在王家嘴发现房基1座(PWZF7)、祭祀坑2个(PWZH6、H7),在李家嘴发现灰坑5个(PLZH1、H2、H13、H15、H19)、墓葬3座(PLZM1、M3、M4),在杨家嘴发现灰坑1座(PYZH1)、铸铜遗迹1处(PYZG1)、墓葬3座(PYZM1、M2、M10),在楼子湾发现沟形建筑遗迹3处(PLWG1、G2、G3)、墓葬6座(PLWM1、M2、M3、M5、M7、M8)。遗物方面:(1)陶器以夹砂、泥质砖红陶和灰陶居多,分别占30.96%和27.88%,次为黄陶、黑陶,硬釉陶占1.85%。陶质器壁增厚。纹饰与四期相比,增加了圆圈纹、饕餮纹、波浪纹和划纹。器类增加了器座。陶器特征:鬲:平折沿中宽,沿面上凹弦纹较粗,多深裆,尖锥足根粗壮,腹饰中粗绳纹。大口尊:口大于肩。豆:深盘,高圈足,出现假腹豆。(2)硬釉陶增加了缸。纹饰增加了复合纹、席纹和S纹等。(3)铜器特征:器类增加了卣。斝:颈增高,方腹,口上伞柱增高。爵:口上立柱增高。簋:腹变浅,双耳。

据文献记载,商汤灭夏之前,先后歼灭的政治势力有葛、韦、顾、昆吾等。《孟子·滕文公下》:"汤始征,十一征而无敌于天下。"《诗·商颂·长发》:"武王载旆,有虔秉钺。如火烈烈,则莫我敢曷。苞有三蘖,莫遂莫达。九有有截,韦顾既伐,昆吾夏桀。"约在二里头四期偏晚阶段,商族开始灭夏之举,主要力量大概分两路,一路是商族漳河型人群。他们从豫东北一带南下,继而转向西行,与岳石文化的夷人联合携手西进,展开伐夏之旅。另一路是商族辉卫型人群。他们分布在豫北地区,属下七垣文化势力范围,但具有相对独立性,因迫于夏王朝的强势,曾一度依附于夏人,但在夏王朝大势已去时,则响应商汤,渡河南下,参与伐夏,开辟西线战场。从此灭夏联盟从豫东、豫北两翼对夏王朝进行钳形包围,两军会师郑州,一举攻灭夏王朝设立在东方的军事重镇大师姑城。随后,又吸纳倒戈的夏人汇成更加强大的伐夏联军,兵发偃师,最终剪灭夏王朝[①]。

① 王立新、胡保华:《试论下七垣文化的南下》,《商代盘龙城学术研讨会论文集》,2014年。

在伐夏前后期，商族漳河型、辉卫型的部分人群与郑州南关外型人群联手南下，抵达盘龙城，征服南方的夏之残余势力。商人为何盘踞盘龙城并在此建立商朝的政治中心，其中心任务是为商王朝掠取南方丰富的铜矿资源。

从考古资料的线索看，商周王朝南下的路线大致有三：

1. 由商都直下信阳地区，经义阳三关即大隧、直辕、冥厄，穿过大别山、桐柏山隘口，经澴水、涢水、溳水、汉水、府河抵达盘龙城。这是最便捷的路线。沿线地区的商周遗址分布密集，多达百余处[①]。其中，相当于中原二里岗期至殷墟晚期的遗址，或曾经出土过商代青铜器的地点，自西向东有安陆的晒书台[②]、下坝电、花园、高家坡、女儿台，应城的吴寺、郡力村[③]，应山的乌龟山，孝感的聂家寨[④]、涨水庙，黄陂的官家寨[⑤]、钟分卫及新洲阳逻镇等，大多分布在涢水、澴水、溳水和举水沿岸。而在大别山北麓发现的商代遗址、墓葬有河南信阳罗山蟒张、郾城孟庙、许昌大路陈村、新郑望京楼等。上述商代遗址南北连成一线，犹如商王南征的路标[⑥]。

2. 由中原地区经随枣走廊的枣阳、随州一线，依靠陆路南下盘龙城，或至铜鼓山[⑦]。这一路沿线所发现的二里岗期至殷墟晚期遗址的，有枣阳新店、随州庙台子[⑧]、安居羊子山[⑨]、汉阳东城垸等[⑩]，还有当阳赵家湖[⑪]、随县均川熊家老湾[⑫]、大悟吕王城[⑬]、安陆晒书台[⑭]、孝感隍墩[⑮]、黄陂鲁台山等西周遗址和墓葬[⑯]。这条通道以陆路为主。

3. 由中原地区经南阳盆地，沿汉水南下至盘龙城。

以上几路均汇集在盘龙城，然后可依托盘龙城向南方扩展。盘龙城成为中原商文化向南方扩张传播的基地和跳板，是商文化向多方辐射的中心。

早商前期是盘龙城的鼎盛时期。宫殿建筑拔地而起，雄伟霸气，昭示盘龙城进

---

① 孝感地区博物馆：《孝感、黄陂两县部分古遗址复查简报》，《江汉考古》，1983 年第 4 期。

② 余从新：《安陆县晒书台商周遗址试掘》，《江汉考古》，1980 年第 1 期。

③ 湖北省孝感地区博物馆：《孝感市几处古遗址调查简报》，《江汉考古》，1987 年第 3 期。

④ 孝感地区博物馆、孝感市博物馆：《湖北孝感聂家寨遗址发掘简报》，《江汉考古》，1994 年第 2 期。

⑤ 郭冰廉：《湖北黄陂矿山水库工地发现了青铜器》，《考古通讯》，1958 年第 9 期。

⑥ 张永山：《武丁南征与江南"铜路"》，《南方文物》，1994 年第 1 期。

⑦ 郭胜斌：《铜鼓山商代遗存文化因素分析》，《文物考古文集》，武汉大学出版社，1997 年。

⑧ 武汉大学历史系考古专业、襄樊市博物馆、随州市博物馆：《随州庙台子遗址试掘简报》，《江汉考古》，1993 年第 2 期。

⑨ 武汉大学荆楚史地与考古研究室：《随州安居遗址初次调查简报》，《江汉考古》，1984 年第 4 期。

⑩ 湖北省博物馆：《汉阳东城垸纱帽山遗址调查》，《江汉考古》，1987 年第 3 期。

⑪ 湖北宜昌地区博物馆等：《当阳赵家湖楚墓》，文物出版社，1992 年。

⑫ 鄂兵：《湖北随县发现曾国铜器》，《文物》，1973 年第 5 期。

⑬ 熊卜发：《湖北大悟吕王城遗址》，《江汉考古》，1990 年第 2 期。

⑭ 余从新：《安陆县晒书台商周遗址试掘》，《江汉考古》，1980 年第 1 期。

⑮ 熊卜发：《湖北孝感地区商周古文化调查》，《考古》，1988 年第 4 期。

⑯ 黄陂县文化馆等：《湖北鲁台山两周遗址与墓葬》，《江汉考古》，1982 年第 2 期。

入了王国时代，开启了商的模式。完整的多套数的青铜酒器组合、高等级殉人贵族墓、巨大的圆鼎、象征统率权力的铜钺、玉戈、祭祀坑与卜骨等等，映衬出盘龙城独霸一方、唯我独尊的壮志豪情。这一时期，青铜工具广泛使用于盘龙城各类作坊生产。农业的发展促成了手工业的进一步分工，制陶、铸铜业成为独立的生产部门，而且规模庞大。工匠日夜劳作，只争朝夕，忘我生产。率土之滨，莫非王臣，盘龙城统治者当然不会忘记王朝赋予的崇高使命。

第三章　潮起潮落——早商后期：盘龙城的消退

早商王朝的前半期社会基本稳定，在历经商汤、太戊时期的变革之后，商代社会生产有了较快发展。太戊在位七十五年，政绩显赫。在他的治理下，国威重振，国富民强，他也因此被称作"中兴之王"。商王仲丁后，相继有外壬、河亶甲、祖乙、祖辛、沃甲、祖丁、南庚、阳甲等王继位，即所谓"九世"。九世期间，围绕王位的继承数次引发动乱，或因废嫡子而立其他诸子，或因兄弟之间争相当王，史称"九世之乱"。不仅王室内部存在激烈的权力之争，诸侯方国也是动荡不安。仲丁采取了迁都的举措，试图通过离开旧都来摆脱京朝王族的束缚和牵制，同时也希望借助新都积聚力量，提高自身权威，从而更加有效地发号施令，加强对四方诸侯的控制。商王仲丁、河亶甲、祖乙、南庚先后四次迁都，社会也因此经历衰退与复兴的曲折历程。据学者研究，从雍己到盘庚迁殷前，由于内乱不已，国力削弱，商王朝几乎丧失了继续征伐方国的能力，臣服的方国纷纷反叛，商汤时期奠定的统一体区域缩小[①]。

盘龙城早商文化的发展同样也历经兴衰。然而，发掘资料表明，盘龙城的制铜业却一直呈现蓬勃向上的发展势头。如前所述，早商时期社会出现动荡，阶级斗争以及统治阶层内部斗争剧烈，王朝及方国都建立了强大军队，需要大批的青铜武器。因此，王朝对铜料的需求更为迫切。作为铸造或熔铜基地的盘龙城，青铜业长期处在发展的状态。

本期遗迹主要分布在城址及城南的王家嘴、城东的李家嘴、城北的杨家嘴、杨家湾直至楼子湾、童家嘴等地。其范围以杨家湾为中心，南抵王家嘴之南的栗纸包，北至童家嘴，东达长峰港，西到甲宝山。南北约 1600 米、东西 2000 米、面积约 3.2 平方公里。主要遗迹有房基、手工作坊、灰坑和墓葬等。

① 李民：《殷商社会生活史》，河南人民出版社，1993 年。

第一节　房　址

盘龙城早商后期发现的房屋基址全部属地上建筑。主要有杨家嘴2号房基、杨家湾2号、3号房基等。

一、杨家嘴2号房基

杨家嘴PYZF2：盘龙城六期。房基平面近长方形，西北部因修建鱼塘取土而被破坏。东西向，南北长7.2米、东西宽4米。房屋台基上发现无石础的柱洞14个以及4个未见柱洞的石础。柱洞为圆形或椭圆形，洞径0.12米—0.30米、深0.06米—0.30米。柱洞和石础大致沿房基外缘围成一周，柱洞间距不等，排列不太整齐，在东南角处有一个折转。石础集中分布在南边，形成一排。门道遗迹不清晰，房基西部第1号和第3号柱洞之间，宽有1.15米。

二、杨家湾2号房基

杨家湾PYWF2：盘龙城七期。位于盘龙城六期的杨家湾1号铸铜遗迹的上面。房屋台基用黄土夯成，呈不规则圆形，东西长约10米、南北宽约8米。房屋建在台基

杨家湾2号房基门道及柱础

的中部,平面呈长方形,东西长 5.6 米、南北宽 2.8 米,坐西朝东,门道设在东边。房内地面上铺白灰面,光滑、坚实,是房屋居住面。房基的四面边缘有成排的柱洞 10 个,南、北两边各 4 个,东、西两边各 1 个,四个角的柱础均保存完好。柱础间距大致相当,为 0.95 米—1.55 米。东与西、南与北相对的两边柱础两两对称分布,非常整齐。柱洞内均放置有石础。石础数量不一,多的 8 块,少则 1 块。房屋的门开在东边第 6 与第 7 号柱洞之间。门道铺红土,长约 2 米、宽 0.55 米,土质较硬,表面光滑。在门道的入口处横铺有两排平行的小石块,间隔 0.2 米。两排石块的长度均为 1.76 米。靠近屋内的一排由 12 个小石块组成,近门外的一排由 10 个小石块组成。两排石头,各自都可分为两段,正对门的是一段,在门的北侧为一段。正对门的一段,两排小石块大体两两对称排列。这两排小石块,推测与门的挡雨檐柱有关,或疑为檐下的排水设施。

三、杨家湾 3 号房基

杨家湾 PYWF3:盘龙城七期。房基西部被现代水渠破坏。房屋台基用黄土夯成,南北残长 6 米、东西残宽 3.75 米,呈方形。房屋地面铺白灰面,光滑、坚实,是房屋居住面。房基残存东、北、西三边的柱础,发现 6 个柱洞,洞内均置有石础。东边柱洞有 4 个,西边、北边各 1 个。柱洞有圆形和长方形两种。圆形柱洞 4 个,洞内置 1 块石础。长方形柱洞 2 个,洞内置一排大小不一的石础。长方形柱洞第 1 和第 6 号之间的空隙,怀疑是门道所在。在第 6 号柱洞的北侧 0.30 米处,发现一排与房基北边平行的小石块,由 7 块大小不同的石块组成,可能是房屋的一处排水设施。

第二节　铸铜遗迹

盘龙城早商后期的铸铜遗迹是杨家湾 1 号铸铜遗迹,属盘龙城六期,位于杨家湾岗地的上部。铸铜遗迹呈长条形沟槽状,首端位于西北低处,尾端位于东南高处,全长约 30 米。沟内灰烬土堆积为黑灰土,夹杂大量的木炭屑。

沟壁:西段用黏性较强的灰黄土和红黄土筑成,土质较硬,厚 0.05 米—0.2 米。东段则是直接利用生土或黄土台作壁。

沟底:深浅不一,起伏不平,西段窄且浅,东段宽而深。

灰烬坑:沟底发现三个坑,分别位于沟底的西部、中部和东部。三坑内积满黑灰烬土,坑内均放置有陶缸。

1 号坑位于灰烬沟的后部。坑内放置 5 件较完整的陶缸(缸 1—缸 5),呈丁字形排列。缸 1 的口颈残,缸 2、3、4 的底残,这 4 件缸皆口向下,底朝上。缸 5 完整,口朝北。5 件缸的内外皆积满黑灰土夹木炭屑。

杨家湾1号铸铜遗迹1号坑出土的陶缸

2号坑位于灰烬沟的中部。坑内放置1件形体较大的红陶缸，出土时陶缸倾斜，口朝西。缸底有3块不规整长方形石块支撑陶缸。石块长0.5米、宽0.3米、厚0.25米。

杨家湾1号铸铜遗迹2号坑出土的陶缸

3号坑位于灰烬沟的前部。坑内放置4件陶缸（缸1—缸4），呈方形排列。缸1残破，缸底有4块长方形石块支撑陶缸，石块最大的长0.70米、宽0.20米，最小的长0.18米、宽0.20米。缸2出土时已破碎，缸底有5块三角状石块垫撑。石块厚0.1米。缸3保存较完整，出土时缸口朝南倾斜，底部未见石块。缸4仅残存缸底及2块缸片。缸底放置3块小石块垫撑，石块长0.2米、宽0.2米。坑内陶缸周围都有较厚的黑灰烬层。在坑内发现的一块缸片上，发现附着有一小块长方形的铜渣。在灰烬沟前部的黑灰烬土中，还出土了一块长条状铜器残片，断面呈棱形，表面已氧化。

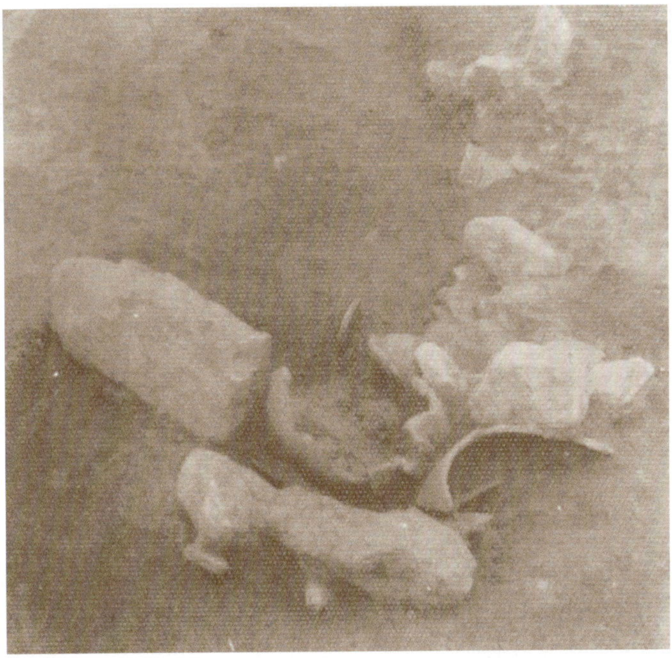

杨家湾1号铸铜遗迹3号坑出土的陶缸

第三节　灰　坑

盘龙城早商后期的灰坑主要有李家嘴H3、H10、H16、H17、H18、H20、H24、H25，杨家湾H1、H2、H5、H6，杨家嘴H2等。

一、李家嘴H3、H18、H20、H24、H25、H10、H16、H17

李家嘴PLZH3：盘龙城六期。位于李家嘴岗地北坡濒湖处。坑口圆形，圜底，口径0.52米、残深0.6米。坑内堆积为褐灰黄土，出土陶罍等。

李家嘴 PLZH18：盘龙城六期。位于李家嘴岗地北坡濒湖处。上圆下方，坑壁上部外鼓，下部收成长方形，平底。口径 1.85 米—1.94 米、深 2.50 米。坑内堆积含木炭屑，出土陶簋、鬲、爵和斝等。

李家嘴 PLZH20：盘龙城六期。位于李家嘴岗地北坡濒湖处。坑口残，圆形，坑壁斜直、规整，圆弧底。口径 1.52 米、残深 1.0 米。坑内出土陶器有缸、甗和盆等。

李家嘴 PLZH24：盘龙城六期。位于李家嘴岗地北坡濒湖处。坑口近椭圆形，坑壁上部圆弧形，向下渐收成长方形，平底。口径 1.9 米—2.0 米、深 2.44 米。坑内堆积含木炭屑，坑内出土陶鬲、罐、大口尊和盆等。

李家嘴 PLZH25：盘龙城六期。位于李家嘴岗地北坡濒湖处。坑口长方形，坑壁斜直，平底。底部有一小方坑，口长 1.18 米、宽 0.72 米、深 1.14 米。坑内土色较杂，含木炭、兽骨，出土陶豆、罐和纺轮等。

李家嘴 PLZH10：盘龙城七期。位于李家嘴岗地西北角濒湖处。坑口椭圆形，坑壁较直，底近平，底大于口。口径 0.8 米—1.0 米、深 1.48 米。坑内出土陶鬲、簋和甗等。

李家嘴 PLZH16：盘龙城七期。位于李家嘴岗地西北角濒湖处。坑口长方形，坑壁竖直、光滑，坑底较平整。口长 1.42 米、宽 0.5 米—0.72 米、深 1.4 米。坑内出土陶缸、罐和鬲等。

李家嘴 PLZH17：盘龙城七期。位于李家嘴岗地西北角濒湖处。坑口椭圆形，壁向下斜收，底平。口径 1.0 米—1.2 米、残深 0.6 米。坑内出土陶大口尊、缸和鬲等。

二、杨家湾 H1、H2、H5、H6

杨家湾 PYWH1：盘龙城六期。坑口圆角长方形，口小底大。口长 1.76 米、宽 1.5 米，底长 1.8 米、宽 1.6 米，深 0.54 米—0.6 米。坑内含大量木炭屑和陶片。陶片以缸片居多，次为鼎和鬲残片。

杨家湾 PYWH2：盘龙城六期。坑口为不规则梯形，直筒状坑。口长 1.8 米—2.6 米、宽 2.06 米，底长 1.6 米—2.2 米、宽 1.65 米，深 0.85 米。坑内出土缸、鬲、罐残片及残石器、玉器、兽牙、兽骨等。

杨家湾 PYWH5：盘龙城七期，属祭祀坑。位于杨家湾 3 号房基的东北面约 14 米处。坑口长方形，口大底小，口长 2 米、宽 0.8 米，底长 1.3 米、宽 0.26 米，深 1.66 米。坑内出土少量陶鬲、陶缸碎片。

杨家湾 PYWH6：盘龙城七期，属祭祀坑。距地表深约 30 厘米。坑口为不规则长方形，长 2.3 米、中宽 2.18 米、深 0.64 米。坑内集中放置有铜、陶、玉、石器 58 件，分上、下两层放置。上层 46 件，其中青铜器 35 件，陶器 5 件，硬陶器 3 件，玉器 3 件；下层 12 件，其中铜器 4 件，陶器 6 件，硬陶器 1 件，石器 1 件。坑内所放铜、陶器均为实用器，表面有烟熏痕。坑底及青铜器周围铺有朱砂。此外，在坑口四周也放有一些铜、陶、石和玉器,尤以坑口东北角最多,且以兵器为主。坑内还出土有兽骨。

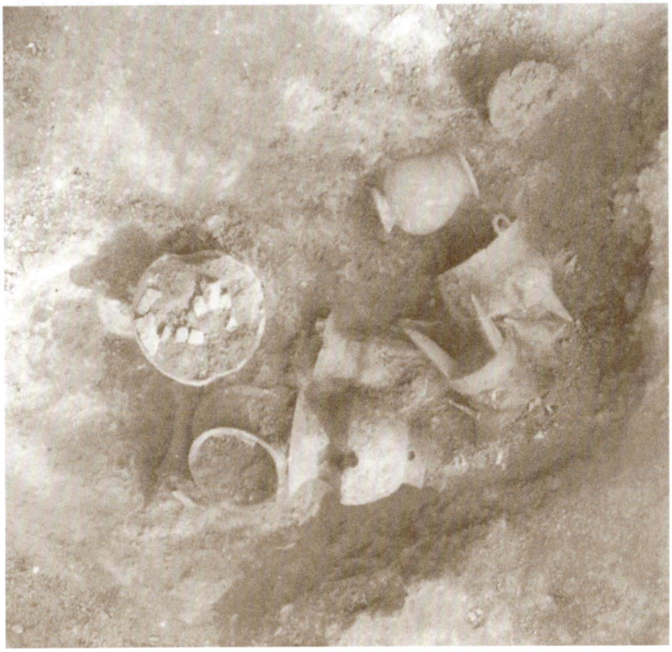

杨家湾 PYWH6

三、杨家嘴 H2

杨家嘴 PYZH2:盘龙城六期。坑口长方形,斜坑壁,平底,底小于口,口长 1.5 米、宽 1.05 米,底长 0.75 米、宽 0.7 米,深 2.6 米。坑壁有白灰色的水浸面。

第四节 墓 葬

盘龙城早商后期的墓葬主要是:一类墓:杨家湾 11 号墓。二类墓:王家嘴 M1,杨家湾 3、4、9 号墓,楼子湾 9、10 号墓,西城垣 1 号墓等。三类墓:杨家湾 1、2、7、12 号墓,杨家嘴 3、4 号墓等。

一、一类墓

杨家湾 PYWM11:盘龙城七期。位于杨家湾岗地南坡,打破了 PYWM12 墓坑的东北侧,发掘时墓室局部已暴露在外。长方形土坑竖穴墓,方向 20°。墓口堆积有 10 个石块。墓壁平整、光滑,南北长 2.5 米、东西宽 1.4 米,深约 0.5 米。墓坑底发现两个殉狗坑,其中北边的殉狗坑内的狗骨架保存基本完好,头朝北,面向东曲

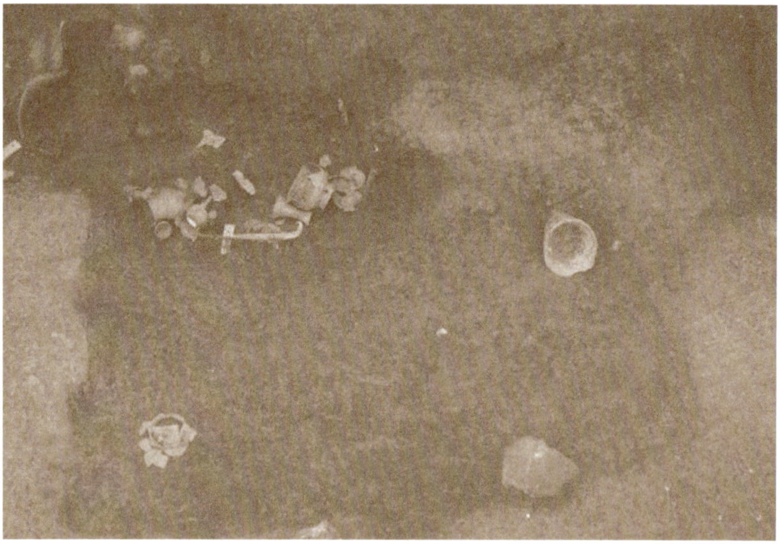

杨家湾 PYWM11(打破了 PYWM12)

卧。墓葬有棺有椁,但棺椁皆朽,仅能见到断断续续的板灰印痕。板痕有雕刻花纹,纹饰涂朱色,纹样有饕餮纹、云纹、三角纹等。墓坑内未发现人骨架。出土酒器4套,铜、玉、陶器等57件。其中铜礼器17件,有觚4、爵4、斝4、鼎1、簋1、尊3。铜兵器、工具及饰件19件,有钺1、戈2、戣1、矛1、镦1、鐏1、镞1、刀3、斨1、斧1、锛2、凿1、锯1、饰件2等。玉、石器10件,有柄形器3、戈2、铲2、绿松石饰件3等。陶

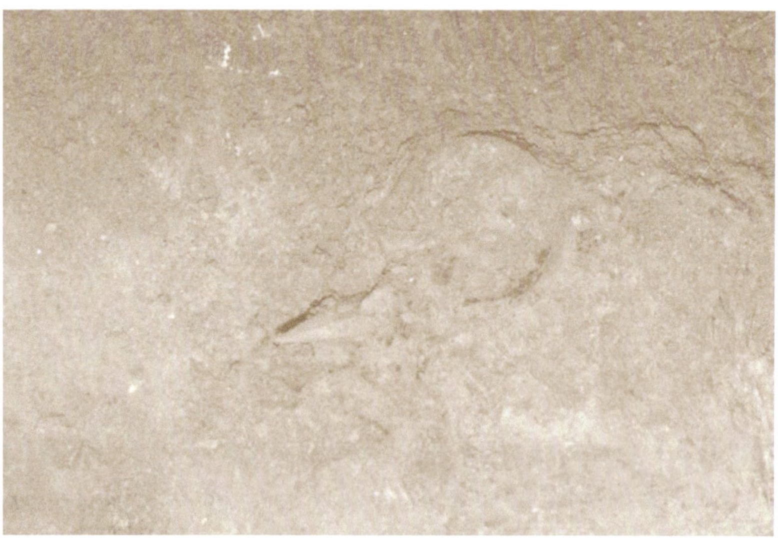

杨家湾 PYWM11 铜斝、朱砂

器9件,有簋1、罐1、瓮1、坩埚2、饼形器4等。骨器3件,有镞1、匕1、卜骨1。酒器觚、爵、斝大多放椁室西边,其余器物多置于椁室北边。

杨家湾PYWM11出土的卜骨揭取情况

二、二类墓

王家嘴PWZM1:盘龙城六期。位于王家嘴岗地东坡。发掘时墓葬已遭严重破坏。出土铜、陶、石器共17件。铜器有觚2、爵4、斝3、鼎2、尊1、锛1、刀1,陶器有罐1、瓮1,石器有刀1。

杨家湾PYWM3:盘龙城六期。东距杨家湾M4约2米。长方形土坑竖穴墓。墓口长约2米。经清理,出土铜爵、觚、斝、刀及玉笄、硬陶尊等。

杨家湾PYWM4:盘龙城六期。长方形土坑竖穴墓,墓口残长2.1米、宽0.98米,方向360°。出土铜尊,鬲、觚、斝、爵、锛和铜戈等青铜器10件,陶杯、鬲、纺轮各1件,硬陶瓮1件,石斧、镰、刀各1件。

杨家湾PYWM9

杨家湾PYWM9:盘龙城六期。墓葬保存较好。长方形土坑竖穴墓,方向360°。墓口南北长1.81米、东西宽 0.50 米，墓底南北长 1.73 米、东西宽 0.40 米，残深约 0.30 米。墓室中部有长方形腰坑，长 0.65 米、宽 0.42 米、深 0.15 米，坑内有一狗骨架，长 0.60 米，曲背状。在墓主人骨架附近发现朱砂，人骨架大部分已腐。从残存骨架看，头向北，仰身直肢。足端有一块残骨痕迹，疑为兽骨。随葬青铜器、陶器、硬陶器等 10 件，有铜觚、爵、斝，陶鬲、坩埚、饼，硬陶尊、罐。铜爵和 1 件坩埚置于墓主人右边，铜斝放在左边。铜觚、陶坩埚和硬陶罐则置于人骨西边和胸部之上。陶饼置于主人的腹部。铜觚、斝和陶饼上满涂朱砂。

楼子湾 PLZM10：盘龙城六期。位于楼子湾北面马家岗坡地高处。长方形土坑竖穴墓，方向 30°。墓底长 2.46 米、宽 0.9 米—1 米、深 0.2 米。人骨已朽。在墓室南端的墓主足部发现一圆坑，坑底呈锅底状，坑口径 0.9 米、深 0.3 米。墓葬随葬的铜器放置在圆坑的北侧，陶器多置于墓坑的西侧，硬陶尊位于西侧北端。随葬器物有铜爵、铜斝、玉柄形器、陶鬲、陶罐、陶缸和硬陶尊等。

楼子湾 PLZM10

楼子湾 PLZM9：盘龙城七期。位于楼子湾北马家岗坡地高处。长方形土坑竖穴墓，方向 110°。墓坑早年已遭破坏，残存墓底，长 2.44 米、宽 1.06 米。墓葬填土中夹杂不少陶缸片。墓室西北部及中部残存人骨残片；西北角放置一件玉柄形器；东侧放置铜爵、铜斝及玉柄形器、陶饼；西侧放置铜觚、硬陶尊。墓底西南部发现成片的朱砂。

西城垣 PCYM1:盘龙城七期。位于西城垣南段的东侧,打破西城垣的主城墙和内护坡,发掘时墓葬已残。长方形土坑竖穴墓,方向 180°。墓底南北长 2.35 米、东西宽 1.52 米、残深 0.16 米。葬具已朽。从人骨残迹及随葬器物大部分集中在南端的现象分析,墓主应该是头向南。共出土铜器、玉器、硬陶器等 14 件。铜礼器有觚 1、爵 1、斝 1、鼎 1、罍 1,铜兵器有戈 1、镞 6,玉器有柄形器 1,硬陶器有尊 1。铜斝、爵及戈置于墓室西北部;觚、鼎、罍置于西南角和南部;铜镞置于东北部。铜罍出土时多为碎片,似为下葬时有意打碎。罍及其他器物周围撒有朱砂。朱砂之下发现一层黑色光滑面,疑为漆木器残迹。

西城垣 PCYM1

三、三类墓

杨家湾 PYWM1:盘龙城六期。位于杨家湾岗地北麓。长方土坑竖穴墓,方向 350°。墓口南北长 1.88 米、东西宽 0.40 米—0.48 米、深 0.34 米。人骨架保存完整,头向北,仰身直肢。墓底中段下凹呈不规则坑形,深达 0.40 米。出土器物 6 件,计有铜爵 1、铜鬲 2、陶瓮 1、陶盆 1、陶斝 1。

杨家湾 PYWM2:盘龙城六期。位于杨家湾 M1 东面约 2 米。长方形土坑竖穴墓,方向 351°。墓口南北长 1.80 米、东西宽 0.60 米。人骨架保存完好,头向北,仰身直肢。墓底南端下凹呈坑形,人骨架脚部的下面有狗的残骸。出土陶器 6 件,计有斝 2、爵 1、盆 1、瓮 1、鬲 1。

杨家湾 PYWM5:盘龙城六期。长方形土坑竖穴墓。墓底南北残长 1.1 米、宽 0.66 米,方向 342°。墓底部有很薄一层灰黑土,可能为棺木朽痕。随葬青铜器有斝、觚和爵,陶器有鬲,玉器有柄形器。

杨家湾 PYWM7：盘龙城六期。位于杨家湾岗地西侧，发掘时墓葬已残。长方形土坑竖穴墓，方向 20°，墓口南北长 2.28 米、东西宽 1.08 米，墓底长 2.13 米、宽 0.84 米，残深 0.26 米。墓坑填土含有打碎的陶片。葬具全朽，仅存板灰痕迹。墓主骨架保存较完整，仰身直肢。墓底铺有朱砂。墓室底部位于墓主头骨左侧处有一殉狗坑，长 0.58 米、宽 0.3 米。在墓主的盆骨下及足端还发现了零散的兽骨。出土铜器、陶器、玉器 18 件。铜礼器有爵 1、斝 1、鬲 1、尊 1，铜工具有刀 2，玉器有柄形器 1、笄 4、钗 1，陶器有鬲 1、盆 1、瓮 1、饼形器 2、纺轮 1。酒器置于墓主头部左右两侧，炊器置于墓主的脚端。铜尊、爵等器物涂朱砂。玉柄形器被打成三段，一段置于墓主人右侧，另两段置于左侧。陶器放置在棺外侧，有的打碎后成排放置。棺外西南角和东北角各放置一把铜刀。陶纺轮放于墓主身旁。

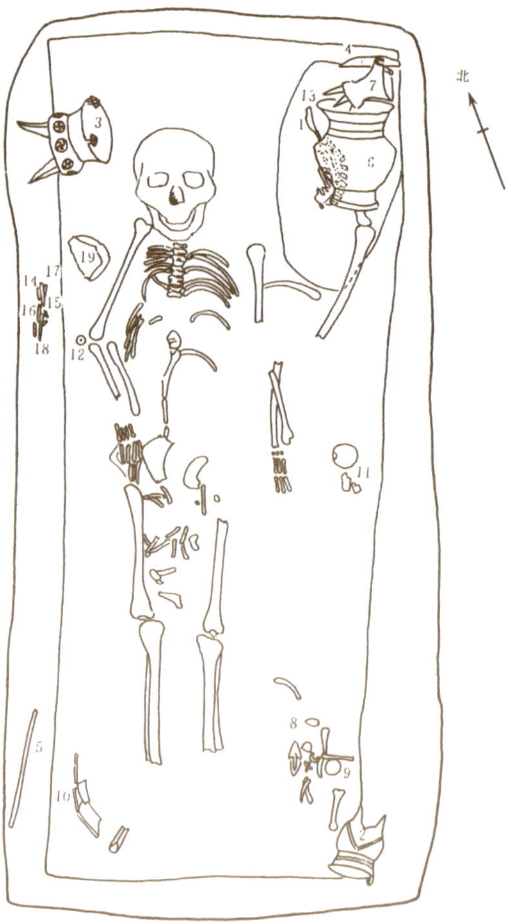

杨家湾 PYWM7 墓坑平面图

杨家湾 PYWM12：盘龙城六期。早年破坏严重，东北角被杨家湾 11 号墓打破。长方形土坑竖穴墓。墓口长 2.60 米、宽 1.85 米、深 0.15 米。出土陶器 5 件、石器 1 件。有陶瓮、坩埚、纺轮、硬陶尊及石斧。

杨家嘴 PYZM3：盘龙城六期。位于杨家嘴岗地东侧，发掘时墓葬已残。长方形土坑竖穴墓，方向 10°。墓口南北长 2.5 米、东西宽 0.9 米，残深 0.06 米。人骨架为仰身直肢。出土铜戈 1、陶尊 1、玉戈 1、玉柄形器 1。铜戈和玉柄形器置于墓主头端，玉戈置于足旁。

杨家嘴 PYZM4：盘龙城六期。位于杨家嘴岗地东侧，西南距杨家嘴 M3 约 6.5 米，发掘时墓葬已残。长方形土坑竖穴墓，方向 360°。墓口南北长 1.93 米、东西宽 0.72 米、残深 0.2 米。人骨架为仰身直肢。墓坑底中部有一长方形腰坑，长 0.50 米、宽 0.30 米、深 0.18 米，内埋有一狗，头朝北，身作弯曲状。出土陶器、玉器 10 件。陶器有爵 1、斝 1、罐 3、壶 1、豆 1、饼形器 1、簋圈足 1，玉器有柄形器 1。

第五节　随葬器物

一、铜器

(一)容器

器类有鼎、鬲、簋、爵、斝、觚、尊、罍等。

1.鼎

分扁足鼎和锥足鼎。

(1)扁足鼎

王家嘴 PWZM1：3：盘龙城六期。通高 19.4 厘米、口径 14 厘米、耳高 2.4 厘米、足高 8.5 厘米。薄唇，沿面作阶状，半环状对耳，深腹，腹最大径在中部，圜底，三扁足作夔形。颈部饰一周饕餮纹带饰，分三组，每组饰一饕餮。饕餮方目，方珠凸起，T形眉，角作云纹卷起，足作两个相从云纹并间以 T 形纹。三合范铸。

扁足鼎　王家嘴 PWZM1：3

(2)锥足鼎

杨家湾 PYWM11：16：盘龙城七

期。通高85厘米、口径55厘米、壁厚0.2厘米。折沿外侈,沿面作阶状。圆角梯状鼎耳,耳身中空,耳外侧槽内突起两条横行凸棱,形成三道凹槽。深腹,圜底,足残。颈部的饕餮带饰由细线云纹构成,宽约9厘米,分三组,每组各饰一流动体饕餮。饕餮圆角长方形眼,眼斜立,方珠凸起,额作弧线,眉作云纹相勾,角上扬,倒置T形鼻上卷,足作两个相从云纹。器身有三处铸痕和六处补丁。

锥足鼎　杨家湾 PYWM11：16

西城垣 89HPCYM1：6:盘龙城七期。通高23.4厘米、口径17.2厘米、足高9.5厘米。折沿,半环耳,一耳与一足对应,一耳在两足之间,圆腹,圜底,三棱锥足外撇。颈部一周带饰,由三组饕餮纹组成,上下镶连珠纹。饕餮目作鸟嘴状,鼻上起棱,身尾由流动云纹构成。器身有三处铸痕。

锥足鼎　西城垣 89HPCYM1：6

童家嘴 PTZ：0137:盘龙城七期。通高19.8厘米、口径14厘米、壁厚0.15厘米。折沿,半圆对耳,耳略外张。浅腹,三尖锥足外撇度大。上腹部饰卷云雷纹和圆圈纹,带饰上下有圆圈纹镶边。腹底有三处铸痕。

锥足鼎　童家嘴 PTZ：0137

2.鬲

杨家湾 PYWM4：2：盘龙城六期。通高 19.2 厘米、口径 12.4 厘米、足高 4.8 厘米、壁厚 0.15 厘米。口沿外侈，作阶状，口沿立两耳。颈高直，颈肩部有明显分界。腹壁较直，低分裆，腹裆中深，分裆始自中下腹。尖锥足粗矮，外撇度变小。颈饰粗线勾连云纹，带饰上、下镶以联珠纹。腹裆部饰双线人字纹三组。壁薄，器底有六处补丁。

鬲　杨家湾 PYWM4：2

杨家湾 PYWM7：2:盘龙城六期。通高 17.2 厘米、口径 11.2 厘米、足高 5.4 厘米、壁厚 0.15 厘米。口沿外侈,作厚唇状,口立对耳,束颈,斜弧腹。下腹微鼓,分裆,尖状中空足。足变矮、略外撇。颈部饰三周平行凸弦纹,腹裆部饰三组双线人字纹。壁薄,器底铸痕呈丫状,有两处补痕。

鬲　杨家湾 PYWM7：2

杨家湾 PYWH6：17:盘龙城七期。通高 22.8 厘米、口径 15.5 厘米、壁厚 0.2 厘米。侈口,薄方唇,半圆对耳。颈内收,中腹浅分裆。空心尖锥足,足中高外撇。颈饰一周勾连雷纹。腹裆部饰人字纹三组。器身有三处铸痕。

鬲　杨家湾 PYWH6：17

3.簋

杨家湾PYWM11：13：盘龙城七期。高18.4厘米、口径21.2厘米、圈足径15.4厘米、壁厚0.2厘米。敛口，折沿，半环状双耳较小。口径与腹径接近，微垂腹，圈足。颈部两周平行凸弦纹。上腹饰三组饕餮纹，饕餮由三列云纹构成，线条细密。圈足饰一周凸弦纹，间饰3个对称十字镂孔。

簋　杨家湾PYWM11：13

4.爵

分折腹爵、弧腹爵和直腹爵。

（1）折腹爵

杨家湾PYWM5：4：盘龙城六期。通高16厘米、流尾长14.4厘米、壁厚0.12厘米。椭圆口，薄唇，高颈，垂肩，斜腹，平底，四棱尖锥实足外撇。长流上翘，短尾。双半圆状柱加高，纽作菌状，鋬残。颈饰饕餮纹，正面饕餮臣字眼，内眦勾卷，鼻作云纹上卷。

折腹爵　杨家湾PYWM5：4

杨家湾PYWM9：3：盘龙城六期。筒体，方腹，平底，四棱足外撇。尾残，矮柱立于流口。

折腹爵　杨家湾 PYWM9：3

杨家湾 PYWM4：14:盘龙城六期。通高约 18 厘米。高颈,垂肩,平底,四棱尖锥实足外撇。高柱,柱纽作伞状,流、尾皆残,弧状鋬。柱纽饰云纹。颈饰饕餮纹,饕餮纹带饰上下镶以联珠纹。饕餮纹线条略显粗犷,分三组,正面饕餮面部比例增大,身变短,眼作圆角长方形斜立。

折腹爵　杨家湾 PYWM4：14

采集 P：04：盘龙城六期。通高 16 厘米、口径 5.8 厘米。椭圆口，薄唇，周壁椭圆作双层状。颈部较高，垂肩，折腹，平底，四棱尖锥足厚实，外撇度大。单柱分立流口，柱身圆柱形，纽作伞状。身旁一鋬。柱纽上饰云纹。颈部饰一周饕餮纹，带饰下缘镶饰一周圆圈纹。正面饕餮方珠凸出器面，鼻作云纹卷起。器身有两处铸痕，底有三处铸痕。

折腹爵　采集 P：04

西城垣 89HPCYM1：1：盘龙城七期。通高 16.9 厘米、柱高 1.6 厘米、足高 6.9 厘米。器身扁圆，椭圆口，高领，折腹加宽呈梯形，颈腹间作阶状，四棱尖锥足外撇。

折腹爵　西城垣 89HPCYM1：1

流尾变长，流折处双柱增高，柱纽近圆形，柱茎作四棱状。扁平鋬。颈饰一周饕餮纹，分两组，每组各有一饕餮，均用细线云纹勾成。器表有烟熏痕。周壁有两处铸痕，底有三处铸痕。

杨家湾 PYWH6：30:盘龙城七期。通高 15.8 厘米、流尾残长 11.2 厘米。薄唇，颈较高，垂肩，折腹，平底，三棱尖状实足，略外撇。长流短尾，流、尾部略残，流口折处立一对半圆柱状物。身侧有一弧状鋬，对应一足。颈饰饕餮纹，分三组，线条略显粗犷。正面饕餮臣字眼，内眦勾卷，鼻作云纹上扬。

折腹爵　杨家湾 PYWH6：30

（2）弧腹爵

杨家湾 PYWM7：7:盘龙城六期。通高 18.8 厘米、流尾长 17.4 厘米、壁厚 0.15 厘米。椭圆口，弧肩，底微外弧，三棱尖锥实足外撇。双柱立于流折处，柱茎截面呈半圆形，柱纽作扁圆形，长流短尾，扁平鋬。颈部饕餮纹作二组布局，均由三列细线云纹构成，线条细密，间饰纹增多，带饰上下镶一周联珠纹。饕餮眼作圆角方形，方珠凸起，额呈弧线，鼻作倒置 T 形，鼻两侧云纹上卷，额、鼻中脊起棱，眉作 T 形，角上扬。身作三列云纹，尾上扬，足作多个云纹相从。腹部饰 6 个圆涡纹。器表光滑。

弧腹爵　杨家湾 PYWM7：7

楼子湾 PLWM10 : 6:盘龙城六期。通高 15.6 厘米、底长 7.5 厘米、宽 5.8 厘米。高颈,底近平,四棱尖锥足外撇。折流处立柱,柱茎作三角状,流尾残。颈饰一周饕餮纹,饕餮目作方形,椭圆珠凸起,额鼻成一直条线,咧口作云纹内卷,T 形眉,角尾作云纹上卷,足为云纹相从。身有两处铸痕,底部有三处铸痕。

弧腹爵 楼子湾 PLWM10 : 6

采集 P : 033:盘龙城六期。通高 19.2 厘米、壁厚 0.1 厘米。高颈,周壁作双层筒状,平底,三角四棱尖锥足较矮,足外撇度略小。长流上扬,单柱跨立流折,柱纽作伞状。伞顶坡度大,顶端乳钉突起。柱顶上饰云纹。双层周壁满饰饕餮纹,由中粗云

弧腹爵 采集 P : 033

纹构成。饕餮目作鹰嘴状，圆珠凸起，额、鼻作宽条状，中脊起棱，鼻尖两侧作云纹上卷，尾部双线云纹间以勾连云纹。饕餮口旁附无目夔纹，夔身缩短，形成以兽面为主的布局。

杨家湾 PYWH6 : 28：盘龙城七期。通高 17.4 厘米、流尾长 17 厘米。口沿内侧唇边变窄，颈略瘦长，弧肩，弧腹，平底近圆，三尖锥足变矮。圆流上扬，上饰棱牙，作三个成列夔体。单柱残。颈部带饰分三组，正面一组为饕餮，鋬两旁为无目夔纹。饕餮由两列中粗云纹构成，云纹增密，目作扁圆珠凸起，角由卷云纹、刀纹构成，腹部饰 5 个圆涡纹，圆涡变小。

弧腹爵　杨家湾 PYWH6 : 28

杨家湾 PYWM11 : 6：盘龙城七期。通高 15.2 厘米、流尾残长 10.8 厘米、壁厚 0.1 厘米。樱桃形口，颈与腹高大体相等。椭圆腹，圜底，三棱状实足，鋬正对一足外撇。长流上扬，尖尾稍长，流口交界处分立两个三角状柱。颈部饰一周饕餮纹，线条变粗疏，分三组，正面为饕餮，两侧各饰一夔纹。饕餮由中粗云纹构成，目作鸟嘴状，

弧腹爵　杨家湾 PYWM11 : 6

直腹爵　杨家湾 PYWM3：1

椭圆珠凸出器面，眉作 T 形，咧口，鼻、口作云纹内卷，角、尾作云纹上卷。夔纹由两列云纹构成。周壁有两处铸痕。

杨家湾 PYWH6：23：盘龙城七期。口残，弧腹，平底，三足略矮。长流立矮柱。

（3）直腹爵

杨家湾 PYWM3：1：盘龙城六期。通高 14.4 厘米、壁厚 0.2 厘米。口部内侧有凸唇边，器腹筒形，平底，四棱尖锥足外撇。短尾，流残，三角状矮柱，柱纽作半圆形。扁平鋬。器腹中部饰三道平行凸弦纹。器身有三处铸痕。

5．斝

分弧腹斝、折腹斝和鬲形斝。

（1）弧腹斝

杨家湾 PYWM7：3：盘龙城六期。通高 26.8 厘米、口径 18.1 厘米、壁厚 0.15 厘米。体略小。口沿内侧有宽边，弧肩，弧腹，底微凸，三足中高，作四棱尖锥空足。菌状柱纽较宽，柱纽顶端乳钉突起，周边为云纹。鋬中脊略起棱。颈部饰一周窄带饕餮纹，分三组，中为一饕餮，两侧各饰一夔纹，均由细线云纹构成。云纹分三列，正面饕餮，目作鹰嘴状，圆眼突出，额作方块状，鼻作云纹上卷，额鼻间起棱，T 形眉，咧口作 T 形纹内卷，角作云纹上卷。兽身分两列，下为一简化夔纹，上作竖立云纹，兽面旁加饰一简化夔纹，鋬两旁的夔纹目作鹰嘴状，圆睛突

弧腹斝　杨家湾 PYWM7：3

起，嘴作两列云纹上卷，口向下。眉作云纹，身作两列云纹，下为夔纹，上作竖行云纹。腹部有圆涡纹一周。器身与器底有三处铸痕。

采集 P：046：盘龙城六期。通高 28 厘米、口径 16.6 厘米、壁厚 0.15 厘米。口外侈，颈较高，口沿内侧作厚唇状，器底略下垂。高足外撇，作三角四棱尖锥空足。柱茎作三角状，柱纽呈笠形，纽顶坡度较缓。鋬背作弓状，中脊起棱。柱纽上饰涡纹。颈、腹部均饰窄带状饕餮纹，带饰上下各镶以联珠状圆圈纹。腹部带饰分三组，正面一组饰饕餮纹，方目方珠凸起，额作长方状，鼻梁起棱。身尾作流动体云纹上扬，足作两个云纹相从，其他二组各饰一夔纹。颈部带饰结构形态与腹同。器身有两处铸痕。

弧腹斝　采集 P：046

杨家湾 PYWM11：31：盘龙城七期。通高 21.2 厘米、口径 14.4 厘米、壁厚 0.2 厘米。侈口，口沿内侧凸起厚唇边。颈较高，宽弧腹，底微凸，四棱尖锥空足。口上两柱较高，茎断面作梯形，柱纽似菌状，二柱对二足。弓形鋬，一鋬对一足。柱纽饰圆涡纹，顶端有一突乳。颈腹各有一饕餮纹带，带饰上下有联珠状圆圈纹镶边。颈部饕餮由细线云纹构成，云纹分两列，目作鹰嘴状。腹部饕餮纹分为三组，饕餮纹用粗云纹构成，目作鹰嘴状，圆眼微突，额作长方形块状，鼻作倒置 T 形，咧口作云纹内卷，眉作双线 T 形纹，眉头端增添双线刀纹，尾作双线云纹，足由三组云纹相从。

弧腹斝　杨家湾 PYWM11：31

杨家湾 PYWH6：18：盘龙城七期。通高 26.4 厘米、口径 17.2 厘米。高颈深腹，三尖状空心足外撇，每足正面有凸起的竖条铸纹。菌状纽柱呈梯形。器身一鋬对一足。纽上饰圆涡纹，顶端有突乳。颈部粗犷的饕餮纹分三组，正面一组为一兽面，正面兽纹椭圆目，宽额眉连为一体，鼻两侧为卷起的倒 T 形云纹，眉下卷为 T 形纹，咧嘴上卷为 T 形，足为上下两条背靠背的卷云夔纹。

弧腹斝　杨家湾 PYWH6：18

西城垣 89HPCYM1：2：盘龙城七期。通高 24.7 厘米、口径 16 厘米、柱高 3.1 厘米、足高 8.4 厘米。口外侈，口沿内折成宽唇状。高颈，弧腹，圜底，三棱尖锥空足。柱中高，柱茎近三角状，柱纽作笠形，笠顶乳头突起。鋬作扁平弓状。颈饰一周带状饕餮纹，均为细线云纹。带饰分三组，正面一组为一饕餮，两侧为夔纹。腹部饰饕餮纹，均为中粗流动体云纹，正面一组为一饕餮，两侧为夔纹，饕餮方目，椭圆珠突起。器身有三处铸痕。

弧腹斝　西城垣 89HPCYM1：2

杨家湾 PYWH6：19：盘龙城七期。敞口，短颈，弧腹，三棱空足略矮，扁平鋬。颈饰饕餮纹一周。

(2)折腹斝

杨家湾 PYWM5：3：盘龙城六期。通高 25.2 厘米、口径

14.1 厘米、柱高 2.8 厘米、壁厚 0.15 厘米。侈口，口沿内侧作宽厚唇。颈较高，折腹较窄，底略外凸，三棱刀状实足外撇。梯形柱，柱纽作伞状，顶部饰乳钉纹和云纹。颈饰一周窄条饕餮纹，饕餮纹线条稀疏，由两列云纹构成，饕餮两侧为无目流动体夔纹，分置鋬的两旁。饕餮椭圆珠凸起，鼻起棱，咧口，身作两列云纹上扬，足作流动体云纹。

折腹斝　杨家湾 PYWM5：3

杨家湾 PYWM11：29：盘龙城七期。通高 23.4 厘米、口径 14.4 厘米、壁厚 0.15 厘米。高颈，折腹较宽，腹与颈相交处作阶状，底略外凸，三棱空心足外撇。中高柱，柱钮作菌状，柱钮上饰云纹，顶端有突乳。颈部饕餮纹分三组，正面一组为饕餮，两侧为夔纹。饕餮眼角作鹰嘴状，眉作 T 形，尾作云纹上卷，额作长方形，鼻中脊凸起，咧口作云纹内卷，足为云纹。两侧的夔纹以三列双线云纹构成。

折腹斝　杨家湾 PYWM11：29

（3）鬲形斝

王家嘴 PWZM1：1：盘龙城六期。通高 27.6 厘米、口径 17.6 厘米。口外侈，颈较长，腹部分裆较深，空尖锥足微外撇。柱呈三角状，柱上有菌状钮，顶上有乳头状突起。扁平鋬，鋬背起棱。柱坡面饰有火纹。颈部正面饰一饕餮纹，鋬两侧分别饰夔纹。饕餮纹由突起的阳线构成，方目,眼珠凸起,额鼻相连成方块状,张口咧嘴。

鬲形斝 王家嘴 PWZM1：1

鬲形斝 采集 P：02

采集 P：02:盘龙城六期。通高 25.5 厘米、口径 16.2 厘米、足高 5.8 厘米、壁厚 0.15 厘米。颈内束,曲腹,分裆,中高足作圆锥状中空。扁平鋬。颈饰窄带状饕餮纹,带饰上镶以联珠纹。腹饰双线三角弦纹。带饰分三组,正面饰一饕餮,两侧饰夔纹。饕餮方目凸起,额鼻作宽线 T 形,足由两列云纹构成简化夔纹,鋬两侧各由双线云纹构成简化夔纹。

6.觚

分粗腰觚和细腰觚。

(1)粗腰觚

杨家湾 PYWM4：6:盘龙城六期。高 16.6 厘米、口径 11.6 厘米、腰径 5.2 厘米、底径 8 厘米、壁厚 0.2 厘米。口部外侈较大。腰较前期变细,作直筒状,喇叭形圈足。腹部有两周凸弦纹,弦纹下有粗犷饕餮纹带饰,饕餮纹线条变粗。圈足饰三周凸弦纹,有 3 个对称分布的十字形镂孔。器表通体磨光发亮。

粗腰觚 杨家湾 PYWM4：6

(2)细腰觚

杨家湾 PYWM4：5:盘龙城六期。高 21.2 厘米、口径 13.7 厘米、腰径 4.1 厘米、底径 8.6 厘米、壁厚 0.15 厘米。敞口，细腰内束，圈足近底处作垂直厚唇状。腰部饰饕餮纹，线条细且繁复。饕餮目作鹰嘴勾状，圆睛凸起，额鼻作宽条状，中脊起棱，两侧云纹上卷。

细腰觚 杨家湾 PYWM4：5

细腰觚 杨家湾 PYWM3：2

杨家湾 PYWM3：2：盘龙城六期。高 17 厘米、口径 11.3 厘米、底径 6.8 厘米、壁厚 0.15 厘米。敞口，圈足作宽方唇状。腰部较细，饕餮纹线条细且繁复。圈足有 3 个对称分布的长方镂孔。

杨家湾 PYWM5：2:盘龙城六期。口径 12.1 厘米。腰部有粗线饕餮纹带，上下镶以联珠纹。

西城垣 89HPCYM1：5:盘龙城七期。高 18.8 厘米、口径 12.4 厘米、底径 8.3 厘米。敞口，筒体中粗，高圈足。腰部饰一周饕餮纹。圈足饰一周夔纹，夔纹上端饰凸弦纹三周及两个十字形镂孔。器身有两处铸痕。

细腰觚 西城垣 89HPCYM1：5

7.尊

尊　王家嘴 PWZM1：2

王家嘴 PWZM1：2：盘龙城六期。通高 30.8 厘米、口径 13.6 厘米、足高 5.9 厘米。小口，扁圆唇，矮颈内收，折肩。深腹壁较直，高圈足外侈，圈足下部作宽唇状。颈部饰三周凸弦纹。肩部饰一周窄带夔纹。腹部饰一周宽带饕餮纹，饕餮纹分三组，每组各饰一兽面，两旁加饰一夔纹。相邻夔纹又组成一个饕餮形，饕餮臣字眼，眉作曲状蚕形，头作卷云纹，额鼻呈倒置蝉形，鼻两侧作两个卷涡纹，耳、眉、目、嘴均为粗线条浮于器面。夔纹方目方珠，头顶高冠，张口，尾上翘。足部饰两周凸弦纹，加饰对称分布的十字形镂孔。三合范铸。

杨家湾 PYWM7：6：盘龙城六期。通高 25 厘米、口径 20.8 厘米、足径 14.8 厘米、壁厚 0.2 厘米。大敞口，斜方唇，沿面内侧呈阶状。高颈，斜折肩。弧腹，矮圈足，圈足下部作垂直厚唇状。颈部饰二周平行凸弦纹。肩部饰一周窄带夔纹。夔纹由细密云纹构成，分三组，每组饰夔纹两个。腹部饰一周宽带饕餮纹，上下以联珠纹镶边。饕餮纹线条细密，分三组，每组有饕餮一个。饕餮圆角长方形眼，方珠凸起，额作弧线，倒置 T 形鼻，T 形纹眉，角上卷，下颌内卷作咧嘴状。身作三列细线云纹，尾上卷，足作夔纹。相邻两组饕餮又组成一倒置饕餮，整个带饰构成 6 个相互倒置的饕餮。圈足饰两周平行凸弦纹，间饰 3 个对称十字镂孔。

尊　杨家湾 PYWM7：6

杨家湾 PYWM4：1：盘龙城六期。通高 25.4 厘米、口径 13.6 厘米、足径 11.6 厘米、壁厚 0.2 厘米。

尊　杨家湾 PYWM4：1

体高瘦，口略外敞。矮颈作弧形内收，弧折肩。中高圈足，圈足底部作厚唇。颈饰三道凸弦纹。腹部饕餮纹由两列云纹构成，线条粗疏。饕餮眼作目形，内眦勾卷，圆珠凸起。额作横置长条状。粗条鼻。身作两列云纹，足为两个云纹相从。圈足饰两道平行凸弦纹，间饰 3 个对称十字镂孔。

采集 P：01：盘龙城六期。通高 26.2 厘米、口径 11 厘米。小口，方唇，折沿，折肩，深腹，高圈足。颈部饰三周凸弦纹。肩部带饰上有夔纹三组，每组三个。腹部满饰饕餮纹，分三组，每组正中为饕餮纹，两旁各饰一夔纹。邻组夔纹相对形成 6 个相互倒置的饕餮。正中的兽面，目作鹰嘴状，额、鼻似一只倒置的蝉，角、鼻、眼浮于器面。圈足有凸弦纹一周及 3 个十字镂孔，三合范铸。

杨家湾 PYWH6：21：盘龙城七期。通高 25.8 厘米、口径 15.6 厘米、底径 13.6 厘米、肩径 23.6 厘米、壁厚 0.2 厘米。体矮胖，仰折沿，薄方唇，口径小于肩径。短颈略内收，斜折肩深弧腹。圈足中高，近底处作高厚唇。颈饰三周凸弦纹。肩部饰夔纹带，分三组，每组饰夔纹两个。夔纹有方目，方珠凸起。腹部有宽带饰，分三组，每组正中为饕餮。饕餮由三列云纹构成，兽面增大，线条加密。饕餮目作鹰嘴状，方珠凸出器面，眉作复线雷纹，额作长方形块状和刀形状。鼻为凸棱，鼻尖两则饰圆点。咧口作云纹上卷。饕餮两旁各饰一夔纹，夔目凸起，张口，上下唇皆上卷，卷云状如高冠。夔纹与邻组夔纹构成另一饕餮，整体形成 6 个相互倒置的饕餮。足部饰一周弦纹，有对称排列的 3 个十字镂孔。器身有三处铸痕。

尊　杨家湾 PYWH6：21

尊　杨家湾 PYWH6：20

杨家湾 PYWH6：20：盘龙城七期。通高 23.6 厘米、口径 20.8 厘米、肩径 21.3 厘米、足径 13 厘米、壁厚 0.15 厘米。口径与肩径相等。体胖，腹变浅，作弧线内收。矮圈足。颈饰两周凸弦纹。肩部饰夔纹，目作方形，张口，上下唇相对卷。身尾作两列云纹。腹部带饰分三组，每组正中饰兽面，两旁各饰夔纹。邻组夔纹相对构成一个倒置饕餮面，整体形成 6 个相互倒置的饕餮纹，带饰上下均镶以联珠状圆圈纹。饕餮用纤细云纹构成，方目，椭圆珠凸起，眉作两个倒置T形纹相勾，作两条云纹上卷。足作双线云纹上卷，额作方块状，鼻作云纹相勾。足饰一周凸弦纹，足部加饰三个方框形镂孔，作对称排列。夔纹方目，方珠凸起，眉作雷纹，嘴作双线云纹上扬，身作云纹下卷。器身有三处铸痕。

杨家湾 PYWM11：3：盘龙城七期。口径 17 厘米、通高 31 厘米。器身高瘦，口小于肩，高颈折肩，下腹弧内收，高圈足。足饰 3 个椭圆形镂孔。

尊　杨家湾 PYWM11：3

杨家湾 PYWM11：34：盘龙城七期。通高 30.6 厘米、口径 16.6 厘米。器身瘦长，仰折沿，口径小于肩径，颈较高，斜折肩，深腹内收，喇叭状高圈足。颈、足各饰凸弦纹一周，肩腹部饰两列联珠带纹，足饰 3 个椭圆形镂孔。器身有三处铸痕。

尊　杨家湾 PYWM11：34

尊　杨家湾 PYWH6：15

杨家湾 PYWH6：15：盘龙城七期。通高 32 厘米、口径 16.8 厘米、肩径 20.4 厘米、底径 14 厘米、圈足高 8 厘米、壁厚 0.2 厘米。器形瘦长，仰折沿，薄唇，口径小于肩径。颈较高，斜折肩，深弧腹，下腹内收，喇叭状高圈足。颈、足各饰一周凸弦纹。肩部饰三道平行凸弦纹，弦纹间饰联珠纹二周。腹饰四周凸弦纹，间饰三周联珠纹。足上部饰对称排列的 3 个 T 形镂孔。器身有三处铸痕。

8.罍

童家嘴 PTZ：0136：盘龙城七期。通高 25.2 厘米、口径 16.3 厘米、圈足高 3.4 厘米。体矮胖，小口外敞，方唇，折肩，矮圈足，圈足底处作宽厚唇状。肩饰一周窄带夔纹。腹饰一周宽带饕餮纹，带饰分三组，每组正中有兽面，两旁分别饰夔纹。邻组夔纹相对构成另一兽面，整体形成 6 个相互倒置的兽面。正中兽面，目作鹰嘴状，圆珠凸起。眉作双线 T 形纹，间饰刀纹、云纹。肩部带饰夔纹分十组，均由双线云纹构成。二合范铸。

(二)兵器

器类有戈、矛、刀、钺、戣、铍、镞、镦等。另有 1 件马面饰，属车马器，附在兵器之后介绍。

1.戈

分直内戈和曲内戈。

(1)直内戈

杨家湾 PYWM4：15:盘龙城六期。全长 28 厘米、援长 19.5 厘米、援宽 4.7 厘米、脊厚 0.7 厘米。援作长条三角形,援中脊微隆,横截面呈四菱形,刃略弧。内、援间有扁体状阑,阑宽于内和援。内为长条形,上有一圆穿。器身有一处铸痕。

直内戈　杨家湾 PYWM4：15

采集 P：05:盘龙城六期。长 24.5 厘米、援长 18 厘米、脊厚 0.7 厘米。援作长条三角状,上缘略呈曲线,尖锋。援中脊微隆起,脊线略显,横断面作菱形。内、援间有扁体状阑,阑作长方形。内两面皆有长方形凹槽。二合范铸。

直内戈　采集 P：05

采集 P：013:盘龙城六期。脊厚 0.8 厘米。援作长条三角状,上缘微曲,援末端略下垂,援中脊微隆,脊线略显,横截面作菱形。内、援间有扁圆体状阑。内为长方形,上有一圆穿。二合范铸。

西城垣 89HPCYM1：3:盘龙城七期。长 28.4 厘米。援较宽,体短,援中脊微凸,

直内戈　西城垣 89HPCYM1：3

中有圆孔,援末端两侧各有一长方形穿。无阑,内上有一圆穿。二合范铸。

杨家湾 PYWM11：21:盘龙城七期。全长27厘米、援长20厘米、内长6.4厘米、厚0.6厘米。援作长条三角形,有中脊,援部有一圆孔,圆孔内嵌绿松石。阑比援宽。内为长方形,上有一方孔。二合范铸。

直内戈　杨家湾 PYWM11：21

(2)曲内戈

杨家嘴 PYZM3：4:盘龙城六期。内长4.8厘米、内宽4厘米、援宽4.8厘米。尖端残。援中部起脊,横断面作菱形。内、援间有扁形阑。内后部弯曲,饰夔纹,夔纹由细线云纹构成。二合范铸。

曲内戈　杨家嘴 PYZM3：4

2.矛

杨家湾 PYWH6：46:盘龙城七期。全长20.2厘米、銎径2.2厘米。骹作圆筒状,銎口外箍边较宽,骹尾端有两个环耳。二合范铸。

矛　杨家湾 PYWH6：46

3.刀

分直背刀、弧背刀和勾刀。

(1)直背刀

杨家湾 PYWM7：5:盘龙城六期。残长 30.8 厘米、刃宽 3 厘米、背厚 0.6 厘米。刀首略上翘,弧刃,背较厚。

直背刀　杨家湾 PYWM7：5

杨家湾 PYWM7：4:盘龙城六期。长 30.4 厘米、刃宽 2.9 厘米、背厚 0.2 厘米。柄首端下曲。弧刃,刃最宽处在中部,刀背薄。柄端镂空双线云纹,间饰凸弦纹、圆点纹和三角镂孔。

直背刀　杨家湾 PYWM7：4

杨家湾 PYW：0118:盘龙城六期。残长 19.2 厘米、背厚 5 厘米。残刀柄与刀身连成一线,刀尖端呈斜线上扬。二合范铸。

杨家湾 PYWM11：47:盘龙城七期。残长 24 厘米、柄长 8.5 厘米、背厚 0.4 厘米、刃宽 5 厘米。刀柄与刀背呈阶状,刃微凹,刃尖略上翘,厚背。二合范铸。

(2)弧背刀

王家嘴 PWZM1：9:盘龙城六期。残长 19 厘米。刀柄与刀身连成一线,柄部略弧。刀背作脊状。二合范铸。

弧背刀　王家嘴 PWZM1：9

杨家湾 PYWM3：5：盘龙城六期。残长 22 厘米、厚 0.6 厘米。刀柄较长，刀身为长条三角形，背弧。刃前端呈尖状，末端转角处与柄垂直。

弧背刀　杨家湾 PYWM3：5

(3)勾刀

杨家湾 PYWM11：7、10：盘龙城七期。长 40.8 厘米、刃宽 1.4 厘米、脊厚 0.7 厘米。刀身作长条状，中部起脊，双面刃，刀尖上卷作回首钩状。脊上缘排列 5 个小方形穿。

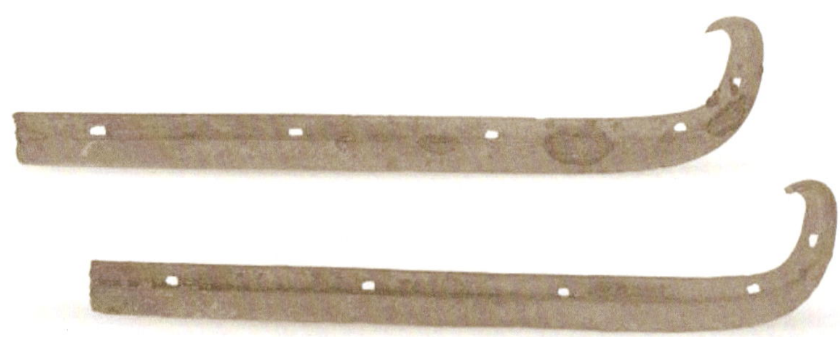

勾刀　杨家湾 PYWM11：7、10

4.钺

杨家湾 PYWM11：32:盘龙城七期。残长 21.2 厘米、肩宽 10 厘米、大孔径 4.8 厘米。内狭短,平肩。刃部延展为半圆形,侧角上翘。器身中部有一大圆孔,圆孔周边凸起。内下方有一方穿,两肩下方各有一长方穿。内两面皆饰饕餮兽面,饕餮臣字眼,内眦勾卷,圆珠,两眉竖立,眉两角作双线云纹上卷,咧口。口、鼻均作云纹上卷。

钺 杨家湾 PYWM11：32

杨家湾 PYWH6：2:盘龙城七期。全长 22 厘米、肩宽 10.4 厘米、大圆孔径 10.6 厘米。形制近于 PYWM11：32 钺。内上无孔,刃宽短。素面。

钺 杨家湾 PYWH6：2

5.戣

采集 P：053:盘龙城六期。援作等腰三角形，中脊隆起。刃部略内凹，前锋残。后锋一端有圆形镂孔，另一端有长方形凹口。内、援间有阑，长方形直内。

戣　采集 P：053

采集 P：051:盘龙城六期。脊厚 0.7 厘米。援作长条三角状，末端较宽，中脊微隆起，脊线不显，横截面扁圆形。内、援间有长条形阑，阑一侧上下各有一个长方形镂孔。二合范铸。

杨家湾 PYWM11：39:盘龙城七期。全长 29.8 厘米、援长 22.4 厘米、内长 7.4 厘米、内宽 5.2 厘米、脊厚 0.4 厘米。三角形援，援中脊起棱。刃部微曲。长方形内，无阑，内近援处有一长方形穿。援近内处有并排两个长方形穿。二合范铸。

戣　杨家湾 PYWM11：39

6.铍

杨家湾 PYWM11：44:盘龙城七期。全长 24 厘米、骹长 8 厘米、中脊厚 0.8 厘米。前锋三角状，翼末端圆钝。骹作长条扁状，骹与刃间呈箍状，箍两端各有一圆珠状纽。

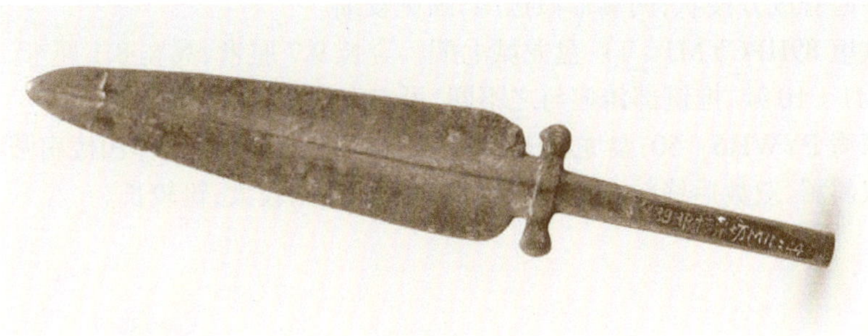

钺　杨家湾 PYWM11：44

7.镞

分无翼镞和有翼镞。

（1）无翼镞

杨家湾 PYWM11：48：盘龙城七期。全长 16.2 厘米、铤长 5.4 厘米、脊厚 0.6 厘米。体长，脊、铤作四棱状，铤略粗短。

无翼镞　杨家湾 PYWM11：48

（2）有翼镞

杨家湾 PYWT3④：10：盘龙城六期。全长 6.2 厘米、脊长 3.6 厘米、叶宽 6 厘米。脊、铤作四棱状，扁平双斜翼，两叶短于脊，翼后锋与脊作垂直状。

有翼镞　杨家湾 PYWT3④：10

西城垣 89HPCYM1：10：盘龙城七期。全长 9.7 厘米、翼宽 8.1 厘米。体大，锋钝尖。中起脊成方棱状，两翼形似燕尾，圆铤较细。

西城垣 89HPCYM1：11：盘龙城七期。全长 9.7 厘米、翼宽 8.1 厘米。形制近于 PCYM1：10 镞，惟铤部铸痕与之不同，可看出不是一模铸造。

杨家湾 PYWH6：50：盘龙城七期。全长 8.4 厘米。脊、铤作四棱扁圆状，三角形扁平双斜翼，双翼后锋较宽短。后锋翼与脊的夹角较大，铤较长。

有翼镞　杨家湾 PYWH6：50

杨家湾 PYWH6：49：盘龙城七期。全长 8.4 厘米。脊、铤作四棱状，三角形扁平双斜翼。前锋略作弧状，翼长近于脊长。后锋与脊尾夹角较小，铤较短。

杨家湾 PYWH6：9：盘龙城七期。全长 6 厘米。器型小，脊作四棱扁圆状，铤尖锥状，三角形扁平双斜翼。双翼后锋较短，后锋与脊的夹角近垂直。

有翼镞　杨家湾 PYWH6：9

8.镦

杨家湾 PYWM11：15：盘龙城七期。茎径 2.4 厘米、柄箍径 5.6 厘米。柄箍作椭圆形,饰瓦纹、夔纹,夔目鼓起。二合范铸。

镦　杨家湾 PYWM11：15

9.马面饰

采集 P：015:盘龙城七期。宽约 19.2 厘米。属马面饰。片状,微弧,兽面造型。兽目作臣字眼,圆珠凸出。竖眉,两角上卷,咧口。

马面饰　采集 P：015

(三)工具

器类有锛、镢、斧、斨、凿等。

1.锛

杨家湾 PYWM4：8:盘龙城六期。长 12.8 厘米、刃宽 2.8 厘米、壁厚 0.4 厘米。扁平长条形,中空,弧形单面刃。梯形銎口。銎口外沿有箍边,銎宽大于刃宽。器身饰叶脉纹，二合范铸。

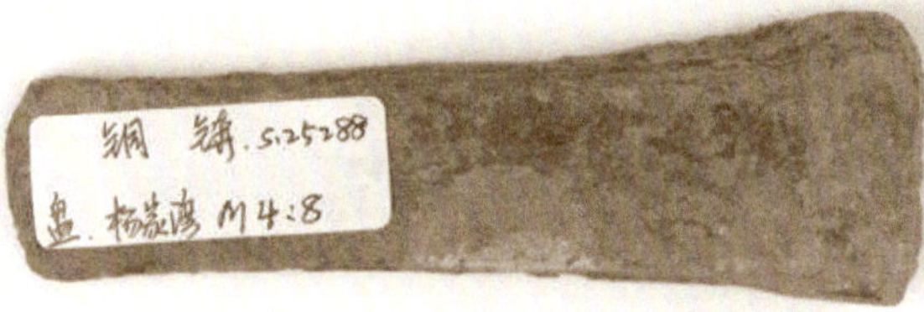

锛　杨家湾 PYWM4：8

杨家湾 PYWM11：46：盘龙城七期。长 13.6 厘米、銎长 2.4 厘米、宽 1.6 厘米、壁厚 0.2 厘米。长方形，器身微束腰，刃稍外侈。梯形銎口，銎宽大于刃宽。

锛　杨家湾 PYWM11：46

杨家湾 PYWM11：41：盘龙城七期。长 20.6 厘米、刃宽 6 厘米、銎口长 4.8 厘米、宽 2.4 厘米。体大，长方形，器身微束腰，刃外侈。长方形銎口，銎宽大于刃宽。器身正面有十字凸纹线，十字的横线绕器身一周。

锛　杨家湾 PYWM11：41

2.镢

采集P：011：盘龙城六期。长15厘米、刃宽4.2厘米。长方形，壁厚，双面弧刃。銎口六角形。器身两面有十字凸线，两侧各有一脊线。二合范铸。

镢　采集P：011

采集P：052：盘龙城六期。长12.5厘米、刃宽3.5厘米。长方形，壁厚，双面弧刃，方銎。器身两面有凸线，两侧凸线不显。二合范铸。

镢　采集P：052

3.斧

杨家湾PYWM11：36：盘龙城七期。长21.2厘米、刃宽9.6厘米。銎口长5.6厘米、宽1.8厘米。耳长2.4厘米、厚2.3厘米。长方形，单面刃外侈，刃宽大于銎宽。扁梯形方銎。斧身正面有十字形凸线，上部有一半圆状附耳。二合范铸。

斧　杨家湾PYWM11：36

4.斨

杨家湾 PYWM11：35：盘龙城七期。全长 27.2 厘米、刃宽 11.2 厘米。銎口长 9.6 厘米、宽 1.6 厘米。扁平长方形，体宽，单面弧刃外侈，刃略宽于銎。銎口为扁半圆形，即一面平一面弧。器身上部有一圆孔。

斨　杨家湾 PYWM11：35

5.凿

杨家湾 PYWM11：37：盘龙城七期。长 19.6 厘米、刃宽 1.1 厘米、壁厚 2.2 厘米。扁平窄条形，平顶弧刃，刃面有铸缝。梯形銎口。

凿　杨家湾 PYWM11：37

二、陶器

器类有鬲、甗、爵、斝、簋、盆、豆、大口尊、壶、罐、瓮、缸、杯和鹰首等。

1.鬲

分折沿分裆鬲、折沿联裆鬲和折沿平裆鬲。

(1)折沿分裆鬲

杨家湾 PYWT23④：2：盘龙城六期。通高 14.8 厘米、口径 12 厘米。仰折沿，下腹略鼓,分裆明显,腹底内凹,呈三棱脊状。腹饰粗绳纹。夹砂灰陶。

折沿分裆鬲　杨家湾 PYWT23④：2

杨家嘴 PYZT6④：2:盘龙城六期。通高 29 厘米、口径 22 厘米。方唇,平折沿,沿面有二道凹弦纹,高领外侈,弧腹。颈部饰连锁状堆纹,腹饰粗绳纹。夹砂灰陶。

杨家嘴 PYZH2：1:盘龙城六期。通高 20 厘米、口径 17 厘米。折沿,沿面较窄。高领外侈,弧腹,三尖锥足较矮。夹砂灰陶。

折沿分裆鬲　杨家嘴 PYZH2：1

李家嘴 PLZH8：7：盘龙城六期。口径 14 厘米。圆唇，平折沿，沿面内侧有一道粗线弦纹。颈内收。曲底，分裆明显，尖足外撇。腹饰粗绳纹。外表有烟熏痕。夹砂红陶。模制，口颈部轮制，足为手制。

折沿分裆鬲　李家嘴 PLZH8：7

杨家湾 PYWM4：16：盘龙城六期。通高 16 厘米、口径 12 厘米。方唇，平折沿，沿面有一道较宽浅凹槽。束颈。下腹较鼓，分裆明显。足根粗矮。腹饰竖条粗绳纹。夹砂黑灰陶，红胎。

折沿分裆鬲　杨家湾 PYWM4：16

杨家嘴 PYZH2：1:盘龙城六期。通高 20 厘米、口径 17 厘米。折沿,沿面较窄。高领外侈,弧腹,三尖锥足较矮。夹砂灰陶。

杨家湾 PYWM7：19:盘龙城六期。通高 16 厘米、口径 13.6 厘米。方唇外倾,口沿仰折。深鼓腹,下腹略鼓。分裆明显,尖锥足粗矮而直。颈饰一周双圆圈纹。夹砂灰陶。

杨家湾 PYWT17③：2:盘龙城七期。通高 21.4 厘米、口径 16.4 厘米。厚方唇,唇面向外,沿外折,沿面上起一道棱。颈较高,斜弧腹。腹裆作弧壁状,分裆线略低,三尖锥足外撇。夹砂黑灰陶,足根红陶。颈饰三道凹弦纹,腹通体饰较粗交错绳纹。

折沿分裆鬲　杨家湾 PYWT17③：2

杨家湾 PYWH6：40:盘龙城七期。口径 10.4 厘米。方唇,折沿,矮颈,分裆。腹饰斜行粗绳纹。夹砂红陶。

折沿分裆鬲　杨家湾 PYWH6：40

折沿分裆鬲　李家嘴 PLZH10：3

李家嘴 PLZH10：3：盘龙城七期。口径 16 厘米。方唇，沿面有凸弦纹。短颈内收。鼓腹，分裆显著，三尖锥足。外表有烟熏痕。夹砂灰黑陶，红胎。轮、模、手制并用。

杨家湾 PYW：049：盘龙城七期。口径 16.4 厘米。平折沿，沿面有一周凹弦纹。颈内收，弧腹壁，足残。腹饰交错粗绳纹。夹砂红陶。

(2)折沿联裆鬲

杨家湾 PYWT29④：1：盘龙城六期。通高 30 厘米、口径 22.8 厘米。方唇，沿面有二道凹弦纹，中间凸起一道圆棱。颈斜长，尖状足粗而高。颈饰连锁状堆纹，腹饰粗绳纹。夹砂灰陶。

杨家湾 PYWT23④：4：盘龙城六期。口径 16.8 厘米。方唇，折沿，沿面内倾，沿内外缘各有一道凹弦纹，中部一道凸棱。短颈，斜弧壁，平裆略内收。腹饰竖条粗绳纹。外表有烟熏痕，夹砂红陶。

折沿联裆鬲　李家嘴 PLZH10：2

杨家湾 PYWH5：6：盘龙城七期。通高 14.4 厘米、口径 10.4 厘米。平折沿，口沿上有一凹槽，沿面微起凸棱。短颈，弧腹，矮尖锥足。夹砂黑陶，红胎。

李家嘴 PLZH10：2：盘龙城七期。口径 14.4 厘米。折沿，沿面有一浅凹弦纹。颈内收，颈、肩明显分界，弧壁。腹裆间略内凹。肩饰凹弦纹和联珠纹，腹饰绳纹。夹砂黑陶，红胎。

(3)折沿平裆鬲

杨家湾 PYWH6：37：盘龙城七期。通高 50 厘米、口径 38.4 厘米。长方体，窄沿，沿面外倾。方唇，鼓腹，粗尖状足变矮。颈部饰两道凹弦纹，颈肩饰一道脊状堆纹。腹饰圜络堆纹直至足根,圜络纹间饰交错中粗绳纹。夹砂黑陶,红胎,足根红陶。

折沿平裆鬲　杨家湾 PYWH6：37

2.甗

为粗腰甗。

杨家湾 PYWH6：54：盘龙城七期。通高 36.2 厘米、口径 21.6 厘米。圆唇,平折沿,沿面变窄。浅弧腹,束腰较粗,分裆显著,尖锥状足根矮小。沿面有两道浅凹槽,腹和底部满饰粗绳纹。夹砂黑陶,红胎。

粗腰甗　杨家湾 PYWH6：54

3.爵

为扁圆腹爵。

杨家嘴 PYZM4：1：盘龙城六期。足高 4.8 厘米。束腰,三尖锥足外撇。扁平鋬正对一足。腰饰凹弦纹。夹砂灰陶,红胎。

杨家湾 PYWT3③：3：盘龙城

七期。通高 12.4 厘米。圆口,斜直颈,扁圆腹,圜底。颈腹间附扁平鋬。流残,残存一尖锥状足。砂质灰陶。

4.斝

为敛口联裆斝。

杨家湾 PYWT38④:5:盘龙城六期。通高 19.2 厘米、口径 12.8 厘米。敛口,斜折肩,束腰,下腹微鼓,裆部平弧,三尖锥实心足。颈腹间附扁平鋬。口唇部和上腹分别有两道凹弦纹,颈部有椭圆形乳丁,下腹饰绳纹。夹砂红陶。

敛口联裆斝　杨家湾 PYWT38④:5

杨家湾 PYWT5③:10:盘龙城七期。口径 12 厘米、肩径 17.2 厘米。方唇,折肩,束腰。身旁附一扁平鋬。肩部饰有椭圆乳丁。泥质黑陶,红胎。

5.簋

分直口簋和侈口簋。

(1)直口簋

李家嘴 PLZH18:2:盘龙城六期。口径 21.2 厘米、底径 11 厘米。尖唇,折沿,直腹壁,下腹急收,矮圈足。素面,泥质灰陶。

直口簋　李家嘴 PLZH18:2

杨家湾 PYWT17③：5：盘龙城七期。通高 20.5 厘米、口径 24 厘米、底径 17.6 厘米。宽平折沿，斜直壁，深腹，圜底，喇叭形圈足。腹饰两道圆涡纹，圆涡纹上下饰凹弦纹，圈足饰两周凸弦纹。泥质黑陶，红胎。

直口簋　杨家湾 PYWT17③：5

杨家湾 PYW：055：盘龙城七期。残高 11.6 厘米、口径 22.8 厘米。方唇，宽平折沿，直腹壁，圈足。颈部饰二周凸弦纹。泥质黑陶，红胎。

（2）侈口簋

杨家湾 PYWM11：12：盘龙城七期。通高 11.2 厘米、口径 13.6 厘米、底径 10 厘米。尖圆唇，颈微束，腹微鼓，下腹内收，腹底呈凹状，中高圈足。肩与上腹饰三道凹弦纹，圈足饰一道凸弦纹，腹饰方格纹经手抹。泥质黑陶，红胎。

侈口簋　杨家湾 PYWM11：12

6.盆

分侈口弧腹盆、敛口弧腹盆、侈口斜腹盆和刻槽盆。

(1)侈口弧腹盆

杨家嘴 PYZT11④：2:盘龙城六期。残高 14 厘米、口径 21.8 厘米。敛口,方唇外侈,平折沿,上腹较直,下腹斜收,底残。上腹饰带状方格纹和凹弦纹,下腹饰细绳纹和凹弦纹。泥质黑陶,灰胎,上部轮制。

侈口弧腹盆　杨家嘴 PYZT11④：2

杨家湾 PYWM4：17:盘龙城六期。口径 19.5 厘米。折沿,颈内收,浅腹。泥质灰黑陶。

(2)敛口弧腹盆

杨家嘴 PYZT19④：4:盘龙城六期。通高 8.4 厘米、口径 11.2 厘米、底径 7.8 厘米。沿面向内,平底。肩部有两道凹弦纹。泥质灰陶。

敛口弧腹盆　杨家嘴 PYZT19④：4

(3)侈口斜腹盆

杨家湾 PYWM7：10：盘龙城六期。通高 11.6 厘米、口径 30.4 厘米、底径 14 厘米。口外侈，宽平折沿，沿面内侧有一凹弦纹。颈斜收，肩微凸，腹斜，底内凹。腹部、底部饰斜行细绳纹，绳纹上压两组凹弦纹。泥质灰陶。

侈口斜腹盆　杨家湾 PYWM7：10

(4)刻槽盆

杨家湾 PYWT25③：2：盘龙城七期。通高 20 厘米、口径 30 厘米。体作釜形，大敞口，口沿作厚唇宽带状。深弧腹，圜底。一侧有外倾状流，流口两侧各有一小圆饼乳丁。腹饰交错细绳纹，内壁有竖行与斜行交错刻槽，刻槽上细下粗。泥质黑陶，红胎。

刻槽盆　杨家湾 PYWT25③：2

7.豆

分浅盘高圈足豆和假腹豆。

(1)浅盘高圈足豆

杨家湾 PYWT23④:7:盘龙城六期。口径 12 厘米。口微敛,圆唇,平折沿。腹壁弧折。圈足高而粗呈垂直状,上宽下窄,略呈弧状。腹与圈足均饰粗凸弦纹。夹砂红陶。

浅盘高圈足豆　杨家湾 PYWT23④:7

(2)假腹豆

杨家湾 PYWT5③:3:盘龙城七期。口径 10.4 厘米、腹深 2.4 厘米。平折沿,浅盘,弧腹壁,圈足作假腹状。腹饰两道凹弦纹。泥质黑灰陶,红胎。

8.大口尊

分长颈有肩大口尊、短颈无肩大口尊和短颈有肩大口尊。

(1)长颈有肩大口尊

杨家湾 PYWT23④:5:盘龙城六期。通高 43 厘米、口径 35.2 厘米、底径 11.5 厘米。体高,口大于肩。口外侈,唇面外倾。凸肩。粗体腹,下腹微鼓,平底略凹。颈、肩、中腹部皆饰凹弦纹,中腹部饰窗棂纹,下腹饰中粗竖绳纹。泥质黑陶,红胎。

(2)短颈无肩大口尊

杨家湾 PYWT3④:5:盘龙城六期。口径 25.6 厘米。喇叭口,薄方唇,颈作坡状。腹、底残。泥质红陶。

(3)短颈有肩大口尊

杨家湾 PYW:083:盘龙城七期。残高 28.6 厘米、口径 28.4 厘米。方唇,平折沿,突肩,筒体腹。腹饰间断粗绳纹,上压凹弦纹。泥质红陶。

9.壶

为带耳壶。

杨家嘴 PYZM4：3：盘龙城六期。口径 8.3 厘米、腹径 14.8 厘米。体作葫芦状，上小下大。直口。斜腹，腹部作阶状。颈部饰两道凸弦纹，两侧附鼻耳；腹饰绳纹经手抹。胎薄，夹砂灰陶。

带耳壶　杨家嘴 PYZM4：3

10.罐

分折肩弧腹罐、圆肩弧腹罐、溜肩圆腹罐、折肩斜腹罐。

(1)折肩弧腹罐

杨家嘴 PYZM4：5：盘龙城六期。通高 12.5 厘米、口径 8.8 厘米、底径 5.6 厘米。直口，下腹折收，底内凹。下腹部饰中粗绳纹。泥质灰陶。

折肩弧腹罐　杨家嘴 PYZM4：5

(2)圆肩弧腹罐

杨家湾 PYWH6：41：盘龙城七期。通高 18 厘米、口径 9.6 厘米、底径 8 厘米。折沿，口略外侈，短颈，底内凹。肩、腹部饰两道弦纹。上腹饰两组竖条粗绳纹，中腹饰横条粗绳纹，下腹饰竖条粗绳纹。泥质黑陶，红胎。

圆肩弧腹罐　杨家湾 PYWH6：41

(3)溜肩圆腹罐

杨家湾 PYW：071：盘龙城七期。通高 13.5 厘米、口径 10.4 厘米。沿面向外，颈略内收，弧腹壁，底内凹。腹饰交错粗绳纹。夹砂黄灰陶。

(4)折肩斜腹罐

李家嘴 PLZH3：1：盘龙城六期。通高 19.6 厘米、口径 10 厘米。小口，尖唇，沿面向外。斜折肩，弧壁，底略凹。肩部饰两周凸弦纹，下腹饰竖、横交错绳纹，上腹饰凹弦纹。泥质黑陶，内胎灰色。

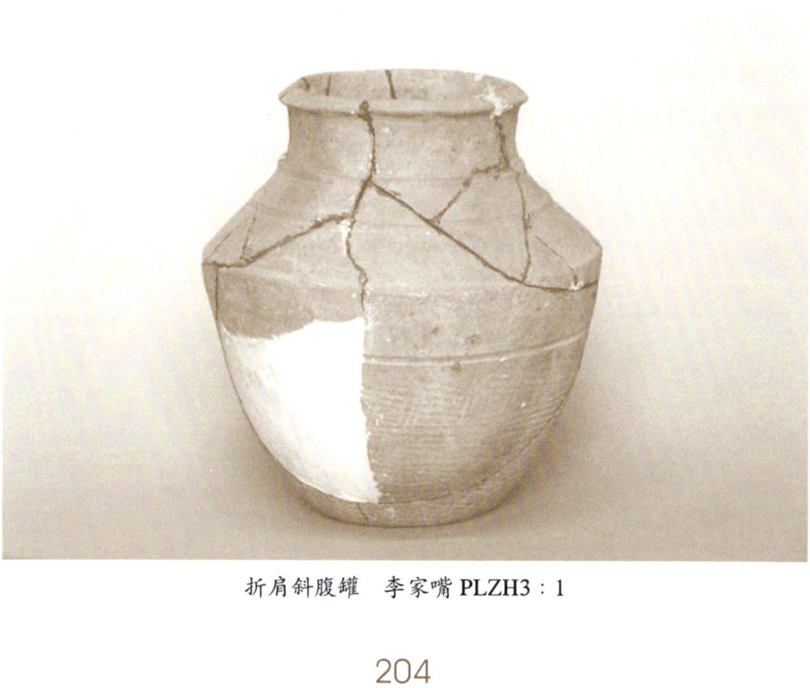

折肩斜腹罐　李家嘴 PLZH3：1

11.瓮

分圆肩瓮、溜肩瓮和折肩瓮。

(1)圆肩瓮

李家嘴 PLZH8:6:盘龙城六期。口径18厘米。小口,浅唇。弧折肩,腹壁内收,圈足残。肩腹部饰四组凹弦纹,每组3条,下腹饰绳纹。泥质黑陶,灰胎。

圆肩瓮 李家嘴 PLZH8:6

杨家湾 PYWM1:2:盘龙城六期。通高21.6厘米、口径10.4厘米、底径6.8厘米。体瘦长,小口,尖唇,沿略外卷。短颈。弧腹内收,底内凹。肩腹饰五道凹弦纹,弦纹间饰斜行绳纹。泥质黑陶,红胎。

圆肩瓮 杨家湾 PYWM1:2

(2)溜肩瓮

杨家湾 PYWH1:5:盘龙城六期。口径17.6厘米。体小,侈口,方唇,沿略卷。短颈。肩有两道凹弦纹,间饰横行细绳纹。泥质黑陶,红胎。

(3)折肩瓮

杨家湾 PYWM11:40:盘龙城七期。通高43.4厘米、口径22.4厘米、底径19.6厘米。子口加盖,盖顶有菌状纽。方唇,短颈,溜折肩无耳,斜直壁深腹,近底部急收，喇叭状矮圈足。器盖上饰两组凹弦纹，每组 2 条。肩腹饰四组凹弦纹，每组 2—3 条。颈部和圈足各饰一道弦纹，下腹近圈足处饰网格纹。泥质灰陶。

折肩瓮　杨家湾 PYWM11：40

12. 缸

分侈口斜腹缸和直口斜腹缸。

（1）侈口斜腹缸

杨家嘴 PYZT13④：2：盘龙城六期。残高 62 厘米、口径 44.4 厘米、足高 4.8 厘米。下腹斜收，底附筒柄状足。腹饰方格纹，其上加饰四周平行堆纹。夹砂红陶。

杨家嘴 PYZT13④：4：盘龙城六期。通高 39 厘米、口径 44 厘米、足径 8.8 厘米。足作高柄状，中空。夹砂黄陶。

杨家湾 PYWT21③：1：盘龙城七期。口径 38.4 厘米、底径 11.2 厘米。侈口，斜腹壁，矮圈足。口沿下饰一周绳纽状附加堆纹，腹饰竖条细绳纹，圈足边缘饰索状绳纹。夹砂黄陶。

（2）直口斜腹缸

杨家湾 PYWT6④：2：盘龙城六期。口径 36.8 厘米。口沿下饰竹节状附加堆纹，堆纹由凸起的叶脉纹与凹陷的方格纹循环组合而成。口沿下、腹部皆饰方格纹。夹砂红陶。

杨家湾 PYWT8③：2：盘龙城七期。口径 32 厘米。直口，斜腹。口沿下饰一周连索状堆纹，腹饰粗条纹。夹砂黄陶。

13.带把杯

杨家湾 PYWM4：7：盘龙城六期。通高 14 厘米、口径 16.4 厘米、底径 13.6 厘米。体作筒形，大口，薄唇外敞，直腹壁，矮圈足。杯一侧有扁平鋬。

带把杯 杨家湾 PYWM4：7

14.鹰首

杨家湾 PYW：018：盘龙城七期。通高 4.6 厘米。鹰鼻下勾，闭口，两目作圆窝状。泥质灰陶。

三、硬釉陶

器类有尊、罍、罐和瓮等。

1.尊

分折肩斜腹尊、双折肩斜腹尊和鼓腹尊。

(1)折肩斜腹尊

杨家湾 PYWM12：1：盘龙城六期。通高 14.4 厘米、口径 19.2 厘米。口径大于肩径。敞口，圆唇。斜折肩，斜腹壁急收，小圜底。肩、腹部拍印方格纹。

杨家湾 PYWT5④：5：盘龙城六期。口径 10.8 厘米。口径小于肩径，口外侈，颈略内收，斜折腹。肩、腹饰拍印小方格纹。器表灰白色。

杨家湾 PYWH6：25：盘龙城七期。口径 18.8 厘米、肩径 19.2 厘米。口径约等于肩径，折沿，浅腹。沿面饰凹弦纹，肩腹部饰小方格纹。器表有一层酱色釉。

(2)双折肩斜腹尊

楼子湾 PLWM10：2：盘龙城六期。通高 23.6 厘米、口径 14.4 厘米。圆唇，折沿，矮领，肩微双折，斜腹壁，底内凹。肩饰云雷纹，腰饰细方格纹。器表棕黄色釉，轮制。

双折肩斜腹尊　楼子湾 PLWM10：2

杨家湾 PYWH1：10:盘龙城六期。残高 34.8 厘米、口径 24.8 厘米。口径小于肩径,沿面外倾,肩部双折较缓,斜腹壁,深腹。沿面、颈部内侧饰多道细密平行凹弦纹,肩、腹满饰拍印规整的方格纹。器表酱色釉,胎灰白。

(3)鼓腹尊

杨家湾 PYWT38④：4:盘龙城六期。通高 18.8 厘米、口径 13.6 厘米、底径 10.4 厘米。体形增高，口径大于腹径。侈口,折沿,沿面外倾。颈内收,深弧腹,喇叭形圈足外张,足底斜收作台阶状。沿面饰两道凹弦纹,颈部有数道轮制平行弦纹,颈腹之间饰两个对称小环纽,腹上饰叶脉纹,圈足饰凸弦纹。器表黄釉,胎灰色。

鼓腹尊　杨家湾 PYWH6：16

杨家湾 PYWH6：16:盘龙城七期。通高 17.6 厘米、口径 12 厘米、底径 8 厘米。体形变小,仰折沿,沿面凸起一棱。形制与 PYWM3：4 近似。颈部饰多道平行凹凸弦纹,腹饰对称蝶状鼻纽 3 个,上腹饰雷纹,下腹拍印交错叶脉纹。器表酱色釉,轮制。

2.罍

杨家湾 PYWH6：22：盘龙城七期。通高22.4厘米、口径12厘米、肩径23.2厘米、底径11.2厘米。口略侈，斜腹壁，假圈足。腹部有隐约绳纹。夹砂红陶。

罍　杨家湾 PYWH6：22

3.罐

分弧腹罐和鼓腹罐。

（1）弧腹罐

杨家湾 PYWM9：7：盘龙城六期。通高20厘米、口径12.8厘米、底径10厘米。侈口，尖唇，沿外倾，短颈内束，底内凹。沿面、颈部内侧饰凸弦纹。

（2）鼓腹罐

李家嘴 PLZH25：5：盘龙城六期。通高15厘米、口径13.6厘米。折沿，沿上有凹槽。直颈，下腹微鼓，圜底内凹。颈饰平行凹弦纹，腹饰叶脉纹。

杨家湾 PYWH6：42：盘龙城七期。通高17.6厘米、口径14.4厘米、底径8厘米。敛口，折沿，沿唇外倾，沿面起棱。腹微鼓下垂，平底。颈部有四道弦纹，腹饰叶脉纹。红陶，轮制。

鼓腹罐　杨家湾 PYWH6：42

4.瓮

为大口瓮。

杨家嘴 PYZT5④：7：盘龙城六期。残高34厘米、口径24厘米。体近长方形，方唇，平折沿，圆肩，肩腹部圆鼓，深腹。沿面饰平行凹弦纹，肩部饰对称小突泥耳，耳下附3个乳丁，腹饰细密雷纹，颈饰凹弦纹。青灰色。

四、玉器

器类有戈、璋、柄形器、琮、璜、环、笄、钗、坠、纺轮和绿松石饰等。

1.戈

杨家湾 PYWT3③：11：盘龙城七期。残长56厘米、援中宽8厘米。前锋三角形，援部长条形，阑略宽于内。内作长方形，内近阑处有一小圆孔。蛇纹石，棕色，有褐色斑块，蜡状光泽。

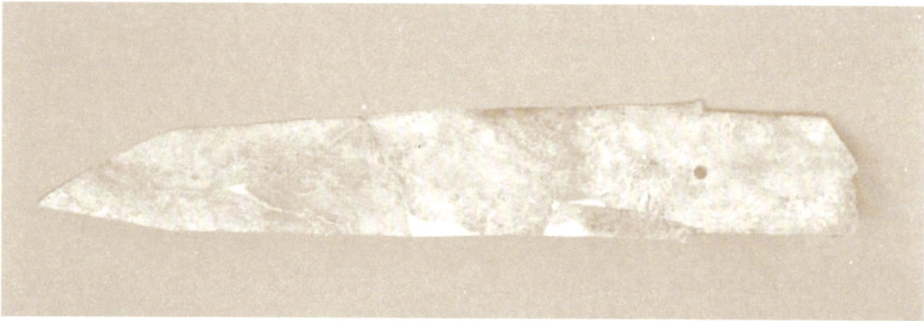

戈　杨家湾 PYWT3③：11

杨家湾 PYWM11：43：盘龙城七期。长35.8厘米、内宽7.5厘米、阑宽8.4厘米。前锋三角形，长方形内。援上、下缘近阑处各有三组短凸棱，阑两端头各有两道凸棱。阑与内交界处有一圆孔。蛇纹石，棕黄色，蜡状光泽。

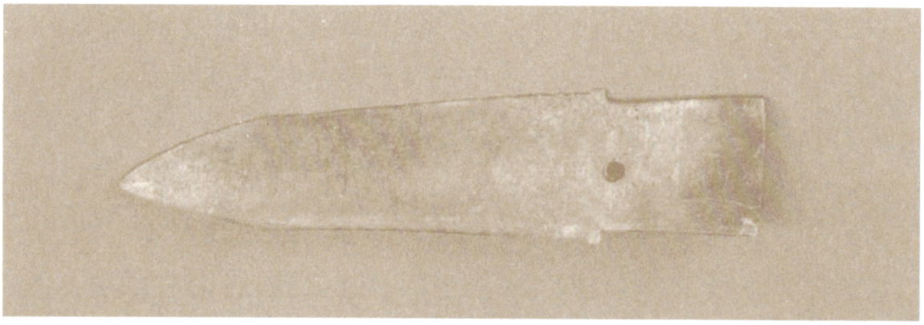

戈　杨家湾 PYWM11：43

2.璋

童家嘴 PTZ：0328：盘龙城七期。长16.5厘米—22厘米、中宽8.2厘米。器薄，扁平，梯形。上端平直，下端有刃，两侧面饰扉牙。器身有单面钻孔3个，两大一小。刃部两侧角端处各有1个小钻孔。蛇纹石，灰白色，黄白斑。

璋　童家嘴 PTZ：0328

3.柄形器

分平刃柄形器、斜刃柄形器和尖刃柄形器。

(1)平刃柄形器

杨家嘴 PYZM3∶1:盘龙城六期。长 9.2 厘米、宽 2.3 厘米、厚 0.5 厘米。长条形,柄与身有明显分界。蛇纹石,灰白色,蜡状光泽。

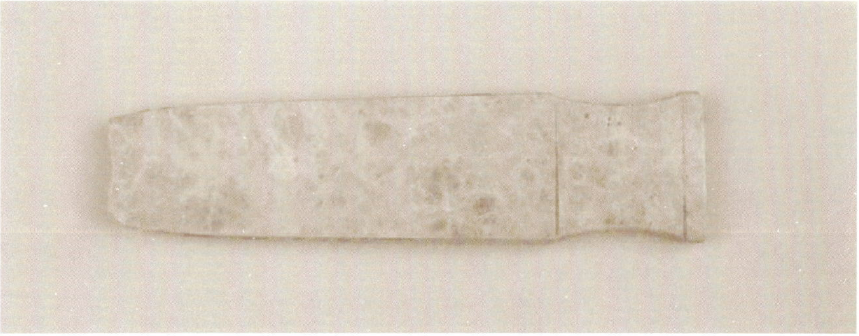

平刃柄形器　杨家嘴 PYZM3∶1

楼子湾 PLWM9∶1:盘龙城七期。长 17.5 厘米、宽 1.5 厘米、柄长 2.5 厘米。长条形,柄束腰,器身上下宽度一致,一边较薄,较厚的一边中间起棱。蛇纹石,灰白色,蜡状光泽。

采集 P∶0312:盘龙城六期。长 5.8 厘米、下端宽 1.5 厘米。器形较短,下端作铲形,一面有凹坑。蛇纹石,灰褐色,黄色斑,蜡状光泽。

平刃柄形器　采集 P∶0312

采集 P∶0307:盘龙城六期。长 5.8 厘米。长方形,一面刃。蛇纹石,灰白色,强蚀沁,蜡状光泽。

西城垣 89HPCYM1∶4:盘龙城七期。长 11.9 厘米、厚 0.9 厘米、柄宽 1.2 厘米。双面刃,刃端粗糙,近刃部有一小钻孔。中部较宽。出土时器身有一层包裹痕迹,似麻织品。透闪石,灰白色,蜡状光泽。

杨家湾 PYWH6：26：盘龙城七期。长 12.6 厘米、柄长 3.3 厘米、中宽 3.3 厘米、中厚 0.6 厘米。长条形，柄首作方形，柄与身有明显分界。柄两侧作弧状内束，下端一侧有一穿孔，上嵌圆形绿松石。透闪石，淡绿色，油脂光泽。

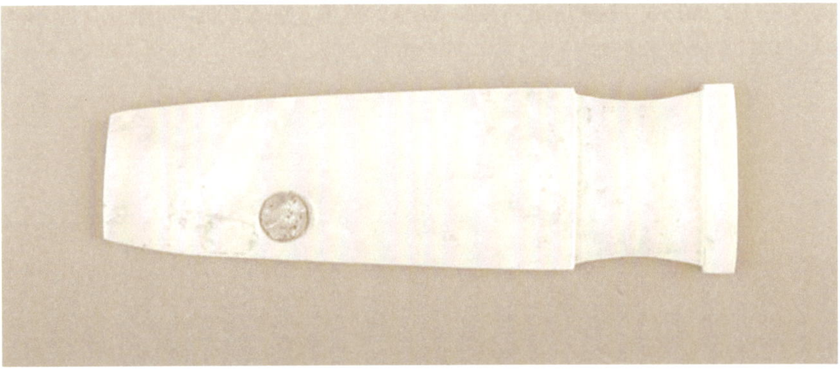

平刃柄形器　杨家湾 PYWH6：26

采集 PTZ：0325：盘龙城七期。长 10.3 厘米、柄长 2.2 厘米、厚 0.9 厘米。长条形，上宽下窄。蛇纹石，灰白色，黄白色斑，蜡状光泽。

(2)斜刃柄形器

杨家湾 PYWM7：11：盘龙城六期。长 9.4 厘米、柄首径 2.3 厘米、中宽 2.2 厘米、厚 0.6 厘米。扁平长方形，下端作斜刃，柄内收。柄首作方框状，下端边缘有一半圆槽。蛇纹石，灰白色，蜡状光泽。

斜刃柄形器　杨家湾 PYWM7：11

楼子湾 PLWM10：10：盘龙城六期。通长 7 厘米。柄部作弧状内收，柄首作方框状，刃部作斜弧状。柄、首与身各有两条凹弦纹为界。透闪石，浅褐色，油脂光泽。出土时置于铜斝(PLWM10：5)之中。

采集 P：0308：盘龙城六期。长 9.4 厘米、柄长 2.9 厘米、柄首径 1.25 厘米、下端宽 0.9 厘米。长条形，柄首方框状，下端作斜形双刃。蛇纹石，灰白色，蜡状光泽。

斜刃柄形器　采集 P：0308

杨家湾 PYWM11：26：盘龙城七期。长 24.9 厘米、中宽 2.4 厘米、厚 0.5 厘米。扁平长条形。柄首束腰，上端平，中部一道凸弦纹。柄身下端斜直，近端处的两侧有多处钻孔痕及多道阴刻线。器表光滑，透闪石，黄白色，泛绿，油脂光泽。

斜刃柄形器　杨家湾 PYWM11：26

杨家湾 PYWM11：20：盘龙城七期。长 13.5 厘米、中宽 2.4 厘米、厚 0.4 厘米。长条形，柄内收，首端作宽唇箍状，下端作斜三角。透闪石，浅绿色，油脂光泽。

斜刃柄形器　杨家湾 PYWM11：20

杨家湾 PYWM11∶45:盘龙城七期。长 10.2 厘米、柄长 2.5 厘米、中宽 2.6 厘米、中厚 0.8 厘米。长条形,柄首束腰,柄与身有明显分界。透闪石,灰白色,蜡状光泽。

童家嘴 PTZ∶0326:盘龙城七期。长 9.2 厘米、柄长 2 厘米、厚 0.4 厘米。上宽下窄。柄下端作鱼头状,圆孔为目,张口,上下两排牙齿可见。蛇纹石,灰白色,黄白麻色斑,蜡状光泽。

(3)尖刃柄形器

采集 P∶0314:盘龙城六期。长 9.2 厘米、宽 0.5 厘米。柄首作弧形,柄下端作戈形,尖锋三角形。蛇纹石,黄白灰斑,蜡状光泽。

4.琮

杨家嘴 PYZ∶0324:盘龙城六期。残件,仅剩玉琮一角。蛇纹石,蜡状光泽。

5.璜

杨家湾 PYWH6∶44:盘龙城七期。弧长 12 厘米、宽 2.7 厘米、厚 0.4 厘米—0.5 厘米。内缘规整,外缘不平整,中部有牙扉,一侧有直角锯齿槽。两端缘处各有一对钻穿孔,孔下边缘有三角形开槽。蛇纹石,灰白色,蜡状光泽。

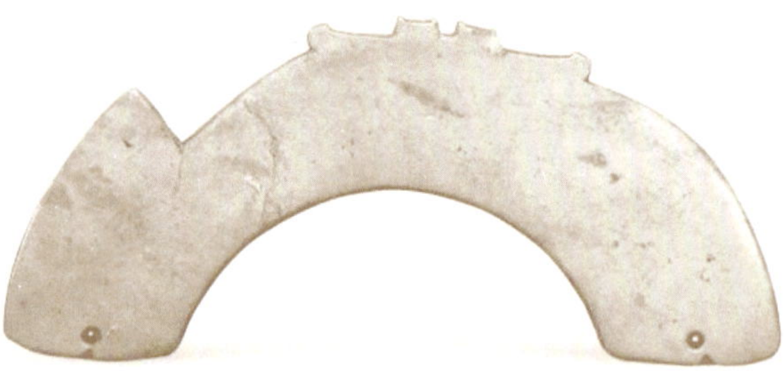

璜　杨家湾 PYWH6∶44

6.环

杨家湾 PYW∶0306:盘龙城六期。直径 2.1 厘米、孔径 0.7 厘米、厚 0.4 厘米。周边作突棱状,外缘薄,内缘厚。孔径大于边宽。通体素面。透闪石,青白色,油脂光泽。

环　杨家湾 PYW∶0306

7.笄

杨家湾 PYWM7∶14:盘龙城六期。残长 17 厘米、顶端直径

1 厘米。长条圆形，一端粗一端细，尖部残。蛇纹石，灰白色，蜡状光泽。

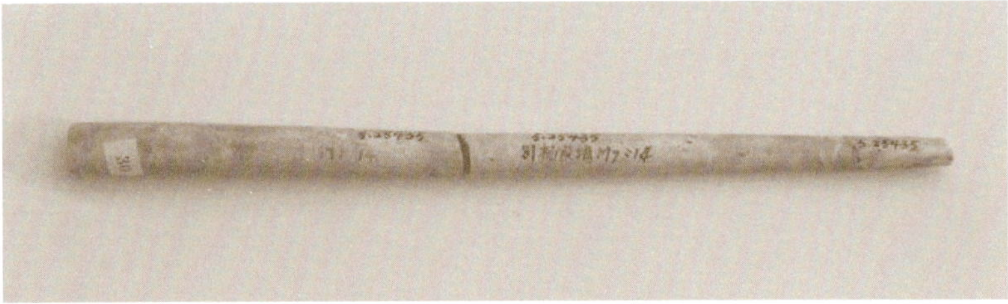

笄 杨家湾 PYWM7：14

杨家湾 PYWM7：16：盘龙城六期。长 14.5 厘米，顶端直径 0.7 厘米。体扁圆，末端尖锥状。蛇纹石，灰白色，蜡状光泽。

笄 杨家湾 PYWM7：16

杨家湾 PYWM7：15：盘龙城六期。长条圆形，一端较粗，末端尖锥状。

笄 杨家湾 PYWM7：15

杨家湾 PYWM7：17：盘龙城六期。长条圆形，体细长。

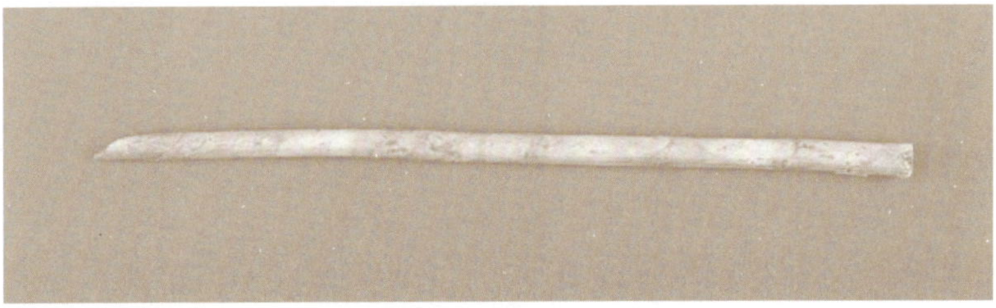

笄 杨家湾 PYWM7：17

杨家湾 PYWM3：6:盘龙城六期。残长 9.5 厘米，中宽 1.1 厘米，厚 0.7 厘米。长条圆形，有棱，下部稍粗，尖端扁圆。蛇纹石，灰白色，蜡状光泽。

笄　杨家湾 PYWM3：6

8.钗

杨家湾 PYWM7：18:盘龙城六期。残长 17.6 厘米、顶部宽 2.6 厘米。长方体，双股钗。钗首扁体方形，饰两组共四道凸弦纹。钗身细长，微弧，末端残。蛇纹石，灰白色，蜡状光泽。

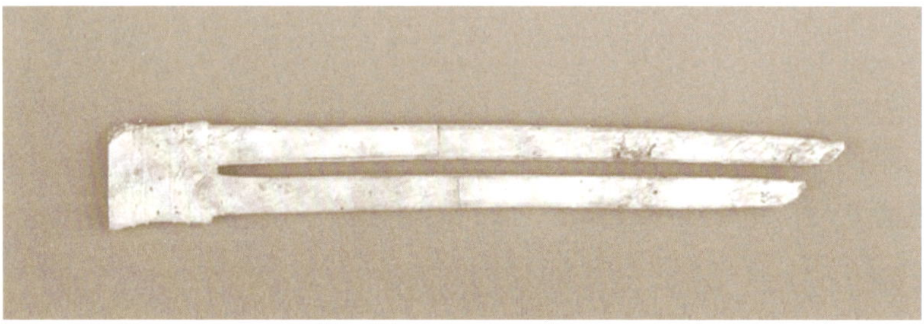

钗　杨家湾 PYWM7：18

9.坠

杨家嘴 PYZM4：10:盘龙城六期。长 5.8 厘米、下宽 1.4 厘米、厚 0.6 厘米。扁长条形，上窄下宽，上薄下厚。上端有一穿孔。器表磨光。蛇纹石，青白色，局部褐黄色沁斑，蜡状光泽。

坠　杨家嘴 PYZM4：10

10.纺轮

杨家嘴 PYZ：0323：盘龙城六期。直径 5.4 厘米、孔径 1 厘米、厚 0.7 厘米。圆饼状，孔壁较直，外缘磨圆。通体磨光。透闪石。深褐色，局部浅黄色沁斑,蜡状光泽。

纺轮　杨家嘴 PYZ：0323

11.绿松石饰

杨家湾 PYWM11：49:盘龙城七期。直径 1.3 厘米、厚 0.15 厘米。圆形,一面平直,一面平略弧。

绿松石饰　杨家湾 PYWM11：49

五、石器

器类有刀、斧、锛、镰、铲、杵、球、砺石和石戈等。

1.刀

王家嘴 PWZM1：17:盘龙城六期。通长 7 厘米、中宽 5.2 厘米。不规则梯形，两面刃。磨制。

杨家湾 PYWH6：55:盘龙城七期。残长 7.4 厘米、厚 0.8 厘米。长条形，刀背略弧，两面刃，刃平直，三角形刀尖。磨制。

2.斧

杨家嘴 PYZT40④：1:盘龙城六期。长 9.8 厘米、刃宽 7 厘米、厚 2.5 厘米。扁圆长方体，顶部较刃部窄，两侧磨平，双面宽弧刃。磨制。

斧　杨家嘴 PYZT40④：1

盘龙城采集：22:盘龙城六期。残长 9.5 厘米、宽 6 厘米。体作长方形，弧刃。灰色石灰岩，磨制。

斧　盘龙城采集：22

杨家湾 PYW：0435：盘龙城六期。长 7 厘米、刃宽 5.5 厘米。长方体，平顶，宽弧刃。磨制。

杨家湾 PYWM4：9：盘龙城六期。长 11.5 厘米、刃宽 5.5 厘米、中厚 3 厘米。扁圆柱状，顶部弧形，弧刃。表面较粗糙，磨制。

斧　杨家湾 PYWM4：9

杨家湾 PYWM12：2：盘龙城六期。长 9.2 厘米、刃宽 5.4 厘米、中厚 2.4 厘米。长方体，平顶。宽弧刃，两面刃中一面斜度较大。表面较粗糙，磨制。

3. 锛

杨家嘴 PYZT28④：6：盘龙城六期。长 9.3 厘米、刃宽 2.5 厘米、厚 1.5 厘米。长条状，单面刃。磨制。

锛　杨家嘴 PYZT28④：6

杨家嘴 PYZT7④：10：盘龙城六期。长 6.7 厘米、刃宽 2.5 厘米、厚 2.2 厘米。长方体，单面刃。磨制。

李家嘴 PLZH8：17：盘龙城六期。长 8.5 厘米、宽 3.5 厘米。长条状，顶端薄，单面刃。灰色岩石，磨制。

锛　李家嘴 PLZH8：17

采集 P：0450:盘龙城六期。长 10 厘米、宽 3 厘米。长条状,顶部作斜坡状,单面刃。青色板岩,磨制。

4.镰

杨家嘴 PYZT46④：1:盘龙城六期。残长 8 厘米、中厚 1 厘米。长条三角形。尾端有胡,宽胡,两面刃。磨制。

杨家嘴 PYZT45④：1:盘龙城六期。残长 13 厘米、宽 5 厘米、厚 0.6 厘米。尖残。弧背直刃,磨制。

杨家嘴 PYZT6④：34:盘龙城六期。长 10.7 厘米、厚 0.4 厘米。新月形状,曲背凹刃,一端斜出成胡。背部打制,刃部磨制。

杨家湾 PYWM4：10:盘龙城六期。长 15.6 厘米、中宽 5.5 厘米、厚 0.6 厘米。扁平三角形,一端宽,一端略呈尖角。弧背,单面刃。器身有竖条纹。灰色板岩,磨制。

镰　杨家湾 PYWM4：10

杨家湾 PYWT5③：25:盘龙城七期。长 11 厘米、尾宽 3.1 厘米、中厚 0.4 厘米。长条三角形,弧背凹刃,尾端为两面刃。磨制。

5.铲

杨家嘴 PYZT8④：20：盘龙城六期。残长 6 厘米、宽 10.4 厘米、刃厚 1.2 厘米。顶部平整，上部有一圆穿孔。磨制。

杨家湾 PYW：0437：盘龙城六期。残长 6 厘米、宽 5.5 厘米。长条状，平顶，上部有一圆穿孔。灰色岩，磨制。

杨家湾 PYWM11：8：盘龙城七期。长 15.8 厘米、宽 4.6 厘米、厚 1.4 厘米。长条状，近柄端有一圆穿孔，双面弧刃。磨制精细。

杨家湾 PYWM11：19：盘龙城七期。长 24.3 厘米、宽 5.8 厘米—6 厘米、中厚 1.3 厘米。长条状，平顶。近柄端有一圆穿孔，刃两面磨制。制作略显粗糙。鸡骨白色。

6.杵

杨家嘴 PYZT7④：10：盘龙城六期。长 16.2 厘米、直径 6 厘米。长条圆柱状，两端圆。磨制。

7.球

杨家嘴 PYZT7④：11：盘龙城六期。直径 3.8 厘米。圆球形。灰色砂岩。

8.砺石

杨家嘴 PYZT43④：4：盘龙城六期。残长 11.8 厘米、宽 4 厘米、厚 2 厘米。长条状，有使用痕。

9.石戈

杨家湾 PYWM11：52：盘龙城七期。长 44.1 厘米、援中宽 7 厘米、厚 0.7 厘米。前锋作三角状，上下刃，中厚。援部作长条状，阑侧有三道凸棱。内作长方形，内近阑处有一圆孔。

小　结

盘龙城早商后期包含盘龙城六至七期。盘龙城六期以内城外地层第 4 层及杨家湾铸铜遗迹、杨家湾 7 号墓（PYWM7）为代表，盘龙城七期以内城外地层第 3 层及杨家湾祭祀坑（PYWH6）、杨家湾 11 号墓（PYWM11）为代表。

第六期的遗迹主要是：在王家嘴发现墓葬 1 座（PWZM1），李家嘴发现灰坑 6 个（PLZH3、H8、H18、H20、H24、H25），杨家嘴发现房基 1 座（PYZF2）、灰坑 1 个（PYZH2）、墓葬 2 座（PYZM3、M4），杨家湾发现灰坑 2 个（PYWH1、H2）、铸铜遗迹 1 处、墓葬 8 座（PYWM1—5、M7、M9、M12），楼子湾发现墓葬 1 座（PLWM1）。遗物方面:(1)陶器以夹砂、泥质红陶居多,占 47.51%,次为灰陶、黄陶、黑陶,硬釉陶占 2.96%。陶器质地一般较厚,纹饰增加了斜方格纹、凸方格纹、棱形纹、圆点纹、印纹。器类增加了罍。器形特征:鬲:平折沿较窄,沿面上有两道凹弦纹,分裆显著,尖锥足根粗矮,腹饰粗绳纹。大口尊:大敞口,长颈筒体腹。假腹豆:圈足始自上腹。(2)铜器特征:斝:高颈,口上伞柱增高,腹部曲底分裆,颈、腹部并饰花纹。爵:体高瘦,颈腹部并饰花纹。觚:体变细。

第七期的遗迹主要是:在城址发现灰坑 1 个(74HP4TO17H2),在李家嘴发现灰坑 3 个(PLZH10、H16、H17),在杨家湾发现房基 2 座(PYWF2、F3)、灰坑 2 个(PYWH5、H6)、墓葬 1 座(PYWM11),在楼子湾发现墓葬 1 座(PYWM9)。遗物方面:(1)陶器以夹砂、泥质红陶居多,占 48.36%,次为灰陶、黄陶、黑陶,硬釉陶占 3.35%,陶质壁厚,纹饰新增圆涡纹,器类同六期。器形特征:鬲:窄平折沿或沿面向外,分裆显著,也出现圜底,尖锥足根变矮,腹部粗绳纹与中粗绳纹并存。大口尊:大侈口,筒体腹。假腹豆:浅盘。(2)铜器特征:尊:肩、腹部出现了以细线云纹构成的饕餮,线条较密。斝:颈、腹部出现双带饰。此期新出的罍,体矮胖。这一期还出土了卜骨,卜骨先钻后灼。

早商期的盘龙城,商文化强势发展。但到了二里岗晚期,盘龙城商文化却突然中断,古城终成废墟。从成汤居亳到仲丁迁嚣再到盘庚迁殷,在中原王都,商的政治经济和文化总的趋势是逐步走向繁荣,一直延续到了武丁以后的好几世王。盘龙城商文化的发展一直也很顺利,势头不减。即便是在早商后期,盘龙城的青铜业仍保持着兴盛的势头,炼炉作坊结构较前期有所改进,青铜纹饰从粗疏到繁密秀丽。杨家湾一带居址密集,并出现了大型建筑[①],呈现繁荣景象。照理说,盘龙城当与中原王都商文化遥相呼应,延续发展才是正常。而事实却相反,盘龙城商文化在盘庚迁殷前后却戛然而止,不禁令人唏嘘和费解。其中缘由如何?学界莫衷一是,主要有以下几种看法:

1. 盘龙城毁于战争。有学者认为,盘龙城统治者对当地的压迫与掠夺,引起荆楚地区土著部族的反抗,导致城毁人亡。高大伦先生认为,帝乙、小辛时,商王朝的势力衰弱,进一步削弱了盘龙城的驻军力量。于是南方荆楚趁机再次叛乱,在小辛或稍晚的小乙等某个时候,攻陷盘龙城。这样,商王在南方经营了三百年之久的军事堡垒遂毁于战争[②]。也有学者认为,盘龙城是当地土著部族建立的方国,从商汤以来一直归服商王朝。在长期接受先进的中原商文明过程中,其力量不断壮大,待羽翼丰满时,不再俯首听命于商王朝指挥,而逐渐成为商王朝的对抗力量,甚至威胁到商王朝的统治。商王阳甲时荆楚反叛,武丁大举向南伐叛。盘龙城毕竟是一个方

① 万琳、方勤:《南土遗珍——商代盘龙城文物集萃》,湖北教育出版社,2016 年。

② 高大伦:《论盘龙城遗址的性质与作用》,《江汉考古》,1985 年第 1 期。

国，不可能敌过武丁的联合军队，只能以失败而告终，这是盘龙城废弃的原因[①]。

2. 盘龙城废弃是受商王朝政治经济中心北移的影响。商朝从仲丁至阳甲，王室政治动荡，势力有所减弱。王位继承上的互相争夺，造成王室内部“九世乱”的局面。《史记·殷本纪》：“自中丁以来，废适而更立诸弟子，弟子或争相代立，比九世乱，于是诸侯莫朝。”此后，商王迁都频繁，河亶甲以来经历五次迁都，即河亶甲迁相、祖乙迁耿及迁庇、南庚迁奄和盘庚迁殷。商王迁都的原因，恐怕与希望摆脱旧都王族根深蒂固、错综复杂势力的束缚，缓和内部矛盾，便于新王施展新政有关。只是商王屡迁国都，社稷安定一时也受影响。随着商都北迁，政治经济中心随之北移。俞伟超先生认为，盘龙城的废弃是商人在周边地区向腹心地区的退缩，是在二里岗阶段刚结束、殷墟阶段方始的时候。这现象不仅发生在长江之岸的盘龙城地区，甚至在晋南至关中之地也是这样[②]。

3. 盘龙城废弃是由于南铜北运路线的转移。有学者认为，商代后期商王朝已占有江南铜矿，开采的铜矿石或冶炼出来的铜锭，不必运到盘龙城进行青铜制造，或通过盘龙城运往中原地区。铜绿山、港下、铜岭等江南古铜矿都位于盘龙城之东的长江中下游地区，其实也不必逆水走江汉之道，而是可以通过长江顺流而下，入淮河再直达中原。曾伯𩁹簠铭文记：“克狄淮夷，印燮繁阳，金道锡行。”淮夷处在淮河中下游，江南铜矿可以经淮夷之地北输中原。因而盘龙城的作用大减，使命也就结束。

4. 盘龙城废弃是受汉水改道影响。汉水自鄂西北直下武汉地区，其河道多变。古时汉水在汉阳郭茨口进入汉口地区，并从多处汇入长江。其中一处就在岱家山与府河交汇地带。府河又流至黄陂沙口汇入长江。盘龙城原本利用江河交汇的优越条件形成了便利的水路交通，但由于汉水改道，潇湘湖淤积，交通和运输环境恶化，盘龙城地理优势因此遭到削弱，最后被迫放弃[③]。

前三种意见实际上都认为盘龙城的消失，与二里岗末期至殷墟初期之时盘龙城一带中原商文化和当地土著文化的彼此消长有关。殷墟时期，商文化向腹心地区退缩，周边的土著青铜文化崛起，长江中游地区青铜文化成为中原与土著文化的混合体的特征越来越明显。不过，在鄂东北地区原二里岗文化分布区范围内出土的殷墟阶段的铜器，与安阳所出土的同类器作风一致，如随县浙河出土的铜斝、爵、觚、锸、斨、斧、凿、刀、戈[④]，随县安居羊子山出土的铜鼎、簋、觯、卣、爵、戈，黄陂泊木港发现的铜斝、觚，黄陂抱桐官家寨、罗汉钟家湾出土的铜爵、觚，应城吴祠出土的铜斝、爵和鸮卣，乌龟山出土的铜鼎，汉阳东城垸出土的铜尊，竹林嘴出土的铜方彝等，但与

① 刘彬徽：《略论长江中游地区夏商时期的文明》，《长江文化论集》，湖北教育出版社，1995年。

② 俞伟超：《长江流域青铜文化发展背景的新思考》，《古史的考古学探索》，文物出版社，2002年。

③ 皮明庥：《简明武汉史》，武汉出版社，2005年。

④ 随州市博物馆：《湖北随县发现商代青铜器》，《文物》，1981年第8期。

湖南、江西地区有别。由此可见，鄂东北地区青铜文化在殷墟时期仍然继承中原商文化的传统，应属商王朝的统治区。黄陂抱桐官家寨一带，有可能是这一时期青铜文化的中心。另外，殷墟一期以后，商代青铜铸造业迅猛发展，攫取南方的铜资源依然是商王朝的追求。鄂东北地区是中原到南方通道必经之地。商王朝不会放弃对鄂东北地区铜路的控制，十分需要一个中心取代早期的盘龙城。正如石泉先生指出的："要考察盘龙城之后取代它的是谁？即又有什么城作为该区域的中心，这样的中心必然存在，这是规律决定的[①]。"

当然，盘龙城废弃后，商王朝对于南方的控制明显减弱。二里岗期之后，长江中游地区在接受商文化青铜器铸造术的基础上，结合本地文化传统，制造出一批具有自身特色的青铜礼器和青铜武器。这方面以分布在洞庭湖周围的一支青铜文化最为突出，如在湖南宁乡黄材出土青铜器200余件，占湖南各地出土商代铜器的90%。出土青铜器多重器、精美器，如有"铙王"之称的大铜铙，高70厘米—80厘米，重达221.5公斤。宁乡铜器的铸造技术及合金成分，与中原同期器相比毫不逊色，甚至有所超越。在青铜礼器组合方面，则以尊、罍为核心，偶见鼎、盉、甗等。长江中游另一支青铜文化，是以江西新干大洋州铜器群为代表[②]，出土青铜器达486件，其中青铜容器占50件。这批青铜器形制与中原近似，但纹饰却不同，应是中原商文化和当地土著文化相融合的产物。部分铜器与洞庭湖周围所出类似，有殷墟文化的影响，但也有当地土著文化的因素。新干出土的青铜工具和兵器，绝大多数与中原大为不同，有地方特点[③]。长江中游地区既然发展出如此发达的青铜文化，不仅掌握了先进的青铜冶铸技术，能制造先进的青铜武器和礼器，而且在当地形成经济、政治和文化的中心，称霸一方。自身力量不断强大后，出于维护自身利益，稳定控制领地，自然会排斥商人及异族势力。这或许就是二里岗上层商文化之后，商势力在南方各地退却的原因之一。

盘龙城一带自盘龙城消退又历经晚商统治期，尽管有黄陂抱桐官家寨遗存有可能作为当地后续的统治中心，但已不及盘龙城的繁荣和强势。这一带已发现商周遗址中最引人注目的是黄陂鲁台山，它坐落在长江北岸的滠水河畔，为一处高出现今地面约10米的椭圆形台地，遗址及其周围面积约130万平方米，是汉东地区已发现其他西周遗址所不能比拟的。鲁台山清理西周墓葬5座，出土青铜器47件，7件有铭文，如"公大史作姬耊宝尊彝""长子狗作文父乙尊彝"。对于鲁台山西周遗存的性质及国属，有人认为是周王朝南征的军事据点[④]，也有人认为是商族后裔臣服于周王

① 武汉市历史文化名城委员会：《聚焦大武汉城市之根盘龙城——商代盘龙城与武汉城市发展研讨会综述》，《武汉城市之根——商代盘龙城与武汉城市发展研讨会论文集》，武汉出版社，2002年。

② 彭适凡、刘林、詹开逊：《江西新干大洋洲商墓发掘简报》，《文物》，1991年第10期。

③ 彭适凡、杨日新：《江西新干商代大墓文化性质刍议》，《文物》，1993年第7期。

④ 张亚初：《论鲁台山西周墓的年代和族属》，《江汉考古》，1984年第2期。

朝的方国。王光镐先生认为,鲁台山西周遗址等级之高,范围之大,非据点之类所能承担。按M30墓主随葬品,其等级应属侯,其国属应为"荆",是与"楚"一度并行的不同国家。过伯簋记:"过伯从王伐反荆。"鼎簋记:"鼎从王伐荆。"献驭簋记:"献驭从王南征,伐楚荆。"这个"荆"指的是汉东的"荆"[①]。黄锡全先生认为殷墟甲骨文中记载有"长子",如"其有长子惟龟至",即贞问"长子"方国是否来贡龟。鲁台山出土的"长子",应是周克商后臣服于周的商族方国[②]。鲁台山遗存包含有石家河、早商、晚商至西周时期的文化堆积,确有可能是晚商时期"长"国所在,后被周征服。鲁台山在春秋战国时期也很繁荣。鲁台山遗址上层东周遗存共发掘东周墓22座[③],墓葬的密度远超西周时期,可见鲁台山也当是东周时期的一大中心。从盘龙城到鲁台山,武汉地区商周传承关系脉络大体是清楚的。

---

① 王光镐:《黄陂鲁台山西周遗存国属初论》,《江汉考古》,1983年第4期。

② 黄锡全:《黄陂鲁台山遗址为"长子"国都蠡测》,《江汉考古》,1992年第4期。

③ 涂高潮:《略谈黄陂鲁台山东周墓》,《江汉考古》,1982年第2期。

第四章　不朽丰碑——盘龙城的历史使命和地位

第一节　盘龙城的年代与文化属性

探讨盘龙城的年代及其文化属性，是盘龙城考古工作面临的首要课题，也是盘龙城城市面貌与内涵的基本要素。盘龙城考古工作者在解决盘龙城遗址分期的同时，从城垣、城壕、宫殿等入手考察盘龙城始建、使用、废弃时间，并针对城址建造、墓葬形制及随葬器物等方面，结合相关的商周考古学文化遗存开展比较研究，进而判明盘龙城的文化属性。

一、盘龙城的建筑年代

以 1 号、2 号宫殿建筑基址为主体的盘龙城宫城，是盘龙城最具标志性的遗存。盘龙城宫城究竟是什么时间营建的，又在什么时候废弃，是揭开盘龙城神秘面纱无法回避的问题。

1.盘龙城城垣的建筑年代

考古人员在盘龙城南、北城垣先后共开 14 条探沟作解剖发掘，有如下收获：

（1）在南城垣东段的探沟中，城垣墙体之下发现文化层和夯土台基。文化层出土的盆形鼎、口沿饰花边的溜肩弧腹罐、腹饰编织纹的溜肩弧腹罐、豆、长颈壶、圆肩瓮和大口尊等陶片，时代相当于盘龙城一期。夯土台基出土的罐形鼎、溜肩弧腹罐、饰绳纹的鬲足、甑、盆、罐、豆圈足、爵、盉、杯和勺等陶片，时代相当于盘龙城二期。

（2）在南城垣中段的探沟中，城垣墙体之下的灰褐土层出土的盆形鼎、罐形鼎、饰细绳纹的鬲足、长颈壶、短颈有肩大口尊和缸等陶片，时代相当于盘龙城二、三期。

（3）在北城垣内坡的探沟中，城垣墙体之下地层出土的陶片以夹砂黑陶为多，器形有卷沿联裆鬲、细绳纹甗、短颈有肩大口尊、饰平行纽状堆纹的大口尊等，时代相当于盘龙城三期。

上述情况表明：南城垣的墙体下压着盘龙城一至三期的文化层及遗迹，北城垣的内坡下压着盘龙城三期的文化层。既然盘龙城城垣的墙体是建在盘龙城三期的文化遗存之上，则城墙动工修建的时间就自然不会早过此时。因此，盘龙城城墙的始建年代，不会早于盘龙城三期[①]。

（4）在西城垣中段的发掘探沟中，发现一座墓葬（HPCYM1）的墓坑，打破主城垣及内坡。墓中出土青铜礼器觚、斝、爵、鼎和罍等，鼎锥足、浅腹，斝弧腹、底微凸，高瘦、颈腹部作双层纹饰。觚细腰、高瘦，罍体稍矮、腹部饕餮纹带饰变宽，线条加密。从器形特征看，墓葬时代属盘龙城七期之末。

上述情况表明：城垣的墙体及内坡被盘龙城七期的墓葬打破。据此，在盘龙城七期末，盘龙城已基本废弃。因为一般情况下，一座城市在正常的使用期内，是不会允许将墓葬随意挖在城墙上的。只有城址行将废弃或已经废弃，已丧失正常功用，其城墙范围才会沦为墓地。

（5）在北城垣中段的探沟中，覆盖在城垣内坡之上的文化层出土的陶鬲作平折沿、沿面内缘有一凹弦纹、足尖粗壮中高、腹饰中粗绳纹；陶大口尊的肩腹部；饰窗棂纹；陶缸薄唇厚胎、底附中粗圆饼足或圈足，这些器物的时代相当于盘龙城五期。

（6）在南城垣中段的探沟中，覆盖在城垣内侧之上的文化层中，出土的陶片包含有折沿中粗绳纹的鬲残片、饰窗棂纹的大口尊残片，这些器物的时代相当于盘龙城五期。

上述情况表明：南、北城垣的墙体之上，覆盖有盘龙城五期的文化层。据此，盘龙城城墙的建成年代不晚于盘龙城五期。因为既然城垣的墙体被盘龙城五期的文化遗存覆盖，说明盘龙城城墙在此之前已经夯筑完工。城墙之上的五期文化遗存，应是城墙建成后在使用过程中的堆积。

（7）在北城垣中段的探沟中，城垣夯土墙体中出土的鬲、大口尊、缸等陶片，特征与盘龙城四期陶器相似。表明南、北城垣的墙体中有盘龙城四期的陶片。

根据以上几点，盘龙城城垣的始建年代不早于盘龙城三期，建成年代不晚于盘龙城五期，城垣墙体中又包含盘龙城四期陶片，因此可大致推定：盘龙城城垣从动工始建到完工建成的建筑年代，在盘龙城四期。在盘龙城七期末，城址已基本废弃，因此可以推断盘龙城的使用期大致为盘龙城四、五、六、七期。

2.盘龙城城壕的营建年代

针对盘龙城城垣周围的城壕遗迹，先后在三个地点进行了发掘。

（1）在南城垣外的城壕中段发掘中，出土有盘龙城四期的陶鬲、盆及盘龙城七期的陶鬲、斝、大口尊等。整个壕沟内的堆积属盘龙城四至七期。

① 陈贤一：《试论盘龙城城址的年代》，《武汉城市之根——商代盘龙城与武汉城市发展研讨会论文集》，武汉出版社，2002 年。

（2）在北城垣西段之外的城壕发掘中，壕沟底部堆积为一层砂质淤土。出土的1件陶缸，薄唇外侈，腹部微鼓，颈饰连锁状堆纹，腹部绳纹隐约可辨，时代相当于盘龙城四期。整个壕沟内的堆积属盘龙城四至七期。

（3）在南城垣东段之外的城壕发掘中，壕沟底层堆积出土1件残侈口联裆斝，泥质黑衣陶、高颈分裆，时代约相当于盘龙城四期。整个壕沟内的堆积属盘龙城四至七期。

据以上情况，盘龙城城壕的营建与使用年代与城垣建筑的年代大致相当。

3.盘龙城宫殿建筑的建造年代

对盘龙城东北部的两座大型宫殿基址的发掘有如下收获：

（1）1号宫殿基址之下所压的黄土台基，时代相当于盘龙城三期。2号宫殿基址之下所压的灰层，时代相当于盘龙城三期。宫殿回廊基址所打破的黄土台基，时代相当于盘龙城三期。上述情况表明：盘龙城宫殿的始建年代不早于盘龙城三期。

（2）1号宫殿基址的北部、东北部台基、1号宫殿基址的42号柱洞、宫殿回廊基址的北部台基，都被一层浅黄色灰烬层或灰坑破坏。灰层出土有陶罐、鬲、甗、簋、盆、研磨盆、瓮、大口尊、罍、缸、坩埚及硬（釉）陶尊等陶片，时代相当于盘龙城七期。上述情况表明：盘龙城宫殿的废弃年代不晚于盘龙城七期。

（3）1、2号宫殿基址之上覆盖的文化层，出土的陶片以夹砂红陶为多，器类以缸最多，纹样有绳纹、方格纹、附加堆纹等，时代相当于盘龙城五期。上述情况表明：盘龙城宫殿的建成年代不晚于盘龙城五期。宫殿之上的五期文化遗存，应是宫殿建成后在使用过程中的堆积。

（4）1、2号宫殿基址出土陶大口尊等残片，时代相当于盘龙城四期。

由此可见，盘龙城上层宫殿基址及下层建筑基址，均始建于盘龙城四期，至迟相当于二里岗上层一期偏早，使用年代兴盛于五期、六期，到盘龙城七期（二里岗上层二期偏晚），已沦为废墟。

总之，盘龙城是在盘龙城三期即夏代二里头期文化堆积的基础上兴建起来的，始建于盘龙城四期，即商代二里岗上下层期之际。使用期为盘龙城四、五、六、七期，即商代二里岗期。于盘龙城七期末，即商代二里岗上层末荒废。

4.盘龙城的绝对年代

考古学的年代有相对年代和绝对年代之分。相对年代反映的是遗迹或遗物在时间上的先后关系，如前面提到的二里头期、二里岗期等。绝对年代是用地球绕太阳公转一周为单位的太阳年来计算时间。我们通常所说的“距今多少年”，用的就是绝对年代。绝对年代，可以依靠传世文献记载、出土文字资料及年历学等的研究来断定，也有不少情况下是通过碳-14测年的途径获取。碳-14测年是利用放射性同位素碳-14来测定含碳物质的年龄，取得放射性年代，再换算成太阳年。使用绝对年代来表示时间，较相对年代更为直观，已经成为当今考古学领域中一种与地层学和类型学相结合的分期断代的重要方法。

盘龙城遗址考古发掘获取了一些含碳物质，为碳-14 测年提供了可靠的标本。大体情况是：北京大学加速器质谱（AMS）的测定数据：属盘龙城二期标本的碳-14 测试结果，为公元前 1630—公元前 1490 年。属盘龙城五期标本的碳-14 测试结果，为公元前 1530—公元前 1390 年。中国社会科学院考古研究所科技实验研究中心的测定数据：属盘龙城四期标本的碳-14 测试结果有 3 个数据，分别是：公元前 1550 年、公元前 1450 年、公元前 1870—公元前 1620 年。属盘龙城四期标本的碳-14 测试结果有 3 个数据，分别是：公元前 1477 年、公元前 1380 年、公元前 1690—公元前 1500 年。

盘龙城始建年代是在盘龙城四期。盘龙城四期的碳-14 测年数据有多个，大致的绝对年代框架是有了，但要从中取舍，给出一个稳妥的绝对年代，并不是件容易的事。这既要考虑到盘龙城遗址本身的总体情况，同时也要兼顾其他地方，特别是河南郑州商城的相关资料及研究数据①。《盘龙城》发掘报告没有给出盘龙城的绝对年代，原因之一就是直到报告定稿前，学界对郑州商城年代等一系列问题仍疑莫能定。郑州商城的年代，主编安金槐先生定在公元前 1500 年，距今也是 3500 多年。盘龙城营建年代应比郑州商城稍晚。如盘龙城也定公元前 1500 年，则两城都定为同一年代，不妥。因此，俞伟超先生认为不宜写绝对年代。遵照俞先生的意见，盘龙城发掘报告上只写盘龙城营建于二里岗上层，未正面提绝对年代。在 2002 年武汉召开的“商代盘龙城与武汉城市发展研讨会”上，河南省文物研究所所长杨育彬先生认为，郑州商城年代定在距今 3500 年。盘龙城比郑州要晚，定在距今 3440 年比较合适。邹衡先生认为，定在距今 3500 年是可以的。李伯谦先生在大会发言总结时说：“湖北同志对盘龙城所定的年代是可信的。”李学勤先生也肯定了这一年代，说“我觉得盘龙城离现在 3500 年是比较合适的”②。至此，在绝对年代上，盘龙城始建年代定为公元前 1500 年左右。

二、盘龙城的文化属性

盘龙城营造技术、埋葬习俗、陶器特征、青铜工艺和玉器风格等诸多方面都与中原商文化类似。

1. 宫城建造

城垣夯筑方面：盘龙城城址的方向大致为 20 度，两座主体宫殿坐落在城址东北

① 陈贤一：《武汉三千五百年前的古城——介绍商代盘龙城遗址》有盘龙城距今 3500 年的说法，参见《武汉春秋》，1984 年第 2 期、第 3 期。

② 李学勤：《盘龙城与武汉市的历史》，《武汉城市之根——商代盘龙城与武汉城市发展研讨会论文集》，武汉出版社，2002 年。

部夯土台基上，分布在一条中轴线上，方向 20 度，与郑州商城城址北偏东的方向一致，这是缘于商人尊东北方位[①]。营造城垣时采用木板支撑的版筑法，分主城墙与护城坡两部分，分别采用平夯和斜夯层层夯实，夯面上留有圆形圜底的夯窝。城墙四面设城门。这些建筑技法与郑州商城基本相同。

宫殿建筑方面：夯土筑高台，宫殿开间，四周有回廊，挖穴置石础，础上立柱，由檐柱、挑檐柱形成"四阿重屋""茅茨土阶"，廊庑环绕宫室，设置散水和陶水管排水系统，盛行深窖穴、祭祀坑等，是商代建筑的特征。盘龙城的 1、2 号宫殿，均为坐北朝南的窄长条形单体建筑，1 号宫殿为横向多开间排房，每间向南开门而相互不通。三重建筑形成南北贯通的三进院落，形成"前朝后寝"的格局[②]，这也是商代殿堂建筑的特征。

2.埋葬习俗

盘龙城墓葬有如下特征：土坑竖穴墓，有棺有椁，熟土二层台，有腰坑、墓底铺朱砂、流行玉戈打断下葬。大贵族墓有殉人，葬式有仰身葬和俯身葬，随葬器物表现出重酒器组合。以上葬俗见于郑州商城、偃师商城、洹北商城和殷墟等地商墓。一些现象是商墓的典型特征。如盘龙城墓葬有些设有腰坑，坑内殉狗的朝向多与墓主朝向同；大中型墓有殉人，李家嘴 2 号墓有 3 个殉人；流行用朱砂铺撒墓底、棺椁上下四周及随葬器物上；高级贵族墓葬棺椁雕花；随葬铜器、玉器和陶器，普遍随葬铜兵器；一些墓葬的随葬器物似经有意毁损，李家嘴 2 号墓玉戈被折成三段，杨家湾 7 号

杨家湾 PYWM11 出土铜鼎碎片

① 杨锡璋：《殷人尊东北方位》，《庆祝苏秉琦考古五十五年论文集》，文物出版社，1989 年。
② 杨鸿勋：《从盘龙城商代宫殿遗址谈中国宫廷建筑发展的几个问题》，《文物》，1976 年第 2 期。

墓柄形玉器折成三段放置在墓主骨架两侧，杨家湾 11 号墓随葬的一件大型铜鼎打碎后分散在墓室棺椁之上及周围。此外，盘龙城可能存在沿城墙埋墓的现象，如西城垣 M1 打破西城墙。这种情况在郑州、偃师等地发现较多，或许是一种较特别的葬俗①。

3.随葬器物

青铜器：青铜铸造业比较发达。青铜礼器有觚、爵、斝、盉、卣、尊、罍、鼎、鬲；兵器有戈、矛、钺、刀、镞；工具有镢、锛、斨、凿。纹样中饕餮纹、夔纹、联珠纹、涡纹、和弦纹等占相当比例，制造方法采用分铸和浑铸②。这是与郑州商城铜器共同的文化因素。从墓葬铜器资料看，盘龙城中小贵族墓普遍随葬青铜器，最早的是斝、爵，到二里岗期增加了鬲、鼎、簋、觚、盘、尊和罍，这是早商期青铜器最完整的组合。在随葬青铜礼器中，酒器是主导。铜兵器以戈为多。盘龙城墓葬中，青铜礼器多用觚、爵、斝的套数来代表墓主的等级和身份。酒器中最突出的是使用铜斝、铜爵。据初步统计，有这种随葬组合的达 20 多座墓葬，个别墓葬单出爵和斝，铜器墓中不出爵、斝者为极少数。这种以爵、斝或以觚、爵为核心的重酒组合，正是商墓的重要特征，也是商文化的核心内涵。

陶器：陶系以夹砂和泥质灰陶占相当比例，器类有罐、鬲、甗、斝、爵、杯、盆、豆、壶、瓮、大口尊、罍，纹饰有绳纹、方格纹、堆纹、乳丁纹、云纹、雷纹、曲折纹、饕餮纹、涡纹、联珠纹、连环纹、窗棂纹和镂孔等。盘龙城墓葬中的陶爵、斝、鬲、豆、盆、簋、尊等均为郑州商墓随葬陶器的主要器类，说明两地在生活习俗上相近。值得一提的是，盘龙城墓葬有 10 余座都出土圆陶片，这也在郑州商墓中所常见③，其与高等贵族墓葬关系密切。

玉器：盘龙城出土玉器的器类，为郑州商城所常见④。墓葬中出土大型玉戈、玉柄形器等，与墓主身份有关，这也是郑州商城玉器出土的特征。

毫无疑问，盘龙城的文化属性当属商文化系统。

当然，在商文化占绝对主导之下，盘龙城的文化因素也是多元化组成的。从器类特征来看，具有中原文化因素的陶器占多数，如溜肩斜腹罐、折沿分裆鬲、侈口或敛口斝、扁圆腹爵、圆肩瓮、大口尊、浅盘高圈足豆、研磨盆、假腹豆、甗、杯、盆、壶、罍等，均与郑州商代陶器相似，文化因素来自郑州二里岗⑤。

具有江汉地区土著文化特征的陶器有红陶杯、长颈壶、带耳壶、杯形器盖，还有自始至终出现且占有突出地位的大口缸，形似“将军盔”，在河南、江西以及湖北其他

①③　郜向平：《商系墓葬研究》，科学出版社，2011 年。

②　胡家喜等：《盘龙城遗址青铜器铸造工艺探讨》，《盘龙城：一九六三年——一九九四年考古发掘报告》，文物出版社，2001 年。

④⑤　河南文物考古研究所：《郑州商城——1953—1985 年考古发掘报告》，文物出版社，2001 年。

地区均可见到,但以盘龙城最多。在盘龙城各期陶器中,陶缸占有相当大的比重,在有的遗址中陶缸片超过半数以上,缸碎片几乎遍及盘龙城遗址。在江汉地区,大口缸在屈家岭[①]、石家河文化时期特别盛行[②],夏商时期形态上已有变化,以盘龙城为中心向周围传播。二里岗期大口缸腹部逐渐演变为筒体腹,有的下腹加厚,大小差异很大。陶缸的口颈部多饰附加堆纹、腹饰绳纹或方格纹。饰附加堆纹最多的有11周,其加固和美化功能得到较完美体现。缸有平底、尖底、圈足和饼足之分,它们的用途似乎并不一致。

具有江南文化因素的陶器有如下特点:其一,是吸收了江苏湖熟文化、江西万年类型的商代文化因素。以双腹、圜底、无足的甗形器,敞口杯形器,龟尾状器盖和带把鬲为代表。其二,是吸收了江南印纹陶文化因素。盘龙城印纹硬釉陶约占陶片总数7%,器形有瓮、尊、罐等,与江西吴城出土的陶瓮及万年类型Ⅰ式罐近似。尤其器物局部附有对称横鼻的风格,两地几乎一致。纹饰有细密云雷纹、人字纹、叶脉编织纹、方格纹、弦纹以及两种纹样同饰一器的复合纹,均为吴城遗址的商代陶器所常见[③],其文化因素应来自江南印纹陶文化的影响。夏商时期,印纹硬陶在江南已经十分盛行。而在长江中游,江北区的盘龙城受其影响最为强烈,具有江南文化因素特征的印纹硬釉陶如瓮、尊、罐,在盘龙城遗址各时期皆见,超过了同期的郑州和商后期的安阳殷墟,可见盘龙城印纹硬陶是受江南文化影响逐渐发展起来,并以此为据点逐渐传播到中原地区的。

第二节　盘龙城的城市布局与城市性质

古代城市的布局与城市性质密切相关。城市性质决定城市布局,城市布局服务于城市性质。从已发掘的资料看,盘龙城依山傍水,城市规划简明,内城、外城功能不一,分工协作。

一、盘龙城的城市布局

1.外城

在盘龙城城垣外围分布有数个半岛状的湖边低坡岗地。这些湖汊间的半岛状岗坡,当地俗称"嘴"。1974—1994年,通过在城外王家嘴、李家嘴、杨家嘴、杨家湾、楼子湾等岗地有计划的发掘,对城外遗址的文化面貌有了初步了解,盘龙城的城外布局也大体清楚。这些城外区域都是夏商时期盘龙城居民重要的生产、生活场所,

① 中国社会科学院考古研究所:《京山屈家岭》,科学出版社,1956年。

② 湖北省荆州博物馆等:《肖家屋脊》,文物出版社,1999年。

③ 李伯谦:《试论吴城文化》,《文物集刊》第3辑,文物出版社,1981年。

盘龙城遗址地形图

共同维系着盘龙城城市的运转。

（1）王家嘴遗址：王家嘴位于盘龙城遗址南部，北隔城壕、北部与城址相连，南临府河，东、西两侧分别与李家嘴、艾家嘴隔湖相望，三面环水。岗地南北长 250 米、东西宽 140 米，中部隆起。王家嘴是盘龙城通往府河的陆地走廊，文化遗迹分布密集。1979—1985 年发掘清理 3 座窑址、10 个灰坑，出土盘龙城一至六期遗物。

（2）李家嘴遗址：李家嘴位于盘龙城遗址东部，西边紧靠盘龙城城址，南临府河，北面与杨家嘴、西南与王家嘴均隔湖相望。岗地是一处西北至东南走向的长条形傍湖台地，西南坡较陡，东北坡略缓，东西长 460 米、南北宽 150 米。1974—1986 年发掘清理墓葬 4 座、灰坑 30 个，出土盘龙城二、四至七期遗物。

(3)杨家嘴遗址:杨家嘴位于盘龙城遗址东北部,遗址西南面与城址隔湖相望,西与杨家湾岗地相连,其余三面为盘龙湖所环抱,是一片伸向盘龙湖的半岛状低岗。岗地东西长 400 米、南北宽 300 米。杨家嘴南侧坡地的文化遗迹丰富,1980—1983 年发掘清理灰烬沟遗迹 1 处、房基 2 座、柱洞和柱础遗迹各 1 处、灰坑 2 个、墓葬 10 座,出土盘龙城三至六期遗物。此外,在发掘区外还发现有盘龙城二期的墓葬。

(4)杨家湾遗址:杨家湾位于盘龙城遗址北部,东连杨家嘴,西接楼子湾。岗地东西长 500 米、南北宽 350 米。杨家湾遗址的商代遗存遍布岗地,过去曾多次出土青铜器。1974—1992 年发掘清理灰烬沟遗迹 1 处、灰坑 3 个、祭祀坑 1 个、房基 3 座,出土盘龙城三至七期遗物。

(5)楼子湾遗址:楼子湾位于盘龙城城址以西约 250 米,东与西城垣仅有湖汊相隔,与小王家嘴岗地相望,南临小嘴。岗地东西长 300 米、南北宽 220 米,地势从北向南倾斜。1963—1989 年先后发掘清理建筑遗迹 1 处、灰坑 2 个、墓葬 10 座,出土盘龙城四至七期遗物。

相当于二里头二至四期的盘龙城一至三期的遗迹,主要分布在王家嘴遗址中、下层和杨家嘴遗址下层文化堆积中。其范围:南起王家嘴南缘,北达杨家嘴南坡,东西各以城垣为界,南北约 650 米、东西约 310 米。其中,手工作坊遗迹分布在王家嘴一带,房基遗迹分布在王家嘴遗址下层和杨家嘴遗址下层,墓葬分布在杨家嘴东缘的湖嘴一带。

相当于商代二里岗下层一期至上层二期的盘龙城四至七期的遗迹,主要分布在城址北面的楼子湾、杨家湾、杨家嘴上层及童家嘴,城址南面的王家嘴上层,城址东面的李家嘴等。其范围:南至王家嘴南缘,北抵盘龙湖滨,东达李家嘴岗地,西抵江家湾,南北约 920 米、东西 1130 米。其中,房基遗迹分布在杨家湾、杨家嘴、楼子湾一带,以杨家湾最为密集。手工作坊主要分布在杨家湾、杨家嘴、楼子湾一带。贵族墓地主要分布在李家嘴,中、小型墓地分布在楼子湾、杨家湾、杨家嘴、童家嘴等地。

从发掘资料得知,盘龙城遗址在未筑城之前,有二里头时期的先民在王家嘴岗地一带聚居,从事手工业生产活动,形成一个手工业中心。此时,盘龙湖畔有王家嘴、李家嘴、杨家湾和杨家嘴四处规模不大的聚落。从王家嘴发现有盘龙城二、三期的制陶作坊遗迹的情况说明,这里应为当时的一处制陶场地。由于地处长江北岸,盘龙城不断接受中原南下夏商文化的影响。到了商代二里岗文化时期,商代先民又利用这片岗地营建城址。现存城垣外围四周的洼地应是筑城掘土所形成,原本地貌可能为一片相连的岗地。兴筑城址之后,城外东、西、北三面又成为手工作坊的中心。

在二里岗上层一期阶段,在盘龙湖东南岸高地上营建宫城后,随着社会经济的发展以及城内奴隶主贵族统治的需要,在杨家湾、杨家嘴遗址上新建了铸铜作坊。在上述两遗址上,都发现大片作坊遗迹及大量陶缸、坩埚等遗物。此时,城外东面的李家嘴遗址南部勘定为贵族墓地。同时，在杨家湾遗址南面，开辟了新的一处贵族墓地。由于城外作坊的增加，城外居民也随之增多，于是新增楼子湾和童家嘴等墓地。原有的遗址面积也逐渐扩大。此时的王家嘴遗址北面扩增为一平民居住区，杨家湾遗址北部分布有大片的平民房屋建筑和灰坑等遗迹，岗坡上也有平民墓地。二里岗时期，盘龙城一带已是宫城的统治地，城外平民成为臣服于宫城内奴隶主的臣民。

2.内城

盘龙城城址规模不大，城内面积75000平方米。相当于二里头二至四期的盘龙城一至三期的遗迹，主要分布在南城垣之下的早期文化遗存以及城内宫殿建筑基址之下。房基遗迹分布在城内宫殿建筑基址下层。相当于商代二里岗下层二期至上层二期的盘龙城四至七期的遗迹，主要分布在城内东北部高地。大型宫殿基址分布在城内东北部。除大型宫殿建筑群外，尚未发现其他明确的文化遗迹。

盘龙城城垣基本上是围绕宫殿群而建，保护宫殿的意图明显，城址的性质应属宫城之类。郑州商城的手工业作坊在宫城外的廓城(外城)内。如果盘龙城外城墙存在的话，那么作坊区即在内城外围的廓城内，由此也表明了它的宫城性质。

二、盘龙城的城市性质

盘龙城地处长江流域江汉地区，它在商代究竟扮演着怎样的角色，具有什么样的城市性质？这是一个古老而又新颖的话题。自盘龙城发现以来，学界就一直在讨论，至今仍在继续。

1.方国、封国说

方国是指在当地原有文化基础上形成的一个相对独立的政治实体，后臣服于商。《吕氏春秋·异用》:“汉南之国闻之曰:‘汤之德及禽兽矣。四十国归之。’”刘彬徽先生认为盘龙城一带，也许在夏王朝时期就由荆楚地区一支土著部落建立起一个方国。这个方国仅是荆楚地区几十个方国之一，到汤灭夏以后则归服于商[①]。郑昌琳先生认为，盘龙城是商代驻“南国”的据点。“南国”最初是江汉地区在夏禹灭三苗之后建立起的姒姓国，后对商朝构成威胁，商王派兵镇压并常驻，故有盘龙城[②]。

李学勤先生最早阐述封国说。他认为，盘龙城在它的繁荣时期，是一座有重要政治、经济意义的城市。当时的商朝是强盛的奴隶制国家，在王畿之外，商王分封的同姓或异姓诸侯国之间及周围，还有臣服于商朝的大小方国部落。各诸侯国和附属商朝的方国都在商王的管辖之下，对中央政权都负有贡纳、防卫等义务，均属于商朝的统治区域。盘龙城扼居通向我国南方的要道，地理形势极为重要。有理由推测，

① 刘彬徽:《略论长江中游地区夏商时期的文明》,《长江文化论集》,湖北教育出版社,1995年。

② 郑昌琳:《南国考》,《武汉城市之根——商代盘龙城与武汉城市发展研讨会论文集》,武汉出版社,2002年。

这座城市是商朝南土的一处重要都邑。《诗经·商颂·殷武》:“维女荆楚,居国南乡。昔有成汤,自彼氐羌,莫敢不来享,莫敢不来王。曰商是常。”在商代初年,荆楚和氐羌等方国部落已经向商王臣服朝见,属于商朝南土的范围。处于湖北西北隅的荆楚既然服属商朝,对比之下,长江北岸的盘龙城应为商朝封国的都邑,是合乎逻辑的推论[①]。宋镇豪先生认为“盘龙城是商代方邑国”[②]。王震中先生认为“盘龙城商城应是商的诸侯一级的都邑”[③]。

2.军事据点说

宋焕文先生最早撰文提出盘龙城是“商人南下的军事据点”[④]。他认为,商人建立起这样一个稳固的据点的政治目的,主要是想通过盘龙城强大的军事实力来征服当时的南方部落,扩大疆土,为商王朝掠夺奴隶和财富。商人在吞并江汉平原之后,很快就伸展到了长江以南的江西、湖南等地。商人对南方的开拓经营,与盘龙城的这块根据地是有密切关系的。

高大伦先生认为,方国应是指商统治区域以外的一些比较落后的国家或部落。就其文化而言,任何一个方国都不会比商更发达或并驾齐驱。如果盘龙城是一个方国文化遗存,应当不会有如此发达。如果是一个方国,又这么强盛,在文献或卜辞中也该有所反映。盘龙城遗址应该是一个重要的军事据点。不过,高先生又认为,商代的重要之邑一般派出贵族领重兵驻守,防止异族侵扰,因而在王畿四周形成了一些军事据点,盘龙城是商朝“一个侯伯的军事据点”。卜辞中的方国名一般都在末加“方”,而侯伯却不称方[⑤]。

此外,方酉生先生认为,盘龙城属于商王朝在南疆的一个重要军事据点,在地理位置上,居于南北要冲,十分重要。当然,也是这地区内政治经济和文化的中心[⑥]。郝本性先生认为,盘龙城是以军事控制交通运输的重要据点。在方国林立的情况下,政治统治只能抓住点与线,线便是交通线,点便是驻军的保路点。盘龙城这个点是对商王朝举足轻重的地方[⑦]。徐少华先生认为,盘龙城应是北方商人的一支南下长江中游而建的军事据点,其主要目的在于维护这一地区的政治秩序,掠夺南方财富,同时保障所需大量铜矿资源的收集和转运北上[⑧]。俞伟超先生认为,在长江中游

---

① 江鸿:《盘龙城与商朝的南土》,《文物》,1976年第2期。

② 宋镇豪:《夏商社会生活史》,中国社会科学出版社,1994年。

③ 王震中:《商代都邑》,中国社会科学出版社,2010年。

④ 宋焕文:《从盘龙城考古发现试谈商楚关系》,《江汉考古》,1983年第2期。

⑤ 高大伦:《论盘龙城遗址的性质与作用》,《江汉考古》,1985年第1期。

⑥ 方酉生:《试论盘龙城商文化》,《湖北省考古学会论文选集(一)》,湖北省考古学会选编,1987年。

⑦ 郝本性:《谈盘龙城在商王国南土的作用》,《武汉城市之根——商代盘龙城与武汉城市发展研讨会论文集》,武汉出版社,2002年。

⑧ 徐少华:《从盘龙城城址的内涵和时代看商人在长江中游地区的发展》,《武汉城市之根——商代盘龙城与武汉城市发展研讨会论文集》,武汉出版社,2002年。

地区，像盘龙城那样，文化性质纯粹的二里岗时期的商文化遗址，只有岳阳铜鼓山一处。因此，不能理解为商人随商王朝疆域的扩充而迁移至此。因为这两个地点与商人二里岗文化分布区之间的空白地段太大了。只能理解为是为了达到某种目的而在远方建立的军事据点。建立据点的目的是控制铜绿山矿源和防御来自京汉线以西的力量。设立据点能控制南土是因为：其一，商人此时已经会用马车进行运输；其二，盘龙城周围外族尚未掌握青铜冶炼武器技术；其三，本地区土著青铜文化几乎没有发展起来，没有一个独立王朝，或还是一种比较松散的联盟集团[①]。

事实上，方国封国说和军事据点说，都认同盘龙城是商代早期南方的重要城邑，对于盘龙城维护区域政治秩序，为商王朝夺取南方铜矿资源的作用也都基本达成了共识。方国说偏重盘龙城的政治中心地位，认为盘龙城是商代南方的方国都邑，商文化与当地土著文化的关系更为紧密。军事据点说则强调盘龙城的军事占据与控制色彩，倾向盘龙城是商王朝南下建立的军事城堡。相比方国封国说，军事据点说性质的盘龙城，城市功能应相对专一，占领者与当地土著居民的关系较松散。

方国封国说和军事据点说的讨论持续不断，推动了对盘龙城性质的认识。李学勤先生进一步认为，盘龙城远离商王都，仅仅是一个军事据点就不能长久。它的存在必须依赖有效的、而且相当广泛的当地基础。如果是一个孤悬境外的军事重镇，那么很快就会被消灭。因此，它必须建立对当地人民的统治。所以，它既是一个军事重镇，也是一个诸侯封国，一定有一个行政政权的结构，否则就存在不了[②]。李伯谦先生认为，盘龙城商城的出现，是商王朝南下扩张的直接结果。从这一角度出发，它是商人占领该地区之后为镇抚当地居民而建立的一个军事城堡是符合实际的。但是，如果盘龙城商城只有军事性质的功能，仅仅只是一座军事城堡，则似乎也失之偏颇。显然，盘龙城商城既是一个军事基地，同时又是一处具有相当规模、功能齐全的城市。商代的方国一般都是在当地土著文化基础上形成发展起来的。盘龙城是随着商文化在当地的出现而产生的，随着商文化的强大而强大。而当相当于郑州二里岗上层时期，商文化在北方、西方、南方相继衰落并退缩之时，它也就很快消亡了。如果盘龙城是在当地文化基础上形成的一个相对独立的政治实体——方国，则一定会乘商文化退缩之势而急剧膨胀，但实际情况恰恰相反。这就有力地证明了盘龙城商城确实是在商王朝向南方扩张所建立的军事据点基础上发展形成的完全由商王朝直接统辖的一个城邑，而非一个一般方国的都邑[③]。王立新先生认为垣曲商城、夏县东下冯商城、焦作府城商城、黄陂盘龙城商城属商王朝直接设立和管辖的城邑，盘

① 俞伟超：《长江流域青铜文化发展背景的新思考》，《古史的考古学探索》，文物出版社，2002 年。

② 李学勤：《盘龙城与武汉市的历史》，《武汉城市之根——商代盘龙城与武汉城市发展研讨会论文集》，武汉出版社，2002 年。

③ 李伯谦：《解读盘龙城》，《武汉城市之根——商代盘龙城与武汉城市发展研讨会论文集》，武汉出版社，2002 年。

龙城应是商王朝出于向周边扩张势力，掠夺和控制资源而直接设立和管辖的城邑，可称之为“直辖邑”[①]。宋镇豪先生将商代疆域分为王邑、商畿、四土、四至等四个层次。王畿与四土的关系，即是内服与外服的关系[②]。盘龙城地处商王朝的南土，商王因某种经济战略资源或军事上的需要，派遣亲信或军事将领长年驻守，后转换成畿外侯伯。程涛平先生认为盘龙城“是商王在黄河流域的都城或行都之外，在长江流域另设的行都”[③]。

我们认为，盘龙城集政治、军事、经济三位一体，是早商时期长江中游地区的中心城市。

城市的出现，是人类由野蛮时代进入文明时代的象征，是社会历史发展的重要里程碑。一般说来，当社会发展到手工业与农业分离，以及社会人口、手工业生产、商品交换和财富趋于集中时，便出现了城市。中国古代社会初级城市的一个很重要的特征，即它是作为权力的工具与象征，成为统治阶级用以维护统治的工具。《吴越春秋》：“鲧筑城以卫居，造郭以守民，此城郭之始也。”中国最早城邑一般都具有政治权力的内涵，很多城市也都历经了国邑与国邑之间战争兼及掠夺财富的洗礼，担负了国家赋予的重要职能。盘龙城就属这类性质的城市，它是商王朝为掠夺南方财富所设置的权力机构，是兼并和统治南方的一个政治中心。

商人的国家管理实行内外服制，国家结构表现为王畿、畿边和外服方国的方式。即“王畿以内为内服，王畿以外为外服。内服为百官，外服为列国。畿边则指内、外服中间的分界”[④]。近五十年来，长江中游地区不断发现商代二里岗期遗址，湖北境内除盘龙城外，有黄冈下窑、安陆晒书台，孝感殷家墩、涨水庙、聂家寨、城隍墩，黄陂郭袁嘴，随县淅河、西花园、庙台子，江陵荆南寺、张家山，沙市周梁玉桥等。这些商代遗址出土一批具有商文化特征的器物，如铜器的斝、爵，陶器的鬲、盆等，其文化面貌与盘龙城相比，相对滞后，商文化色彩没有盘龙城浓厚，很大程度上遗留有土著文化因素，这大概可以视作城市与农村的差异。鄂东北地区绝不是二里岗文化的空白，它仍属商朝统治范围。

军事据点的主要功能，是为军事进攻或防守而驻扎军队及储备军需物资。盘龙城除了有强大军队外，其最为重要的是宫殿，这是至高无上的权力象征。盘龙城城内有前朝后寝的宫殿格局，是贵族统治阶层的行政中心，是城市政权的标志。宗庙、陵寝、人殉墓及宗教礼仪维持了政权宗法制度，反映了政治统治权与宗教祭祀的合

① 王立新：《从早商城址看商王朝早期的都与直辖邑》，《新果集——庆祝林沄先生七十华诞论文集》，科学出版社，2009年。

② 宋镇豪：《夏商社会生活史》，中国社会科学出版社，1994年。

③ 程涛平：《论盘龙城为商王南土行都》，《楚简楚文化与先秦历史文化国际学术研讨会论文集》，湖北教育出版社，2013年。

④ 参看金景芳：《中国奴隶史》，上海人民出版社，1983年。

一。宫城外围发现的大规模手工作坊遗址，清楚地表明手工业生产已成为盘龙城的重要城市功能，这是一个军事据点无法做到的。发达的青铜冶铸术及显著的社会分层，表明盘龙城已进入一定发展阶段的国家形态。盘龙城城址前后延续两百多年，能偏居一方，繁荣发展，这是不能以军事据点来衡量的。就盘龙城城市发展而言，或许夏商王朝南征时，为了防范土著民族的反抗，镇抚当地人民，先是建立了一个军事城堡。到后来，它已不是单纯军事性质，而是统治南方的政治都市，是国家的权力中心。盘龙城是商朝镇抚南土诸方国、诸部落的基地。

第三节　盘龙城与长江中游的早期开发

长江中游地区土地肥沃，物产富饶。夏商时期是该地区由荒蛮向文明迈进的启蒙之时，其地理位置的优越性逐步显现出来。商汤作为商王朝第一代君主，既有政治眼光，又有统兵才能，文武兼备。商汤在迁都西亳，平定夏遗民反抗后，便开始了领土扩张，南征北伐，夺取落后或边远地区的财富，同时也加快了中原先进文化和生产技术的向外传播。《诗经・商颂・玄鸟》：“古帝命武汤，正域彼四方。”《孟子・滕文公下》载商汤“十一征而无敌于天下。”商汤能征善战，无往不胜，所征地区望风而降。江汉地区长期为三苗所居，文献称之“荆”“楚”，自夏以降，三苗后裔一直臣服夏朝。至成汤时，当地可能尚未归顺中原新主，于是商汤兴兵南征，打败荆楚部族。《竹书纪年》载：“成汤二十一年，商师征有洛，克之，遂征荆，荆降。”商王的军队此时可能到达了长江之滨的盘龙城，占领并统治江汉地区。盘龙城二里岗下层的物质文化，在年代上与《竹书纪年》的记载相吻合，即盘龙城的年代经历了二里头晚期至二里岗下层直至殷墟前后。因此，商人统治盘龙城的时间可达两百余年。其间，盘龙城的商代物质文化几乎成了中原商文化的一个缩影，与中原商文化存在高度的统一性。这种文化上的统一性若没有政治上的统一性，是难以实现的。

盘龙城是商朝南方的军事、政治和经济中心，也是南方与中原政治、经济文化的交汇点，是中原商文化向南扩张、传播的基地和跳板。一方面，中原的夏商青铜文化，通过盘龙城向东、西、南辐射，彰显盘龙城文化的延续力和辐射力。盘龙城商文化对外传播，主要在汉水以东、汉江下游直至洞庭湖区的一部分。另一方面，南方的印纹陶文化又通过盘龙城传到了中原，具有南方文化因素的带把鬲、带流壶及印纹硬陶，首先在盘龙城出现并逐渐传到北方。南北文化交流代表之一的红陶大口缸，最早出现在京山屈家岭和天门石家河文化遗址，在盘龙城的夏代遗址突然大增，商朝前期特别盛行，并以盘龙城为中心，向周邻传播。

一、盘龙城是传播中原商文化与青铜文明的重要桥梁

除盘龙城外,自20世纪下半叶以来,长江中游地区发现的商代遗址还有新洲香炉山,江陵张家山、荆南寺,随县淅河,孝感聂家寨,安陆晒书台,黄冈下窑嘴,湖南石门皂市、岳阳铜鼓山和江西吴城等,表明商代文化已延至江汉平原及长江南岸。盘龙城在商文化向南方的扩展与传播中起了很大作用。

1.荆南寺遗址:位于沮漳河流域的荆州城西约2公里的张家山、太晖河畔一带。陶器可分七期,第一、二期相当于二里头期,第三至七期相当于早商期[①]。早商期的陶器文化因素可分为四组:甲组具有盘龙城及中原的商文化风格,乙组具有澧水流域和三峡地区的文化特征,丙组为本地区的文化特征,丁组为江南印纹陶文化特征。甲组陶器以卷沿高足鬲、假腹豆、深腹盘、无尾长流爵为代表,其次是甗、灰砂罐、瓿、簋、罍、瓮、研磨盆、斝、大口尊和器盖等。陶质以夹砂、泥质灰陶为主。纹饰以中粗绳纹为多,次为绳纽状附加堆纹、方格纹、十字镂孔、田字乳丁纹、云雷纹、云纹、饕餮纹、弦纹等。以上陶器特征均见于盘龙城和郑州二里岗陶器,表明甲组陶器应为中原及盘龙城商文化所传播。荆南寺四至五期是商文化最兴盛时期,相当于盘龙城四至五期。这一时期,灰陶分裆鬲盛行,代表商文化的甲组约占42%,土著文化约占57%。但到了荆南寺文化七期,甲组陶器仅占20%,土著文化占77%,甲组文化退居次要地位,可见商文化在此经历了此起彼落的兴衰过程。荆南寺整体文化性质是一支含商文化、巴文化及土著文化等多元组合的商代文化。荆南寺遗址出土的青铜器,从形制、纹饰、礼器组合均可找到盘龙城文化传播的痕迹,反映了盘龙城文化的延续力和辐射力。江陵、沙市出土的精美青铜尊、罍,形制及铸造工艺与盘龙城近似,同时也具有本土自身特色,揭示了由盘龙城所开辟的商代青铜文化在南方的传播途径。

2.铜鼓山遗址:陶器可分五组,甲组具有盘龙城型商文化因素,乙组具有湘北鄂西地区土著文化因素,丙组具有长江西陵峡区早期巴蜀文化类型的因素,丁组具有本地土著文化因素,戊组具有江南地区印纹陶文化因素。甲组陶器器类有鬲、斝、甗、爵、簋、大口尊、大口缸、小口矮领罐、夹砂罐、器盖等。陶质以灰陶为主,褐、红色陶占一定比例,灰陶陶色不纯正,袋足根以红褐陶居多。纹饰以绳纹为主[②]。铜鼓山是盘龙城商文化向南发展的最南端,它控制了湘北、鄂西、洞庭湖北部和湘江下游的土著文化向东向北的发展,是商王朝掠夺南方矿产,保证矿产运输,巩固和经营南方统治的重要阵地。

3.石门皂市遗址:陶器可分两组,甲组具有盘龙城类型商文化因素,乙组为本地

① 王宏:《荆南寺商代陶器试析》,《湖北省考古学会论文选集》,武汉大学学报编辑部,1987年。

② 湖南省文物考古研究所等:《岳阳市郊铜鼓山商代遗址和东周墓发掘报告》,《湖南考古辑刊》第5集,1987年。

土著文化①。甲组陶器器类有鬲、爵、斝、大口尊、假腹豆、甑、簋和大口缸等,陶质以夹砂红陶为主,纹饰以绳纹为多。甲组陶器应是盘龙城商文化在当地的传播,比如假腹豆的高圈足;甑的底部为中心圆孔,周围三个叶形孔;簋为直腹、圈足;鬲以夹砂红陶、平裆为多等,应源自盘龙城及中原商文化。

4. 吴城文化:吴城文化分布于赣江、鄱阳湖流域,可分三期,年代相当于商代二里岗上层至殷墟晚期②。一期陶器以夹砂或泥质灰色软陶为主,纹饰流行绳纹。典型器类有高裆鬲、盆、假腹豆、夹砂长腹罐、伞状器盖、甗、大口尊、爵、斝、方鼎等。铜器的典型器有凤首纽器盖、锸、弧刃斧、弧刃锛等。吴城遗址出土的陶器和石范上发现有刻划文字或符号,有些文字与郑州、藁城、安阳等地出土的陶文、甲骨文近似。这些应与中原和盘龙城商文化对外扩张紧密相关。吴城一期与盘龙城六、七期时代相当,其内涵包括两种文化因素。一种具有地方色彩的土著因素,占主要地位;一种具有较浓的商文化作风,占次要地位。

1989 年于江西新干发掘的商代晚期新干大墓,出土一批青铜器③。其中有几件青铜器,具有商代二里岗期的文化因素。比如圆腹鼎、夔体扁足鼎、小口折肩圈足罍、提梁卣、仿陶假腹豆、大方鼎等,其形态与盘龙城和郑州商城出土的同类器相似。所不同的是,方鼎的外槽式立耳顶上加附本地特色的立雕伏虎,鼎足呈柱形,铜器器腹、盖及足上有扉棱装饰或突起兽面,腹饰宽带细密的饕餮纹、云雷纹、鳞纹、联珠纹等,均显示了比二里岗较晚的文化风格④。新干大墓二里岗文化特征的文化因素应来自盘龙城和中原二里岗文化的传播与继承。吴城文化及大洋洲商墓的青铜文化是盘龙城消退后南方新崛起的又一支青铜文化。

5. 铜陵、嘉山早商铜器:安徽铜陵西湖乡童墩村出土的二里岗期铜爵、斝,器形、纹饰与盘龙城基本一致。安徽嘉山出土早商期铜爵、斝、觚、罍 4 件,其中铜爵体扁圆,平底,三棱足外撇,颈腹部饰饕餮纹、圆圈纹等特征,与盘龙城七期同类器类似。铜斝侈口,高颈,弧腹,三尖锥足中空,颈腹部饰饕餮纹、圆圈纹等特征,与盘龙城七期的弧腹斝类似。铜觚喇叭口,腰微鼓,圈足外张,腰部、圈足饰饕餮纹和两个对称十字镂孔等特征,与盘龙城七期细腰觚类似。铜罍体矮,口小于肩,肩折,弧腹,矮圈足,肩、腹、足均饰夔纹、饕餮纹等特征,与盘龙城七期的铜罍类似。因此,有学者推断嘉山出土的这 4 件铜器,由盘龙城逐渐转运传播而来的可能性较大⑤。

此外,江苏连云港大村出土的铜鼎、尊,口沿下饰有饕餮纹,足上部饰有兽面,有钩状扉棱,立耳外侧中空,具有二里岗上层风格。浙江安吉三官乡周家湾出土的铜

① 湖南省文物考古研究所:《湖南石门皂市商代遗存》,《考古学报》,1992 年第 2 期。
② 李伯谦:《试论吴城文化》,《文物集刊》第 3 辑,文物出版社,1981 年。
③ 江西省文物考古研究所:《新干商代大墓》,文物出版社,1997 年。
④ 陈贤一、付守平、张金国:《新干商墓与江南商代文明》,《南方文物》,1994 年第 1 期。
⑤ 张光远:《湖北早商铜器及其四方源流》,《鸿禧文物》,1997 年第 2 期。

鼎、爵、觚，具有殷墟风格。陕西城固龙头镇出土青铜礼器18件[①]，有觚、罍、爵、卣、簋、盘等，其形制、纹饰与盘龙城同类器相近。尤其是卣的提梁为绳索状，卣身作长颈葫芦形，以及簋的附身上端，连接口沿，仅见于盘龙城，而为郑州商城所未见。四川广汉三星堆出土的铜尊和铜缶[②]，大多与湖南所出近似，出土的3件饕餮纹牌饰显然是受到中原商文化的影响。

盘龙城的辐射力，西进巴蜀，东下吴越，北抵中原、关中，南达湖桂岭南。盘龙城吸纳中原夏商文化、江南吴越文化而形成独具魅力的盘龙城文化，为荆楚文化注入生生不息的活力。

二、盘龙城是商王朝开发和夺取南方铜矿资源的重要枢纽

有学者认为，中国古代早期都城的兴废、迁徙，追寻矿源是其主要因素。夏都的历次变迁，均在中国铜锡产地的分布范围内。商都沿晋豫山边缘迁徙，周都由西向东迁移，均与矿产产地有关[③]。商人征服荆楚，在盘龙城建立方国，并长期驻军，应与商王朝夺取南方矿产紧密相关。

商周之时，江南铜矿已负盛名。《诗・鲁颂・泮水》："憬彼淮夷，来献其琛。元龟象齿，大赂南金。"南金，即江南之金。淮夷世居淮河中下游地区，皖南所产铜料需经淮夷之地北输中原。商周王朝获取南方矿产，文献屡有记载。曾伯寨簠铭文记："克狄淮夷，印燮繁汤，金道锡行。"蔡侯鼎铭文记："蔡侯获巢，俘厥金。"过伯簋铭文记："过伯从王伐反荆，俘金，用作宝尊彝。"商王朝自汤居亳至盘庚迁殷，王都郑州和安阳成为最重要的铸造中心。长达五六百年的商朝，使用铜料的数量是相当可观的。据文献和现代地质勘探资料，安阳虽有铜矿，但储量甚小。黄河流域已知古铜矿以中条山矿区最重要，分布在山西垣曲、运城等地。在内蒙古的林西发现大井古矿冶遗址，在新疆尼勒克县发现奴拉赛古矿冶遗址，这些均属规模不大的铜矿遗址，可见黄河流域的铜矿资源相对较缺乏，难以满足王朝数以万计的青铜铸造需要，而长江中、下游分布有丰富的铜矿带。因此，夏商王朝的势力必然要南下，其重要原因就是为获取南方矿产资源。盘龙城则成为铸造中心及转运铜料、铜器的中转站。

现代地质勘探资料表明，中国大陆的铜、锡、铅矿主要分布在长江中下游的湖北、湖南、江西、安徽以及西南的云南等地。长江中下游是中国蕴藏最丰富的铜矿带，鄂东南及江西等地的铜矿属硅卡岩型矿床，矿石品位较高。湖北矿区主要有大冶铜绿山、铁山、阳新、丰山洞。阳新、大冶矿区为我国五大铜矿基地之一，铜绿山大

① 王寿芝：《陕西城固出土的商代青铜器》，《文博》，1988年第2期。
② 屈小强等：《三星堆文化》，四川人民出版社，1993年。
③ 参看张光直：《关于中国初期"城市"这个概念》，《文物》，1985年第2期。

型富铜矿藏，素有“状元矿”之称[①]。从铜绿山、丰山和皖南矿冶遗址的炼渣堆积推测，商周时期长江中、下游铜矿带所产铜料的数量以万吨计。如此巨大的铜产量，其中相当大的一部分应以朝贡、贸易、掠夺等方式供应中原地区。

长江中下游铜矿区，主要分布在湖北、江西和安徽等地。鄂东南的大冶、阳新发现有东周时期重要的冶铜遗址。阳新县境矿山林立，蕴藏铜、铅等矿产。境内发现不少商周时期的文化遗址，说明商周王朝已涉此地，从事矿产的开采。大冶铜绿山发现数处古矿遗址，矿井开采的时代早至商代，直到两汉。在铜绿山遗址发现有商代二里岗期陶鬲足，说明商族已在此地活动。江西矿区地质条件优越，资源丰富，矿量集中，已探明铜矿储量居全国之首，约占蕴藏总量的1/3，分布在瑞昌铜岭、德兴、九江、铅山、东乡、武山等地，以赣北储量大而集中，仅赣东北丘陵山地就有六座铜矿，呈马蹄形分布在鄱阳湖的四周。地质勘探表明，鄱阳湖畔分布有200处铜矿床和铜矿点，亚洲最大的铜矿德兴铜矿石储量达16亿吨，含铜量700万吨以上[②]，储量在世界上都属少见。

1. 铜绿山古矿冶基地：位于湖北大冶矿区，面积约1平方公里。已发现较丰富矿冶遗址近40处。1975年以来，考古发掘矿采区7处、井巷500余条，出土大量采矿工具、井巷支护构件及炼炉、铜锭等遗物，炼渣堆积达40多万吨。据碳-14测定，采矿年代至迟自商代已开始[③]。

2. 丰山洞矿区：位于湖北阳新，与大冶接壤。包含有三处矿床，已发掘两处采区，发现竖井、平巷、铜木工具、水槽等遗存。开采时间约从西周晚期至战国[④]。

3. 铜岭采铜冶铜遗址：位于江西瑞昌，为迄今所知中国最早的采铜冶铜遗址。已发现采坑7处、矿井120口、平巷18条、选矿槽1处、炼炉2座、工棚2处以及大量竹、木、石、铜质工具和用具等，是一处有相当规模、保存完好的一座矿冶遗址。采矿时间约在商代中期至战国早期[⑤]。在瑞昌铜岭，古矿井中发现有商代二里岗期的斝等商代遗物，陶斝薄唇折口、弧裆、三尖锥足。而弧裆斝为盘龙城特色（郑州商城均为分裆斝），风格非盘龙城商文化莫属，证明盘龙城先民已来到这里采矿。

4. 皖南古矿冶遗址：地处安徽南陵、铜陵交会地带的大工山、凤凰山、铜官山等地。遗址规模宏大，已知矿点约62处。其中属先秦时期的约20处，分布在安徽境内长江南岸的贵池、青阳、铜陵、南陵、繁昌和宣城等。长江北岸的枞阳炼渣堆积量

---

① 参看张正明、刘玉堂：《大冶铜绿山古铜矿的国属——兼论上古产铜中心的变迁》，《楚史论丛》初集，湖北人民出版社，1984年。

② 参看华觉明、卢本珊：《长江中、下游铜矿带的早期开发和中国青铜文明》，《长江文化论集》，湖北教育出版社，1995年。

③ 黄石市博物馆：《铜绿山古矿冶遗址》，文物出版社，1999年。

④ 港下古铜矿遗址发掘小组：《湖北阳新港下古矿井遗址发掘简报》，《考古》，1988年第1期。

⑤ 参看刘诗中、卢本珊：《江西铜岭铜矿遗址的发掘与研究》，《考古学报》，1998年第4期。

达百万吨以上，开采时间至迟到西周前期，也可能早在商代晚期[①]。

此外，位于湖南西部沅麻盆地的麻阳矿区已发现的古采区有 14 处，斜巷长 400 米，出土大量炼渣堆积，出土有铁、木工具和陶器，开采年代为战国。

上述铜矿遗址，周围都有充裕的粮食、燃料，交通便利，临近水道。所有遗址都是采冶联营，即山上采铜联营，山上采铜，山半腰或山下冶铜。各铜矿冶炼成铜锭后，应是运往盘龙城和王畿等地的冶铸作坊。

商王朝与江南铜矿的关系，可从江南铜矿合金成分获得一些信息。江南诸铜矿均属铜铁共生的矿体，赤铁矿常与铜矿石混杂，因而炼出的铜原料多含铁。1933 年殷墟发掘时，发现一孔雀石铜矿重 18.8 公斤，混杂了许多赤铁矿。学者推断，铜矿石有可能来自江南铜矿。在湖北大冶铜绿山、安徽铜陵古矿遗址出土的青铜器，其成分即含有一定量的铁。河南罗山、固始晚商墓出土一批铜器，其中一件铜鼎腹部含铁量达 1.3%，八件青铜器表面含铁量达 4%。盘龙城出土的青铜器大部分也含铁。据何堂坤先生对盘龙城出土的 13 件铜器的合金成分分析，其中 8 件有铁成分，含铁量达 0.58—1.83%。以上这些含铁量较多的青铜器，有可能是采用来自江南的氧化型铜矿石制作。盘龙城商代青铜器铅同位素示踪研究显示，某些样品在大冶铜绿山古矿样品分布区的范围内，这说明盘龙城青铜器部分原料来自大冶铜绿山。某些青铜样品测定的数值与江西现代孔雀石样品相近[②]，表明也有一部分应来自江西瑞昌的铜岭。

盘龙城城外东北的杨家嘴、北边的杨家湾和西北的楼子湾遗址发现了不少坩埚，有的坩埚片上沾有铜渣。与坩埚残片同时出土的大量青铜器，经化学分析知有铜、锡、铅、锌、铁。特别是铅的含量一般高于同期郑州二里岗的青铜器和后期殷墟司母大方鼎[③]，说明在盘龙城的冶铸工匠有自己的合金配料方法。盘龙城遗址还发现了多处沟槽状的黑灰烬遗迹。沟内有为数不少的陶缸及厚胎坩埚，还有少量溶渣或碎铜片。李家嘴 2 号墓出土的一件铜簋，其器耳内侧尚留有泥范残余，至今清晰可辨。此外，在杨家嘴岗地东侧北坡暴露的黑灰烬土断面上曾采集到一块熔渣，经测定为炉壁残片。由此可见，商代的盘龙城已出现了铸造场所。盘龙城出土的青铜器与郑州商城出土的青铜器相比，质薄表光亮，含铅量偏高，说明合金的配料有所不同，也可说明盘龙城有自己的制造业，是南方青铜器铸造的基地。盘龙城出土的一件大铜斧，与铜绿山战国矿井出土的大铜斧形制相似。有的墓葬在二层台上发现厚胎坩埚及陶缸，有的墓葬随葬有铜凿。这些坩埚、铜斧、铜凿应与制铜业有关。制铜

① 张国茂:《安徽铜陵地区古矿、冶遗址调查报告》,《东南文化》,1988 年第 6 期。

② 彭子成、王兆荣、孙卫东等:《盘龙城商代青铜器铅同位素示踪研究》,《盘龙城》附录四,文物出版社,2001 年。

③ 湖北省博物馆:《盘龙城商代二里岗期的青铜器》,《文物》,1976 年第 2 期。

工具在墓葬中出土，这在中原商墓中尚属少见。盘龙城为商王朝夺取及转运矿产发挥了重要作用，是商人获取南方财富的集散中心。盘龙城向东可控制长江两岸，向西可进入巴蜀，向南可涉足江南，向北可直达中原王朝，是东西南北的交通要道。商人在盘龙城驻军长达两百年之久，他们从中原带来了先进的青铜文化。这些先进的青铜文化，又通过盘龙城向东、南、北传播。同时，南方的青铜文化又通过盘龙城传到中原。因此，盘龙城是东西南北文化交流的纽带。商王朝为了开疆拓土，牢固掌握南方丰富的铜资源，以盘龙城为据点，东征西伐，依托长江水系，控制鄂、豫、皖等广大区域。盘龙城与大冶铜绿山仅有一江之隔，与港下、铜岭、铜陵、南陵古铜矿几乎在同一条长江运输线上，方圆不过数百公里。江西吴城、大洋洲等均是商人为确保铜路安全而设定的后方据点。长江两岸的铜料，正是通过江汉平原抵达南阳盆地，这是中原王朝始终控制的一条南铜北输的生命线。这条生命线维系王朝的青铜铸造业。

三、盘龙城的农业和手工业

生产工具是社会生产力水平的重要标志。考古资料表明，商周时代已经使用青铜农具。青铜工具的广泛使用，促进了商周农业生产的规模发展，促进农业与手工业的进一步分工。盘龙城的铸铜、制陶及酿造业已从农业中分化出来，成为独立的生产部门，而且规模较大，分工较细，这也是盘龙城生产突飞猛进、社会文化不断进步的重要原因。

1.农业

青铜农具之所以发现少，一是青铜农具相对来说数量远不及木、石农具，二是青铜农具用坏后可回炉改铸，因此遗留不多。据统计，我国河南、山西、陕西、河北、辽宁、安徽、江苏、浙江、上海、江西、湖南、湖北、广东、广西、四川、云南等十多个省份均发掘出土了商周青铜生产工具。安阳殷墟的大司空、苗圃北地及妇好墓出土铜铲 14 件，洛阳下瑶村发现 1 件。郑州商代遗址也出土一批青铜农具。在郑州南关外制铜作坊遗址中，出土有镢范，近两千块，数量多于镞范[①]。邹衡先生认为，郑州南关外出土的铜镢如果仅用作一般的木工工具，数量未免过大。《诗经·豳风·七月》“蚕月条桑，取彼斧斨。以伐远扬，猗彼女桑。”描写了农夫用斧、斨伐桑枝的情景。在安阳殷墟大司空商代土坑墓壁上发现有“镢”的印痕，在殷墟窑穴内留有木痕、铲痕、镢痕。在郑州商代陶窑上留有金属镢痕。不过，夏商周社会青铜农具尚不能完全代替石、木、蚌制农具，商周遗址仍普遍出土石器工具。

盘龙城遗址出土的石质工具和青铜工具的数量，在二里头期和二里岗期变化较大。盘龙城二里头期的石器大部分出于王家嘴二里头期的手工作坊遗址中，有斧、

① 河南省博物馆：《郑州南关外商代遗址的发掘》，《考古学报》，1973 年第 1 期。

锛、铲、凿、镰刀等，石质为青灰色石灰岩和红砂岩。王家嘴3号长窑之南发现10多个坑形遗迹，有长方形、方形、椭圆形和不规则形，坑内多放置1件陶缸以及石器。如1号坑出土石镰1件，7号坑出土石斧1件等。此处还另外采集到30余件石器。到了盘龙城二里岗期，石器仍出土于作坊和墓葬中，但数量明显减少。楼子湾建筑遗迹和灰坑中发现石刀2件，楼子湾的五座墓葬中发现斧2件、镰3件、戈1件及铲1件，杨家嘴作坊中发现镰6件、锛3件、斧2件、铲1件、球1件、杵1件及砺石1件等。盘龙城二里岗期的作坊中出土了一批青铜工具。另外，在杜家塘的一条田埂上采集的1件铜凿，出在1件厚胎陶坩埚旁。

比较而言，盘龙城二里头期的石器数量比二里岗期石器多，而且在二里头期作坊中未发现青铜工具。在王家嘴1号长窑仅发现1件铜镞，这说明二里头期手工工具以石器为主。二里岗期作坊遗迹常发现有青铜工具，可见青铜工具在生产中已逐渐起重要作用。在二里岗期手工作坊及农业生产中，石器仍然起着重要作用。在盘龙城杨家嘴、杨家湾作坊遗址中，灰烬沟中的陶缸之旁发现有石刀等工具。值得注意的是，在西城墙的夯土中发现一件石铲，体型较大、全长达54.8厘米，刃宽15.6厘米（PCY：0401）。可见石铲一类的掘土工具在生产中仍起重要作用。但从总体来说，盘龙城二里岗期的石器显得粗糙，不及二里头期的精制。

生产力是决定社会经济力量的重要因素。商周时期青铜工具、农具虽未能完全代替石、木、蚌器，但已经投入到生产领域，应用于规模较大的手工业和农业生产中。商周时代社会经济形态以农业为主，青铜工具的使用也使得粮食产量大大增加。粮食产量是当时农业生产发展的重要标尺。盘龙城的粮食产量或可从盘龙城出土的酒器以及疑似酿造作坊等情况推知一二。

盘龙城贵族墓随葬青铜酒器十分流行，一般中小型房基及遗址中陶质酒器也很常见。当时使用的酒器有酿酒用的罍，贮酒用的壶、卣，温酒用的盉、斝，饮酒用的爵、觚等。出土酒器种类之繁，数量之多，说明嗜酒的风气相当盛行。在当时社会里，平民喝酒和贵族嗜酒是常态，宴飨、祭祀更是无酒不成。商代以粮食酿酒，酿酒就要消耗大量粮食，如果没有高度发展的农业，是不能满足这一要求的。盘龙城贵族、平民饮酒风气甚浓的事实，从一个侧面反映出盘龙城当地农业生产发达，粮食产量丰足。长江流域自古是鱼米之乡。新石器时代晚期京山屈家岭文化遗址就已经出土大量稻谷，经鉴定为粳稻，夏商时期盘龙城一带盛产稻米当是事实。在盘龙城的考古发现中，似有酿造作坊。王家嘴遗址曾发现许多大口陶缸，三五成群置于不规则形的灰层中，周围均发现有成堆的木炭灰，器表有火烧痕迹。这种陶缸在郑州也出土过，其内多沾有白色水锈状沉淀物。有研究者认为，这可能与当时的酿造有关。盘龙城王家嘴遗址范围较大，面积约2万多平方米。假如它与酿造有关，那么这处酿造作坊的规模就十分可观了。

2.手工业

手工业和农业的分离以及手工业内部进一步的分工,促使剩余产品交换和商品经济的发展。生产的粮食及农副产品,有一部分需要在市场上进行交换。农村劳动者用剩余粮食酿造的酒,到城里换取必需的手工业品,城里的工匠用手工业品换取粮食,从而促进社会商品经济发展。

盘龙城制陶手工作坊规模宏大,出土了大批陶缸。其制造的陶器除满足本地日常生活之用外,相当一部分还可能流入周边的广大地区,比如孝感安陆晒书台、荆州江陵张家山、荆南寺,湖南石门皂市、岳阳铜鼓山及赣北地区九江神墩、德安石灰山、清江吴城遗址等。以上遗址出土的陶缸及陶鬲,与盘龙城十分类似,不排除相互间有商品的交换。盘龙城出土的硬釉陶,其产地多在长江以南的江西、湖南乃至浙江一带,最开始应是通过商品交换输送到盘龙城当地的,以后才有相关生产技术的传播。盘龙城出土的硬釉陶应当是贸易与交换的产物。

盘龙城已发现的铸铜作坊所需的原料有铜、锡、铅、铝、铁等。铜矿主要来源于一江之隔的鄂东南的阳新港下、大冶铜绿山及江西瑞昌等地。铜矿的输入除了以政治、军事手段外,应存在着商品交换这一形式。例如,铅的产地,据有关学者研究,主要分布在云南的永善、巧家、昭通、新平、元谋等地,我国其他地区未见。那么,盘龙城青铜器所需的铅,很可能是从远方获得的。

盘龙城玉器的玉料产地,据专家分析,其中的透闪石类来自新疆,蛇纹石类来自辽宁,绿松石类来自湖北郧县、竹山一带。这些均需交换输入[①]。

盘龙城优越的水路交通,为商品交换提供了便利条件。盘龙城郭城面积约60万平方米,是平民、工匠居住地所在。据推算,王家嘴、杨家湾,杨家嘴等地的制陶、制铜作坊在进行生产时,每个作坊均需要数十至上百人同时操作,因此在作坊周围分布着密集的房基,可见当时的盘龙城算得上是人口密集区。有学者甚至统计,整个盘龙城的住户可能多达3000家,人口有近2万人[②]。这批非农业人口长年需消费大量粮食和农产品。总之,由于农业、手工业和交换的初步发展,盘龙城社会经济十分活跃,成为商朝南土的经济和商业中心。

① 郑小萍:《盘龙城各遗址玉器鉴定报告》,《盘龙城:一九六三年——一九九四年考古发掘报告》附录10,文物出版社,2001年。

② 宋镇豪:《夏商社会生活史》,中国社会科学出版社,1994年。

第四节　盘龙城:武汉城市之根

作为商王朝统治南方的中心城市,商朝的城市建制、宫廷建筑手法、埋葬习俗、青铜工艺在早商时期的盘龙城得以大力推行。江汉地区经历着一次重大变革,青铜工具加入生产领域,促进农业的空前发展。手工业分工细致,生产突飞猛进。新兴的城市突破了原始社会经济关系的束缚,朝着新的经济结构的道路向前发展,形成了城乡对立,城市统治农村的局面。盘龙城雄伟的宫殿、高峻的城垣以及成规模的手工作坊,已非原始公社时期简陋的城堡可比拟。它与城堡相比,有了新的发展,增加了新的内容,具有新的聚落形态的特征。它担负着事君治民、掠夺财富与资源以及防范外敌侵扰的职责,是商王用以获取和维护政治权力的工具。大型宫殿基址是古代政权的象征,宗庙是贵族行政的重要场所,国之大事如隆重的祭祀、册命、听政、出师授兵、献捷、献俘、盟会等均在此举行。盘龙城已是地方政权的实体。

商代前期,盘龙城的青铜制造业有着长足的发展,高达55厘米的大圆鼎再现了当时高超的青铜铸造水平。青铜武器大量出土,透露了古城浓厚的军事色彩,表明这里曾是商王朝在南方建立的军事重镇。而出土的大铜钺,也是军事率领权的象征。盘龙城青铜礼器器类完备,墓葬中有规律的器物组合、彩绘木雕椁板、长达94厘米的大玉戈及卜骨等,皆反映出维护社会新秩序的礼制已经形成。已发掘的三十多座墓葬分为五等,各类墓葬的随葬品数量悬殊,表现了私有制、贫富差别的阶级分野,揭示了社会结构发生的深刻变化。诸多因素表明,商代盘龙城已进入较为发展的文明社会。

近几十年来,学者们在各自学术领域勤奋耕耘,期冀从远古蛮荒的长夜寻求武汉城市文明之光,完整勾勒武汉城市发展的轨迹。

武汉历史延绵数千年。对其三国以后各历史阶段,学者多有研究。《水经注》:“沔左有却月城,亦曰偃月垒。”据学者考证,却月城约在今月湖一带,面积约2万平方米。209年,孙权举兵进击,杀黄祖,破却月城。223年,孙权依山筑城,名曰“夏口城”。夏口城周长有二三里之多,与却月城遥相呼应,共扼大江,逐渐形成武昌、汉阳“双城”。汉高祖六年(公元前201年),从南郡中析出江夏郡。《汉书・地理志》:“江夏郡,高帝置,属荆州。”汉阳作为单独的县的建置,始于隋大业二年(公元606年)。

盘龙城的发现将武汉城市的历史推至距今约3500年,开启了武汉城邑文明历史。科学地评价、确认盘龙城的历史文化地位,挖掘这份文化遗产潜在的历史价值和文化资源十分必要。2002年,由武汉市委宣传部和武汉市历史文化名城委员会共同主办的“商代盘龙城与武汉城市发展研讨会”是一次武汉追根寻源的空前盛会。

研讨会聚集了来自北京、河南、湖北的众多历史学家、考古学家。学者们围绕盘龙城形成原因、建城年代、文化内涵、城市性质以及盘龙城在武汉城市发展的地位、保护与开发利用和武汉城市发展特点等,展开了热烈讨论。涉及盘龙城及武汉城市发展之根的讨论主要有以下四方面:

其一,盘龙城究竟是一座初级城市,还是一座城堡?黄盛璋先生曾指出,城堡的特征是外有城,内有堡,出现有军事设备与组织。城市的特征是:除军事及组织外,出现有政治组织、经济组织及贸易场所,且地处一个人口集中,经济发达,交通便利的地方。江汉平原出现的古城,如湖北天门石家河、湖南澧县城头山、湖北荆门马家垸、石首走马岭、江陵阴湘城、黄陂张西湾和应城门板湾等,其时代在新石器时代,均不具备严格意义上的城市规格与内涵,因而只能称为城堡,不能称为城市。谭维四先生根据盘龙城考古资料,主张盘龙城是武汉城市文明的开端,而不是一座城堡,它已具备早期城市的条件[①]。

其二,关于城市的兴起。石泉先生认为,城市是人类文化与自然环境相结合的产物。古代由于社会生产力的制约,形成城市中心不容易,所以一个大的区域内一般只能有一个中心,盘龙城就是商代早期江汉流域的这样一个城市中心[②]。

其三,关于城市建制的沿革。有人认为,黄陂境内的盘龙城与武汉城区毕竟不是一个建制内的行政单位。对于这个问题,多数学者的观点是,不可用一种简单、直观的方法来看待,应该运用的是区域地理概念,而非城区概念。中国社会科学院历史研究所研究员曲英杰先生曾认为,城市的产生和存在有其历史的必然性。其兴其废,与自然和社会的变化、发展有着密不可分的关系。在一个地理单元中,当社会政治、经济、文化等发展到一定的阶段,就必然产生一定规模的城市作为政治、经济、文化的中心。这个中心当然对自然和地理条件有所选择。自然与地理是变化的,如同社会在不断地发展、变化一样。两者共同作用,造成城市相对移动,也就是说,城址可能在该地理单元中迁徙。中国两大古都西安和北京,现代城区与最初的城址都不在同一个点上。西周早期的沣镐遗址在沣河两岸,后来西周始封燕国都城遗址在京郊房山区琉璃河一带。人们也许会感叹,奔涌浩荡的中华两大帝都的文明巨潮,最初竟是在这些荒野郊外淌出涓涓潺流!城邑的兴废变迁,是城市发展的基本规律,大多数古城都经过反复兴废的历史。因此,在探索武汉城市的源头时,不应囿于现在城区的范围。从历史上来看,黄陂与武汉三镇地缘关系密切。南朝刘宋孝建元年(公元 454 年)设置郢州府,今武昌区、黄陂区隶属郢州府。明代的黄陂县属黄州府,

① 谭维四:《黄陂商代盘龙城——武汉城市文明之源》,《武汉城市之根——商代盘龙城与武汉城市发展研讨会论文集》,武汉出版社,2002 年。

② 武汉市历史文化名城委员会:《聚焦大武汉之根盘龙城——“商代盘龙城与武汉城市发展研讨会”综述》,《武汉城市之根——商代盘龙城与武汉城市发展研讨会论文集》,武汉出版社,2002 年。

清代雍正七年(1229年)后,属汉阳府,可见黄陂与武汉三镇地缘关系十分密切。

其四,城史的发展阶段。冯天瑜先生提出,武汉的"市龄"可分为四个层次:第一阶段为武汉地区最早建筑完备城垣的时间,第二阶段为武汉地区最早出现城市建制的时间,第三阶段为武汉地区的市镇以经济(工商业)为主要功能开端于何时,第四阶段为武汉作为现代都会始于何时。冯先生认为:城垣建筑是跨入文明门槛的三个标志之一。坐落在今武汉市郊黄陂叶店的盘龙城筑于商代。该城连续使用100至200年,至商人定都殷以后不久废弃,是商王在长江中游的派驻地,可能是方国的都邑。将盘龙城视作武汉市的源头,从地望而言讲得通,因为盘龙城在"大武汉"之内,离"小武汉"(市区)也只不过10里之遥;从功能而言也讲得通,盘龙城的大量考古材料显示此城当年的政治、军事、宗教、经济作用,此城后被废弃,其功能为武汉地区渐次兴起的其他城址所续接、承传,这是绝大多数城市与先秦古城间关系的通例。盘龙城与武汉市的关系,类似沣、镐与西安市的关系。以盘龙城为武汉市的历史起点,可以成立。若依此说,武汉"市龄"约3500岁①。

站在一个大的时空视角来考察武汉的城市历程,一个不容置疑的事实摆在我们面前:这里处在中国南北政治、经济、文化的连接点上,由此造就了一个极具地理优越性的区域中心的诞生。盘龙城是最早显现并确立武汉这种优越地理位置的城邑。虽然这座古城在商代早期便废弃了,但是这种格局一经确立,在其自然地理环境和社会人文背景没有较大改变的前提下,它的影响和意义应该不会轻易消失,后续也还会以另外的行政建置和城市景观表现出来。石泉先生指出,要考察盘龙城之后取代它的是谁,即又有什么城作为该区域中心。这样的中心必然存在,这是规律决定的②。王汗吾先生认为,武汉地区从一个中心到江上双城再到三镇鼎立,虽然是比较独特的现象,但不违反在一定地理单元中,因为军事、政治的需要或经济的发展,反复出现或长期存续一个军事城堡和城市中心的一般规律,盘龙城是武汉市的源头具有历史的合理性③。

盘龙城是一座较为发展的初级城市,也是武汉最早的城市所在,是武汉城市发展之根。武汉作为一个全国特大城市和国家级历史文化名城,由盘龙城到黄陂鲁台山,又延续至江夏郡、夏口城,后发展为郢州、鄂州,再演化成汉口,在不同时期都树立了各自具有时代特征的城市里程碑。盘龙城这座标志武汉城邑文明开始的古城,开启了武汉城市文明之光。

---

① 冯天瑜:《武汉"市龄"四段说及武汉城市风格定位》,《武汉城市之根——商代盘龙城与武汉城市发展研讨会论文集》,武汉出版社,2002年。

② 武汉市历史文化名城委员会:《聚焦大武汉之根盘龙城——"商代盘龙城与武汉城市发展研讨会"综述》,《武汉城市之根——商代盘龙城与武汉城市发展研讨会论文集》,武汉出版社,2002年。

③ 王汗吾:《从地理单元中城市中心变迁的比较研究看盘龙城与武汉三镇的源流关系》,《武汉城市之根——商代盘龙城与武汉城市发展研讨会论文集》,武汉出版社,2002年。

结 语

盘龙城的发现改变了此前人们对于商代疆域的认识，书写了长江、黄河流域的文化交流和融合，共同缔造了夏商文明的历史。盘龙城这座古老城市彰显了长江流域青铜文化的璀璨风貌，开启了长江中游城市的文明之光，在中华民族文化发展史上具有重要地位。

一

盘龙城地理位置险要，自然条件优越，扼守南北要道，后方有郑州王都倚靠，南面有府河长江屏障，进退自如。盘龙城城市布局合理，规划简明，功能完备。宏伟的宫殿建筑基址，高规格的人殉墓，厚重大气、组合齐全的青铜礼器及青铜工具、兵器，大规模的制陶、铸铜作坊，宗教礼仪的祭祀坑及卜骨等，表明盘龙城与江汉地区史前时期古城如天门石家河[①]、荆门马家垸、江陵阴湘城、应城门板湾、黄陂张西湾等城址性质不同[②]，已经不属氏族社会聚落形态的范畴了。盘龙城四面夯土建城垣，开设城门，外有壕沟，内立宫殿，在商代考古史上如此完整的商城得以揭示并不多见。安阳殷墟历经15次发掘尚未找到明确城墙[③]，郑州商城的城垣为战国、汉唐城墙所覆盖[④]，偃师商城仅见东、西、北三面墙体[⑤]，洹北商城的城垣仅存基槽[⑥]，其他商城如焦作府

① 张绪球：《长江中游新石器时代文化概论》，湖北科学技术出版社，1992年。

② 刘辉等：《武汉市黄陂区张西湾新石器时代城址发掘简报》，《考古》，2012年第8期。

③ 胡厚宣：《殷墟发掘》，学习生活出版社，1955年。

④ 河南省文物考古研究所：《郑州商城——一九五三年—一九八五年考古发掘报告》，文物出版社，2001年。

⑤ 中国社会科学院考古研究所河南第二工作队：《河南偃师商城东北隅发掘简报》，《考古》，1998年第6期。

⑥ 中国社会科学院考古研究所安阳工作队：《河南安阳市洹北商城的勘察与试掘》，《考古》，2003年第5期。

城[①]、山西垣曲[②]、夏县东下冯等城垣也都很不完整[③]。盘龙城城内宫殿基址是我国迄今保存完好、年代最早的一组以前朝后寝为主体的宫廷建筑群[④]。夯土高台的设计,前朝后寝的格局,四阿重屋的风格,木骨泥墙的制式,披檐和擎檐柱的技巧,代表了商代最高的建筑水平[⑤],实属中国早期建筑的典范。盘龙城宫城之外分布的作坊、房基、灰坑、墓葬等遗迹都保存较完好[⑥],制陶窑址和铸铜作坊代表了当时先进的生产技术,显示了3500年前的盘龙城城市手工业的蓬勃发展,让人感悟到武汉盘龙城先民筚路蓝缕,敢于为先的开拓创新精神。

盘龙城时代,社会等级显著分野。商朝国家统治的基本形式是由国王、贵族、平民三个等级组成,并由国王支配下的专制政体。盘龙城墓葬是商代盘龙城社会等级分层的缩影,墓葬形制、随葬品种类、数量等都有相应的等级规定,一定程度上反映了死者生前的社会地位。盘龙城已发掘的38座墓葬可分五等[⑦]。第一等以李家嘴2号墓为代表,墓主身份应为盘龙城最高等贵族;第二等以王家嘴1号墓为代表,身份为盘龙城贵族阶层;第三等以杨家湾7号墓为代表,为一般贵族;第四等以杨家嘴10号墓为代表,为自由民或士兵;第五等以杨家嘴7号墓为代表,属于一般劳动阶层。在五等之下还有奴隶阶层,如李家嘴2号墓的殉人。李家嘴2号墓是我国早商期墓葬中规模最大的人殉墓。商代盘龙城奴隶主与奴隶、贵族与平民、富者与贫者,阶级分野清楚。社会内部出现的阶级差异,正是奴隶社会国家机器完备与强化的体现。盘龙城是早商时期商王朝经营南方的政治中心。

商汤迁都西亳后开始了扩展领土、掠夺落后民族和地方财富的战争。商朝军队到达长江之滨的盘龙城,占领并统治江汉地区。肩负着征服南土、掠夺财富、防范异族反抗及外敌侵扰的政治职责,盘龙城因此也成为商朝进军南土的军事中心。先进武力的威慑,军事防卫的助力,为盘龙城赢得了较长时期和平稳定发展的局势,有力保障了社会生产、生活,农业经济得以良好发展。依靠盘龙城的辐射作用,中原商文化继续向南扩张,盘龙城成为商代南北文化交流的重要桥梁。

历史上,资源的获取、控制和垄断,是维持一个王朝统治的重要因素[⑧]。商王朝为了开疆拓土,牢固掌控南方宝贵的矿产资源,一直以盘龙城为据点,远交近攻,依托长江水系,控制鄂、豫、皖等广大区域。盘龙城与大冶铜绿山仅有一江之隔,与港

① 袁广阔、秦小丽:《河南焦作府城遗址发掘报告》,《考古学报》,2000年第4期。

② 中国历史博物馆考古部等:《垣曲商城》,科学出版社,1996年。

③ 中国社会科学院考古研究所:《夏县东下冯》,文物出版社,1988年。

④ 陈贤一:《光辉灿烂的商代盘龙城》,《商代盘龙城学术研讨会论文集》,科学出版社,2014年。

⑤ 杨鸿勋:《从盘龙城商代宫殿遗址谈中国宫廷建筑发展的几个问题》,《文物》,1976年第2期。

⑥ 湖北省文物考古研究所:《盘龙城:一九六三年—一九九四年考古发掘报告》,文物出版社,2001年。

⑦ 陈贤一:《商代盘龙城——武汉城市之根的考古历程》,武汉出版社,2014年。

⑧ 王巍:《推进盘龙城及江汉地区的考古和历史研究——在商代盘龙城学术研讨会上的讲话》,《商代盘龙城学术研讨会论文集》,科学出版社,2014年。

下、铜岭、铜陵、南陵古铜矿几乎在同一条长江运输线上，长江两岸的铜料通过江汉平原抵达南阳盆地，这是中原王朝始终控制的一条南铜北输交通线[①]，是商王朝青铜铸造业的重要支撑。盘龙城在巩固商王朝的统治，保障王朝物质资源方面起了十分重要的作用。盘龙城发掘的灰烬沟遗迹，沟底分布有2—3个互通的凹坑，里面放置成组的厚胎陶缸、坩埚，坑内及四周积满木炭屑，还发现了熔渣、孔雀石、碎铜片、红烧土等遗物；杨家湾、楼子湾遗址出土的陶缸上，有的留有熔渣残迹；李家嘴2号墓的一件铜簋的耳内，存留泥范的残块；杨家嘴岗坡暴露的黑灰烬土断面上曾采集到一块熔渣，经测定为炉壁残片；盘龙城墓葬和作坊中出土了一批大型青铜生产工具，如斨、镢、斧、锛、臿、凿、锯等，这类青铜工具在铜绿山西周或东周矿井中常见出土[②]，可能与冶铸、开矿有关；盘龙城的一些墓葬在二层台上随葬厚胎坩埚、陶缸，有的墓还随葬铜凿，这些坩埚、铜斧、铜凿应与制铜有关。制铜工具出土在墓葬中，这在中原商墓中少见。种种迹象表明，商代的盘龙城已出现了铸造场所。盘龙城出土的青铜器与郑州商城出土的青铜器相比，质薄表光亮，含铅量偏高[③]，说明合金的配料有所不同，也可说明盘龙城有自己的制铜业，是早商南方青铜器铸造基地。

综上，盘龙城是中国早期城市的典范，是早商时期集政治、经济、军事三位一体的南方中心城市，为商王朝拱卫王都，夺取矿产资源发挥了积极作用。

二

早商时期，商灭夏的政权更替和商文化的对外扩张，促进了长江流域青铜文化的发展与变革。盘龙城遗址中心区面积有1.1平方公里，是已知的为数不多的较大规模商代遗址。当时的鄂东北地区，以黄陂盘龙城遗址为代表，全面接受商文化。与长江沿线的吴城文化[④]、湖熟文化[⑤]、马桥文化[⑥]、三星堆等青铜文化相比[⑦]，盘龙城具有的中原先进商文化因素更为浓厚，青铜文化发展稳定，成熟发达。盘龙城墓葬、祭祀坑等出土的青铜礼器、兵器和工具，器类达36种，数量达400余件，在我国商代前期的青铜器群中首屈一指，甚至超过中原王都郑州、偃师及诸方国的出土数量。

---

① 郝本性：《谈盘龙城在商王国南土的作用》，《武汉城市之根——商代盘龙城与武汉城市发展研讨会论文集》，武汉出版社，2002年。

② 陈树祥：《盘龙城与铜绿山古铜矿业关系》，《商代盘龙城学术研讨会论文集》，科学出版社，2014年。

③ 孙淑云等：《盘龙城出土青铜器的铅同位素比测定报告》，《盘龙城：一九六三年—一九九四年考古发掘报告》附录四，文物出版社，2001年。

④ 江西省文物考古研究所、樟树市博物馆：《吴城：1973—2002年考古发掘报告》，科学出版社，2005年。

⑤ 曾昭燏、尹焕章：《试论湖熟文化》，《考古学报》，1959年第4期。

⑥ 黄宣佩、孙维昌：《马桥类型文化分析》，《考古文物》，1983年第3期。

⑦ 屈小强、李殿元、段渝：《三星堆文化》，四川人民出版社，1993年。

青铜器的造型艺术，装饰纹样、铸造技术等都表现出一定的独特风格。细腰甗、双耳及无耳簋、冲天流盉、分裆斝、提梁卣、管状流爵、镂空圈足觚等为中原所少见，成为早商铜器的经典。盘龙城青铜礼器组合完整，主要器类有觚、爵、斝、尊、罍、鼎。李家嘴1、2号墓铜簋，与鼎相配，属最早的青铜礼器鼎簋组合，是两周鼎簋组合的最早源头①。盘龙城青铜生产工具有臿、镢、斨、斧、锛、凿、刀、锯等②，是考古发现早商期青铜工具种类和数量最多的一次，也是我国迄今发现的最早和最完整的一批青铜农具与工具，因此而成为早商期生产力发展的标志物。杨家湾11号墓出土的大圆鼎，口径55厘米，为早商圆鼎最大者；出土的铜勾刀造型独特，可谓匠心独运。青铜武器中的一件铜钺长41厘米，刃宽26厘米，在商代同类器中器形最大。铜器之外，盘龙城陶器、玉器也是灿烂文明的体现。王家嘴发现的窑址长达54米，规模之大，为夏商时期罕见，是目前我国发现的这一时期最早、规模最大的长窑，反映了社会生产力的进步。盘龙城出土的一件大红陶缸，高达1米，是江汉土著文化的典型器皿，也是我国夏商期陶缸体型最大、年代最早的一件。杨家湾6号祭祀坑出土的大陶鬲，口径38.4厘米，通高50厘米，通体满饰圜络纹，是早商期最大的陶鬲。这件陶鬲是器身仿土著鼎而加饰中原盛行的圜络纹，表现了两地文化的融合，弥足珍贵。更值一提的是盘龙城出土的硬釉陶，这种陶以高岭土烧成，胎骨细腻，质地坚硬，色白釉亮，叩之清脆，当属原始瓷器。其特征虽与江西地区所出相近，但其中尊、瓮、罐等又有自身风格，是本地区发展起来的新类型③，进而向郑州商城等中原地区传播。盘龙城是我国原始瓷器最早的产地之一，它将我国发明原始瓷器的历史提前到夏商时期，为西周以后原始瓷的发展奠定了基础。盘龙城出土玉器种类多，礼器、装饰品皆有，引人注目。李家嘴3号墓出土的大玉戈，全长94厘米，形制之大，居商代之首，堪称“玉戈之王”。

辉煌一时的盘龙城商文化，在江汉地区生根开花，枝繁叶茂。考古资料表明，江汉地区商周文化与楚文化的关系密切。湖北境内发现诸多商周遗址，较为重要的有商代盘龙城遗址④、西周鲁台山墓地⑤和随州叶家山墓地⑥，内涵均十分丰富，都不同程度地体现出商周文化与江汉本地文化的融合。盘龙城商文化为楚文化所继承，是楚文化的形成与发展的基础。

楚墓随葬青铜礼器中的鼎、鬲、甗、盘、壶、簋、瓿等，在盘龙城商文化中均可见其雏形，陶器作风彼此也存在一定的传承关系。丹淅地区的淅川下王岗西周文化遗存

① 李桃元等：《盘龙城青铜文化》，湖北美术出版社，2002年。

② 雷雨、陈春：《披荆斩棘，铸造辉煌——盘龙城商代青铜工具》，《文物天地》，2016年第11期。

③ 陈贤一：《商代盘龙城——武汉城市之根的考古历程》，武汉出版社，2014年。

④ 湖北省文物考古研究所：《盘龙城：一九六三年—一九九四年考古发掘报告》，文物出版社，2001年。

⑤ 黄陂县文化馆等：《湖北黄陂鲁台山两周遗址与墓葬》，《江汉考古》，1982年第2期。

⑥ 湖北省文物考古研究所：《湖北省随州叶家山西周墓发掘简报》，《文物》，2011年第11期。

中出土了一组西周早期陶器，代表楚早期的物质文化[①]，从其中的陶鬲、甗、罐、瓮、豆、盆等来看，鬲敛口、分裆且体呈长方形，瓮小口广肩等，这些特征均存有商代作风，与盘龙城同类器风格接近。江汉地区西周中晚期的楚文化遗存多集中在江汉平原西部当阳、枝江境内，所出土陶器的一些特征与商代盘龙城、荆南寺出土同类器近似[②]，如簋的浅盘、直腹、高圈足、灰胎或红褐胎黑皮陶，与盘龙城陶簋的红胎黑皮陶、深盘直腹、圈足相似；罐、瓮的口沿多为方唇、尖缘，与盘龙城二里岗期的罐、瓮相似。鄂东地区红安金盆[③]、汉阳纱帽山[④]、汉川乌龟山[⑤]以及江陵张家山[⑥]等西周晚期文化遗址出土的属早期楚文化的陶鬲、盂、罐、豆、瓮等，在盘龙城商代遗址中已见雏形。值得一提的是，有学者研究指出，盘龙城的连裆陶鬲、红褐色陶、方唇尖缘、高足根包足套结，为后来楚文化所继承，称为楚式鬲。这种楚式鬲以后会同黑皮红胎陶的敛口盆、圈足簋和小口瓮等融入楚文化的群体，成为楚文化发展的源头[⑦]。盘龙城相当于二里头晚期的遗址中就已出现的小口鬲，其形制为敞口、鼓腹、平裆、高尖锥足。西周时期，小口鬲仍然存在。武昌放鹰台西周文化层中出土的鬲[⑧]，也是小口鼓腹，其纽状堆纹是商代纹饰的发展，只不过在形态上吸收了西周时期瘪裆、柱足的特征。红安金盆遗址出土的西周晚期小口鬲柱足加高且粗，与中原地区显异，但又具有中原地区仿铜器特点，如折肩、瘪裆。到了春秋早、中期，在当阳赵家湖楚墓出土的小口鬲，形制已趋定型：斜肩、鼓腹、平裆、高足瘦长，成为具有独特风格的楚器[⑨]。楚都纪南城出土的小口鬲，平裆、腹底微下凸，足部除高瘦柱足外，还出现了矮小柱足[⑩]。楚文化是在商文化的基础上，接受了西周文化的强烈影响逐渐发展起来的。这种承袭关系，在地层关系上已获得证实。如在湖北江陵张家山遗址，商文化层之上压着西周晚期文化层，而相当于东周时期的楚文化遗存又打破了西周文化层[⑪]。可见夏商时期，盘龙城以鬲为代表的夏商文化，与早期楚文化有着一种内在的亲缘关系，它应是楚文化的源流。

楚文化与商文化关系的密切，还体现在宫室建筑技术及葬制葬俗等方面。盘龙城宫室的四阿重屋、四周回廊、外围散水等特征，在楚都纪南城 30 号台基的宫殿建

① 河南省文物考古研究所：《淅川下王岗》，文物出版社，1989 年。

② 荆州博物馆：《荆州荆南寺》，文物出版社，2009 年。

③ 湖北省文管所：《湖北红安金盆遗址的探掘》，《考古》，1960 年第 4 期。

④ 湖北省博物馆：《汉阳东城垸纱帽山遗址调查》，《江汉考古》，1987 年第 3 期。

⑤ 湖北省文物考古研究所：《汉川乌龟山西周遗址试掘简报》，《江汉考古》，1997 年第 2 期。

⑥⑪ 陈贤一：《江陵张家山遗址的试掘与探索》，《江汉考古》，1980 年第 2 期。

⑦⑨ 高崇文：《从夏商时期江汉两大文化因素的源流谈楚文化起源》，《楚文化研究论集》第三集，湖北人民出版社，1994 年。

⑧ 湖北省文物考古研究所：《武昌放鹰台》，文物出版社，2003 年。

⑩ 湖北省博物馆：《楚都纪南城考古资料汇编》，1980 年。

筑中也有发现[①]，这种防雨、防晒、防潮的建筑设计，适合我国南方多雨的自然条件。不少学者都指出，楚墓流行长方形土坑竖穴墓，坑内二层台，坑外设墓道，墓底挖腰坑，设置车马坑陪葬等，应当是承袭殷墓的文化特征。殷商青铜礼器的偶数形式，对楚文化也有一定影响[②]。

盘龙城缔造了灿烂的青铜文明，是楚文化形成和发展的基础，丰富了中华民族文化的内涵。盘龙城是迄今发现的中国早商时期最为完备的文明城市，是商王朝南方的统治中心。作为长江中游地区早商时期集军事、政治、经济三位一体的中心城市，耸立在府河之滨的盘龙城，标志着长江中游漫长洪荒的原始社会的彻底终结。今天的武汉是几千年江汉文明渐进、积累和沉淀的结果，其源头应追溯到文明初萌的盘龙城。神秘厚重、多姿多彩的盘龙城夏商文明，像一座华光万丈的文明灯塔，照耀着江汉历史的新纪元，谱写了长江、黄河两大流域文化融合的光辉篇章，是中华民族优秀文化的不朽丰碑！

---

① 湖北省博物馆：《楚都纪南城的勘查与发掘（下）》，《考古学报》，1982 年第 4 期。

② 陈旭：《商、楚文化关系的探讨》，《楚文化研究论文集》，中州书画社，1983 年。

参考文献

1.《黄陂县发掘出商代宫殿基址和奴隶殉葬墓》,《人民日报》,1975 年 2 月 14 日第 4 版;又见《湖北日报》,1975 年 2 月 14 日第 1 版。

2. 安金槐:《安金槐考古文集》,中州古籍出版社,1999 年。

3. 安金槐:《商代的楚文化遗存及其有关问题》,《楚文化研究论文集》,中州书画社,1983 年。

4. 安金槐:《试论郑州商代城址——隞都》,《文物》,1961 年第 4、5 期合刊。

5. 安金槐:《谈谈郑州商代瓷器的几个问题》,《文物》,1960 年第 8、9 期合刊。

6. 安金槐:《郑州商城》,《中国大百科全书 · 考古卷》,中国大百科全书出版社,1986 年。

7. 安志敏等:《1958—1959 年殷墟发掘简报》,《考古》,1961 年第 2 期。

8. 白坚、源中根:《说雀》,《江汉考古》,1989 年第 1 期。

9. 北京大学历史系考古教研室商周组编:《商周考古》,文物出版社,1979 年。

10. 长江水利委员会编:《宜昌路家河:长江三峡考古发掘报告》,科学出版社,2002 年。

11. 曹斌:《从商文化看商王朝的南土》,《中原文物》,2011 年第 4 期。

12. 陈公柔、张长寿:《殷周青铜容器上兽面纹的断代研究》,《西周青铜器分期断代研究》,文物出版社,1999 年。

13. 陈树祥:《试析盘龙城的兴衰》,《湖北省考古学会论文选集(二)》,《江汉考古》编辑部,1991 年。

14. 陈贤一、付守平、张金国:《新干商墓与江南商代文明》,《南方文物》,1994 年第 1 期。

15. 陈贤一:《江汉地区的商文化》,《中国考古学会第二次年会论文集 1980》,文物出版社,1982 年。

16. 陈贤一:《江陵张家山遗址的试掘与探索》,《江汉考古》,1980 年第 2 期。

17. 陈贤一:《盘龙城的考古发掘及其文化概貌》,《奋发荆楚,探索文明:湖北省文物考古研究论文集》,湖北科学技术出版社,2000 年。

18. 陈贤一:《盘龙城商代二里岗期墓葬陶器初探》,《中国考古学会第四次年会论文集 1983》,文物出版社,1985 年。

19. 陈贤一:《盘龙城遗址的分期及城址的性质》,《考古学研究(五)》,科学出版社,2003 年。

20. 陈贤一:《商代盘龙城——武汉城市之根的考古历程》,武汉出版社,2014 年。

21. 陈贤一:《武汉三千五百年前的古城——介绍商代盘龙城遗址》,《武汉春秋》,1984 年第 2、3 期。

22. 陈贤一等:《论湖北地区早商文化》,《长江文化论集》,湖北教育出版社,1995 年。

23. 陈旭、杨新平:《商周青铜钺》,《中原文物》,1984 年第 4 期。

24. 陈旭:《商、楚文化关系的探讨》,《楚文化研究论文集》,中州书画社,1983 年。

25. 陈旭:《夏商文化论集》,科学出版社,2000 年。

26. 陈旭:《郑州杜岭和回民食品厂出土青铜器的分析》,《中原文物》,1986 年第 4 期。

27. 程涛平:《论盘龙城为商王南土行都》,《楚简楚文化与先秦历史文化国际学术研讨会论文集》,湖北教育出版社,2013 年。

28. 董琦:《夏代的中原》,《夏文化研究论集》,中华书局,1996 年。

29. 豆海峰:《长江中游地区商代文化研究》,吉林大学博士学位论文,2011 年。

30. 杜金鹏:《盘龙城商代宫殿基址讨论》,《考古学报》,2005 年第 2 期。

31. 杜金鹏:《商周铜爵研究》,《考古学报》,1994 年 3 期。

32. 杜金鹏:《郑州南关外下层文化渊源及其相关问题》,《考古》,1990 年第 2 期。

33. 杜迺松:《青铜钺的初步研究》,《考古与文物》,1983 年第 5 期。

34. 鄂兵:《湖北随县发现曾国铜器》,《文物》,1973 年第 5 期。

35. 鄂博、北大:《盘龙城——长江中下游商代城址的新发现》,《光明日报》,1975 年 4 月 9 日第 3 版。

36. 鄂城县博物馆:《湖北鄂城县沙窝公社出土青铜爵》,《考古》,1982 年第 2 期。

37. 樊祥熹、苏荣誉:《新干商代大墓青铜器合金成分》,《新干商代大墓》,文物出版社,1997 年。

38. 方酉生:《试论盘龙城商文化》,《湖北省考古学会论文选集(一)》,湖北省考古学会选编,1987 年。

39. 冯少龙:《湖北省商代考古发现与研究概述》,《奋发荆楚,探索文明:湖北省文物考古研究论文集》,湖北科学技术出版社,2000 年。

40. 冯天瑜、刘英姿主编:《商代盘龙城学术研讨会论文集》,科学出版社,2014 年。

41. 冯天瑜:《武汉“市龄”四段说及武汉城市风格定位》,《武汉城市之根——商代盘龙城与武汉城市发展研讨会论文集》,武汉出版社,2002 年。

42. 傅聚良:《盘龙城、新干和宁乡——商代荆楚青铜文化的三个阶段》,《中原文物》,2004 年第 1 期。

43. 港下古铜矿遗址发掘小组:《湖北阳新港下古矿井遗址发掘简报》,《考古》,1988 年第 1 期。

44. 高崇文:《从夏商时期江汉两大文化因素的源流谈楚文化起源》,《楚文化研究论集》第三集,湖北人民出版社,1994 年。

45. 高大伦:《论盘龙城遗址的性质和作用》,《江汉考古》,1985 年第 1 期。

46. 高炜、杨锡璋、王巍、杜金鹏:《偃师商城与夏商文化分界》,《考古》,1998 年第 10 期。

47. 高应勤:《鄂西夏商时期文化遗存试析》,《文物》,1992 年第 3 期。

48. 高至喜:《“商文化不过长江”辨——从考古发现看湖南的商代文化》,《商周青铜器与楚文化研究》,岳麓书社,1999 年。

49. 高至喜:《楚国西周铜器初论》,《长江文化论集》,湖北教育出版社,1995 年。

50. 高至喜:《湖南宁乡黄材发现商代铜器和遗址》,《考古》,1963 年第 12 期。

51. 郜向平:《商系墓葬研究》,科学出版社,2011 年。

52. 葛治功:《安徽嘉山县泊岗引河出土的四件商代铜器》,《文物》,1965 年第 7 期。

53. 郭宝钧:《殷周的青铜武器》,《考古》,1961 年第 2 期。

54. 郭冰廉:《湖北黄陂矿山水库工地发现了青铜器》,《考古通讯》,1958 年第 9 期。

55. 郭冰廉:《湖北黄陂杨家湾的古遗址调查》,《考古通讯》,1958 年第 1 期。

56. 郭德维、陈贤一:《湖北黄陂盘龙城商代遗址和墓葬》,《考古》,1964 年第 8 期。

57. 郭德维:《楚都纪南城宫殿区布局的研究》,《长江文化论集》,湖北教育出版社,1995 年。

58. 郭明:《盘龙城遗址商代大型建筑试析》,《江汉考古》,2015 年第 5 期。

59. 郭明:《商周时期大型单体建筑平面布局浅析》,《文物》,2015 年第 8 期。

60. 郭沫若主编:《中国史稿》,人民出版社,1976 年。

61. 郭胜斌:《铜鼓山商代遗存文化因素分析》,《文物考古文集》,武汉大学出版社,1997 年。

62. 韩贤云:《浅淡青铜器分铸法及其起源》,《江汉考古》,1999 年第 3 期。

63. 郝本性:《谈盘龙城在商王国南土的作用》,《武汉城市之根——商代盘龙城与武汉城市发展研讨会论文集》，武汉出版社，2002 年。

64. 何介钧:《湖南商周时期古文化的分区探索》，《湖南考古辑刊》第二集，岳麓书社，1984 年。

65. 何介钧:《商文化在南方的传播》，《华夏文明》(三)，北京大学出版社，1992 年。

66. 何介钧:《试论湖南出土商代青铜器及商文化向南传播的几个问题》，《中国商文化国际学术讨论会论文集》，中国大百科全书出版社，1998 年。

67. 何驽:《荆南寺遗址夏商时期遗存分析》，《考古学研究(二)》，北京大学出版社，1994 年。

68. 河北省文物管理处:《磁县下七垣遗址发掘报告》，《考古学报》，1979 年第 2 期。

69. 河北省文物研究所:《藁城台西商代遗址》，文物出版社，1985 年。

70. 河南省文物考古研究所、郑州市文物考古研究所:《郑州商代铜器窖藏》，科学出版社，1999 年。

71. 河南省文物研究所:《淅川下王岗》，文物出版社，1989 年。

72. 河南文物考古研究所:《郑州商城——1953—1985 年考古发掘报告》，文物出版社，2001 年。

73. 河南文物考古研究所:《郑州小双桥——1990—2000 年考古发掘报告》，科学出版社，2012 年。

74. 后德俊:《商王朝势力的南下与江南古铜矿》，《南方文物》，1996 年第 1 期。

75. 胡保华:《下七垣文化分期研究》，吉林大学硕士学位论文，2007 年。

76. 胡家喜:《采用加温矫形新工艺修复商代大铜鼎》，《奋发荆楚，探索文明：湖北省文物考古研究论文集》，湖北科学技术出版社，2000 年。

77. 湖北省博物馆、北京大学考古专业盘龙城发掘队:《盘龙城一九七四年度田野考古纪要》，《文物》，1976 年第 2 期。

78. 湖北省博物馆:《汉阳东城垸纱帽山遗址调查》，《江汉考古》，1987 年第 3 期。

79. 湖北省博物馆:《湖北文物考古工作新收获》，《文物考古工作三十年(1949—1979)》，文物出版社，1979 年。

80. 湖北省博物馆:《盘龙城商代二里岗期的青铜器》，《文物》，1976 年第 2 期。

81. 湖北省博物馆:《一九六三年湖北黄陂盘龙城商代遗址的发掘》，《文物》，1976 年第 1 期。

82. 湖北省社会科学院历史研究所:《湖北简史》，湖北教育出版，1994 年。

83. 湖北省文物考古研究所:《湖北省文物考古工作十年来的发展》，《文物考古工作十年 1979—1989》，文物出版社，1991 年。

84. 湖北省文物考古研究所:《盘龙城：一九六三年——九九四年考古发掘报告》，

文物出版社,2001年。

85. 湖北省文物考古研究所:《阳新大路铺》,文物出版社,2013年。

86. 湖北省文物考古研究所纪南城工作站:《湖北黄梅意生寺遗址发掘报告》,《江汉考古》,2006年第4期。

87. 湖北省孝感地区博物馆:《孝感市几处古遗址调查简报》,《江汉考古》,1987年第3期。

88. 湖北宜昌地区博物馆等:《当阳赵家湖楚墓》,文物出版社,1992年。

89. 湖南省文物考古研究所、岳阳市文物工作队:《岳阳市郊铜鼓山商代遗址与东周墓发掘报告》,《湖南考古辑刊》第5集,《求索》杂志社,1989年。

90. 湖南省文物考古研究所:《湖南石门皂市商代遗存》,《考古学报》,1992年第2期。

91. 华觉明、卢本珊:《长江中、下游铜矿带的早期开发和中国青铜文明》,《长江文化论集》,湖北教育出版社,1995年。

92. 黄陂县文化馆等:《湖北黄陂鲁台山两周遗址与墓葬》,《江汉考古》,1982年第2期。

93. 黄陂县县志编纂委员会:《黄陂县志》,武汉出版社,1992年。

94. 黄凤春:《盘龙城与商代的虎方》,《商代盘龙城学术研讨会论文集》,科学出版社,2014年。

95. 黄冈地区博物馆、黄州市博物馆:《湖北省黄州市下窑嘴商墓发掘简报》,《文物》,1993年第6期。

96. 黄锂、况红梅:《近年黄陂出土的几件商周青铜器》,《江汉考古》,1998年第4期。

97. 黄锂:《盘龙城文化性质研究综述》,《武汉文博》,1994年第2期。

98. 黄石市博物馆:《铜绿山古矿冶遗址》,文物出版社,1999年。

99. 黄锡全:《黄陂鲁台山遗址为“长子”国都蠡测》,《江汉考古》,1992年第4期。

100. 黄展岳:《殷商墓葬中人殉人牲的再考察——附论殉牲祭牲》,《考古》,1983年第10期。

101. 贾谷文:《商品货币与殷商奴隶制》,《考古》,1976年第1期。

102. 江鸿:《盘龙城与商朝的南土》,《文物》,1976年第2期。

103. 江西省博物馆等:《江西清江吴城商代遗址第四次发掘的主要收获》,《文物资料丛刊》第2辑,文物出版社,1978年。

104. 江西省博物馆等:《江西清江吴城商代遗址发掘简报》,《文物》,1975年第7期。

105. 江西省博物馆等:《新干商代大墓》,文物出版社,1997年。

106. 江西省文物考古所铜岭遗址发掘队:《江西瑞昌铜岭矿冶遗址第一期发掘简报》,《江西文物》,1990 年第 3 期。

107. 江西省文物考古研究所、樟树市博物馆:《吴城:1973—2002 年考古发掘报告》,科学出版社,2005 年。

108. 江西省文物考古研究所等:《铜岭古铜矿遗址发现与研究》,江西科学技术出版社,1997 年。

109. 蒋刚:《湖北盘龙城遗址群商代墓葬再探讨》,《四川文物》,2005 年第 3 期。

110. 蒋刚:《盘龙城遗址群出土商代遗存的几个问题》,《考古与文物》,2008 年第 1 期。

111. 金景芳:《中国奴隶社会史》,上海人民出版社,1983 年。

112. 荆州博物馆:《荆州荆南寺》,文物出版社,2009 年。

113. 荆州地区博物馆等:《湖北江陵荆南寺遗址第一、二次发掘简报》,《考古》,1989 年第 8 期。

114. 蓝蔚:《汉阳县发现陈子墩古文化遗址》,《江汉考古》,1980 年第 1 期。

115. 蓝蔚:《湖北黄陂县盘土城发现古城城址及石器等》,《文物参考资料》,1955 年第 4 期。

116. 蓝蔚:《略谈盘龙城遗址发现经过》,《武汉文博》,1963 年第 2 期。

117. 蓝蔚:《盘龙城遗址发现的前后》,《武汉春秋》,1993 年第 1 期。

118. 蓝蔚:《盘龙城遗址发现经过》,《武汉文博》,1992 年第 2 期。

119. 蓝蔚:《试析盘龙城历史地位与保护开发的初步设想》,《武汉城市之根——商代盘龙城与武汉城市发展研讨会论文集》,武汉出版社,2002 年。

120. 蓝蔚:《武汉城市发展历史开端刍议》,《武汉文博》,1996 年第 3 期。

121. 蓝蔚主编:《武汉城市之根——盘龙城》,武汉出版社,2005 年。

122. 雷雨、陈春:《披荆斩棘,铸造辉煌——盘龙城商代青铜工具》,《文物天地》,2016 年第 11 期。

123. 黎泽高、赵平:《枝城市博物馆藏青铜器》,《考古》,1989 年第 9 期。

124. 李伯谦:《从不同角度看盘龙城——在商代盘龙城学术研讨会上的讲话》,《商代盘龙城学术研讨会论文集》,科学出版社,2014 年。

125. 李伯谦:《解读盘龙城》,《武汉城市之根——商代盘龙城与武汉城市发展研讨会论文集》,武汉出版社,2002 年。

126. 李伯谦:《论文化因素分析方法》,《中国青铜文化结构体系研究》,科学出版社,1998 年。

127. 李伯谦:《试论吴城文化》,《文物集刊》第 3 辑,文物出版社,1981 年。

128. 李伯谦:《文明探源与三代考古论集》,文物出版社,2011 年。

129. 李伯谦:《先商文化探索》,《中国青铜文化结构体系研究》,科学出版社,1998年。

130. 李伯谦:《长江流域文明的进程》,《考古与文物》,1997年第4期。

131. 李伯谦:《中国青铜文化的发展阶段与分区系统》,《华夏考古》,1990年第2期。

132. 李伯谦:《中国青铜文化结构体系研究》,科学出版社,1998年。

133. 李朝远:《青铜器上所见西周文化在南方影响的递衰》,《中原文物》,1997年第2期。

134. 李健:《湖北江陵万城出土西周青铜器》,《考古》,1963年第4期。

135. 李京华:《早期冶铜技术与铜农具》,《中原古代冶金技术研究》,中州古籍出版社,1994年。

136. 李科友、彭适凡:《略论江西吴城商代原始瓷器》,《文物》,1975年第7期。

137. 李克能、李永康:《新洲香炉山遗址略析》,《武汉文博》,1992年第1期。

138. 李民:《殷商社会生活史》,河南人民出版社,1993年。

139. 李绍连:《关于商王国的政体问题——王国疆域的考古佐证》,《中原文物》,1999年第2期。

140. 李素婷:《商代前期城址概述》,《河南文物考古论集》(二),中州古籍出版社,2000年。

141. 李桃元等:《盘龙城青铜文化》,湖北美术出版社,2002年。

142. 李学勤:《盘龙城与武汉市的历史》,《武汉城市之根——商代盘龙城与武汉城市发展研讨会论文集》,武汉出版社,2002年。

143. 李学勤:《谈长江流域的商代青铜文化》,《长江文化论集》,湖北教育出版社,1995年。

144. 李学勤:《新干大洋洲商墓的若干问题》,《文物》,1991年第10期。

145. 李远志:《武汉城史研讨会发言摘要》,《武汉文博》,1996年第2期。

146. 林春:《宜昌地区长江沿岸夏商时期的一支新文化类型》,《江汉考古》,1984年第2期。

147. 林沄:《甲骨文中的商代方国联盟》,《古文字研究》第6辑,中华书局,1981年。

148. 刘彬徽:《楚系青铜器研究》,湖北教育出版社,1995年。

149. 刘彬徽:《略论长江中游地区夏商时期的文明》,《长江文化论集》,湖北教育出版社,1995年。

150. 刘莉、陈星灿:《中国早期国家的形成——从二里头和二里岗时期的中心和边缘之间的关系谈起》,见《古代文明》第一卷,文物出版社,2002年。

151. 刘莉、陈星灿:《城:夏商时期对自然资源的控制问题》,《东南文化》,2000 年第 3 期。

152. 刘森淼:《盘龙城外垣带状夯土遗迹的初步认识》,《武汉城市之根——商代盘龙城与武汉城市发展研讨会论文集》,武汉出版社,2002 年。

153. 刘森淼:《武汉城市文明的源头——盘龙城》,《盘龙城研究》,武汉市历史文化名城委员会等编,1997 年。

154. 刘诗中、卢本珊:《江西铜岭铜矿遗址的发掘与研究》,《考古学报》,1998 年第 4 期。

155. 刘诗中:《南昌瑞昌铜岭古铜矿探研》,《青铜文化研究》第二辑,2001 年。

156. 刘士莪、黄尚明:《商周面具初探》,《考古与文物》,1993 年第 6 期。

157. 刘绪:《论卫怀地区的夏商文化》,《纪念北京大学考古专业三十周年论文集》,文物出版社,1990 年。

158. 罗仁林:《岳阳地区商时期的文化序列及其文化因素分析》,《考古耕耘录——湖南中青年考古学者论文选集》,岳麓书社,1999 年。

159. 罗向阳等:《盘龙城文物精品图录》,湖北美术出版社,2005 年

160. 马开梁:《楚族南迁的时代及迁徙路线》,《思想战线》,1982 年第 2 期。

161. 马世之:《楚文化探源》,《楚文化研究论文集》,中州书画社,1983 年。

162. 马世之:《试论楚文化的形成及其相关问题》,《楚文化觅踪》,中州古籍出版社,1986 年。

163. 马世之:《试论商代的城址》,《中国考古学会第五次年会论文集》,文物出版社,1988 年。

164. 马世之:《试论我国古城形制的基本模式》,《中原文物》,1984 年第 4 期。

165. 南普恒、秦颍、李桃元、董亚巍:《湖北盘龙城出土部分商代青铜器铸造地的分析》,《文物》,2008 年第 8 期。

166. 裴明相:《江西商代铜器与二里岗商文化》,《南方文物》,1994 年第 2 期。

167. 裴明相:《论登封王城岗城堡的性质》,《夏文化研究论集》,中华书局,1996 年。

168. 裴明相:《郑州商代王城的布局及其文化内涵》,《中原文物》,1991 年第 1 期。

169. 彭锦华:《沙市周梁玉桥殷商遗址试析》,《江汉考古》,1989 年第 2 期。

170. 彭明翰:《盘龙城与吴城比较研究》,《江汉考古》,1995 年第 2 期。

171. 彭明瀚:《新干大洋洲商墓的发现与研究》,《商代江南》,中国社会科学出版社,2006 年。

172. 彭卿云、刘炜:《全国重点文物大全》,中国旅游出版社,1989 年。

173. 彭适凡、刘林、詹开逊:《江西新干大洋洲商墓发掘简报》,《文物》,1991 年

第 10 期。

174. 彭适凡、杨日新:《江西新干商代大墓文化性质刍议》,《文物》,1993 年第 7 期。

175. 彭适凡:《中国南方古代印纹陶》,文物出版社,1987 年。

176. 彭子成、王兆荣、孙卫东等:《盘龙城商代青铜器铅同位素示踪研究》,《盘龙城》附录四,文物出版社,2001 年。

177. 皮明庥、欧阳植梁主编:《武汉史稿》,中国文史出版社,1992 年。

178. 皮明庥:《盘龙城开启了武汉和长江流域城市之源》,《武汉城市之根——商代盘龙城与武汉城市发展研讨会论文集》,武汉出版社,2002 年。

179. 皮明庥:《商代盘龙城——武汉城邑端始》,《简明武汉史》,武汉出版社,2005 年。

180. 祁英涛:《中国早期木结构建筑的时代特征》,《文物》,1983 年第 4 期。

181. 屈小强、李殿元、段渝:《三星堆文化》,四川人民出版社,1993 年。

182. 沙市市博物馆:《湖北沙市李家台商代遗址发掘简报》,《考古》,1995 年第 3 期。

183. 沙市市博物馆:《湖北沙市周梁玉桥遗址试掘简报》,《文物资料丛刊》第 10 辑,文物出版社,1987 年。

184. 尚松泉:《应城发现殷代斝、爵》,《江汉考古》,1980 年第 2 期。

185. 沈勇:《保北地区夏时代两种青铜文化之探讨》,《华夏考古》,1991 年第 3 期。

186. 盛伟:《盘龙城遗址废弃的年代下限及相关问题》,《江汉考古》,2011 年第 3 期。

187. 四川省文物考古研究所:《三星堆祭祀坑》,文物出版社,1999 年。

188. 宋焕文:《从盘龙城考古发现试谈商楚关系》,《江汉考古》,1983 年第 2 期。

189. 宋新潮:《殷商文化区域研究》,陕西人民出版社,1991 年。

190. 宋豫秦:《论杞县与郑州新发现的先商文化》,《中国商文化国际学术讨论会论文集》,中国大百科全书出版社,1998 年。

191. 宋豫秦:《夷夏商三种考古学文化交汇地域浅谈》,《中原文物》,1992 年第 1 期。

192. 宋镇豪:《夏商社会生活史》上、下,中国社会科学出版社,2005 年。

193. 宋镇豪:《夏商社会生活史》增订本,中国社会科学出版社,1994 年。

194. 宋镇豪主编,常玉芝著:《商代宗教祭祀》,中国社会科学出版社,2010 年。

195. 宋镇豪主编,罗琨著:《商代战争与军制》,中国社会科学出版社,2010 年。

196. 宋镇豪主编,宋镇豪著:《商代社会生活与礼俗》,中国社会科学出版社,2010 年。

197. 宋镇豪主编，孙亚冰、林欢著:《商代地理与方国》，中国社会科学出版社，2010年。

198. 宋镇豪主编，王宇信、徐义华著:《商代国家与社会》，中国社会科学出版社，2011年。

199. 宋镇豪主编，王震中著:《商代都邑》，中国社会科学出版社，2010年。

200. 宋镇豪主编，王震中著:《商族起源与先商社会变迁》，中国社会科学出版社，2010年。

201. 苏金远、黄锂、胡沛:《盘龙城——新世纪重展雄姿》，《湖北日报》，2001年12月14日。

202. 苏金远、黄锂、李建勋:《盘龙城——现代武汉之根》，《湖北日报》，2001年12月10日。

203. 苏金远、黄锂:《盘龙城——华夏文化的南国奇葩》，《湖北日报》，2001年12月13日。

204. 苏金远、黄锂:《盘龙城——江汉文明的杰出开篇》，《湖北日报》，2001年12月12日。

205. 苏金远、黄锂:《盘龙城——举世瞩目的神秘古邑》，《湖北日报》，2001年12月11日。

206. 苏荣誉、华觉明等:《中国上古金属技术》，山东科学技术出版社，1995年。

207. 苏荣誉、彭适凡:《新干青铜器群技术文化属性研究——兼论中国青铜文化的统一性和独立性》，《南方文物》，1994年第2期。

208. 随州市博物馆:《湖北随县发现商代青铜器》，《文物》，1981年第8期。

209. 孙华:《商代前期的国家政体——从二里岗文化城址和宫室建筑基址的角度》，《多维视域——商王朝与中国早期文明研究》，科学出版社，2009年。

210. 孙华:《商代长江中游地区考古的新认识——读〈新干商代大墓〉》，《南方文物》，2000年第1期。

211. 孙淼:《夏商史稿》，文物出版社，1987年。

212. 唐际根:《中商文化研究》，《考古学报》，1999年第4期。

213. 唐兰:《从河南郑州出土的商代前期青铜器谈起》，《文物》，1973年第7期。

214. 佟伟华:《商代前期城址的初步考察》，《苏秉琦与当代中国考古学》，文物出版社，2001年。

215. 佟伟华:《商代前期垣曲盆地的统治中心——垣曲商城》，《中国历史博物馆馆刊》，1998年第1期。

216. 铜官:《斝式鬲与先商文化》，《文物考古文集》，武汉大学出版社，1997年。

217. 涂高潮:《略谈黄陂鲁台山东周墓》，《江汉考古》，1982年第2期。

218. 万琳、方勤:《南土遗珍——商代盘龙城文物集萃》，湖北教育出版社，2016 年。

219. 万全文:《西周时期长江流域青铜文化》,《长江文化论集》，湖北教育出版社,1995 年。

220. 王光镐:《楚文化源流新证》,武汉大学出版社,1988 年。

221. 王光镐:《黄陂鲁台山西周遗存国属初论》,《江汉考古》,1983 年第 4 期。

222. 王宏:《论鄂西南、湘西北地区的夏商时期文化——楚文化渊源探索之二》,《文物考古文集》,武汉大学出版社,1997 年。

223. 王宏:《试论长江中游地区夏商周时期的文化与族属》,《湖北省考古学会论文选集(三)》,江汉考古编辑部,1998 年。

224. 王劲、陈贤一:《试论商代盘龙城早期城市的形态与特征》,《湖北省考古学会论文选集(一)》,武汉大学学报编辑部,1987 年。

225. 王劲:《楚文化渊源初探》,《中国考古学会第二次年会论文集 1980》，文物出版社,1982 年。

226. 王劲:《从楚式鬲鼎等器的渊源看楚文化与土著文化的关系》,《中国考古学会第七次年会论文集 1989》,文物出版社,1992 年。

227. 王劲:《对江汉地区商周时期文化的几点认识》,《江汉考古》,1983 年第 4 期。

228. 王立新、朱永刚:《下七垣文化探源》,《华夏考古》,1995 年第 4 期。

229. 王立新:《从早商城址看商王朝早期的都与直辖邑》,《新果集——庆祝林沄先生七十华诞论文集》,科学出版社,2009 年。

230. 王立新:《试论早商文化的分布过程》,《中国考古学的跨世纪反思》,(香港)商务印书馆,1999 年。

231. 王立新:《也谈文化形成的滞后性——以早商文化和二里头文化的形成为例》,《考古》,2009 年第 12 期。

232. 王立新:《早商文化研究》,高等教育出版社,1998 年。

233. 王立新、胡保华:《试论下七垣文化的南下》,《商代盘龙城学术研讨会论文集》,2014 年。

234. 王寿芝:《陕西城固出土的商代青铜器》,《文博》,1988 年第 2 期。

235. 王巍:《夏商周考古学五十年》,《考古》,1999 年第 9 期。

236. 王文建:《商时期澧水流域青铜文化的序列和文化因素分析》,《考古类型学的理论与实践》,文物出版社,1989 年。

237. 魏航空:《商周时期武汉地区早期城市探讨》,《武汉城市之根——商代盘龙城与武汉城市发展研讨会论文集》,武汉出版社,2002 年。

238. 魏兴涛:《试论下七垣文化鹿台岗类型》,《考古》,1999 年第 5 期。

239. 吴晓松、洪刚:《湖北蕲春达城新屋湾窖藏青铜器研究》,《鄂东考古发现与研究》,湖北科学技术出版社,1999 年。

240. 吴永章:《商楚关系》,《湖北民族史》,华中理工大学出版社,1990 年。

241. 武汉大学荆楚史地与考古研究室:《随州安居遗址初次调查简报》,《江汉考古》,1984 年第 4 期。

242. 武汉大学历史系考古专业、襄樊市博物馆、随州市博物馆:《随州庙台子遗址试掘简报》,《江汉考古》,1993 年第 2 期。

243. 武汉市博物馆:《1997—1998 年盘龙城发掘简报》,《江汉考古》,1998 年第 3 期。

244. 武汉市黄陂区文管所等:《商代盘龙城遗址杨家湾十三号墓清理简报》,《江汉考古》,2005 年第 1 期。

245. 夏鼐:《中国文明的起源》,文物出版社,1985 年。

246. 咸宁地区博物馆等:《阳新县和尚垴遗址调查简报》,《江汉考古》,1984 年第 4 期。

247. 孝感地区博物馆、孝感市博物馆:《湖北孝感聂家寨遗址发掘简报》,《江汉考古》,1994 年第 2 期。

248. 孝感地区博物馆:《孝感、黄陂两县部分古遗址复查简报》,《江汉考古》,1983 年第 4 期。

249. 熊卜发:《湖北大悟吕王城遗址》,《江汉考古》,1990 年第 2 期。

250. 熊卜发:《湖北孝感地区商周古文化调查》,《考古》,1988 年第 4 期。

251. 熊传新、郭胜斌:《长江中游商时期大口缸的探讨》,《中国考古学会第七次年会论文集 1989》,文物出版社,1992 年。

252. 宿白:《中华人民共和国重大考古发现》,文物出版社,1999 年。

253. 徐良高:《夏商周三代城市聚落研究》,《远望集:陕西省考古研究所华诞四十周年纪念文集》,陕西人民美术出版社,1998 年。

254. 徐少华:《从盘龙城城址的内涵和时代看商人在长江中游地区的发展》,《武汉城市之根——商代盘龙城与武汉城市发展研讨会论文集》,武汉出版社,2002 年。

255. 徐少华:《从盘龙城遗址看商文化在长江中游地区的发展》,《江汉考古》,2003 年第 1 期。

256. 徐少华:《论盘龙城商文化的特征及其影响》,《江汉考古》,2014 年第 3 期。

257. 徐心希:《试论新干大洋洲青铜器群的族属及相关问题》,《南方文物》,1994 年第 2 期。

258. 许宏:《先秦城市考古学研究》,北京燕山出版社,2000 年。

259. 燕耘:《商代卜辞中的冶铸史料》,《考古》,1973 年第 5 期。

260. 杨宝成主编:《湖北考古发现与研究》,武汉大学出版社,1995 年。

261. 杨凤霞:《地图上的盘龙城》,《武汉文史资料》,2004 年第 8 期。

262. 杨鸿勋:《从盘龙城商代宫殿遗址谈中国宫廷建筑发展的几个问题》,《文物》,1976 年第 2 期。

263. 杨鸿勋:《盘龙城商方国宫殿建筑复原研究》,《盘龙城:一九六三年——一九九四年考古发掘报告》附录一一,文物出版社,2001 年。

264. 杨鸿勋:《仰韶文化居住建筑发展问题的探讨》,《考古学报》,1975 年第 1 期。

265. 杨楠:《论商周时期原始瓷器的区域特征》,《文物》,2000 年第 3 期。

266. 杨权喜:《湖北商文化与商朝南土》,《奋发荆楚,探索文明:湖北省文物考古研究论文集》,湖北科学技术出版社,2000 年。

267. 杨锡璋、杨宝成:《从商代祭祀坑看商代奴隶社会的人牲》,《考古》,1977 年第 1 期。

268. 杨锡璋、杨宝成:《商代的青铜钺》,《中国考古学研究——夏鼐先生考古五十年纪念论文集》,文物出版社,1986 年。

269. 杨锡璋:《殷人尊东北方位》,《庆祝苏秉琦考古五十五年论文集》,文物出版社,1989 年。

270. 杨新平、陈旭:《试论商代青铜武器的分期》,《中原文物》,1983 年特刊。

271. 杨育彬、孙广清:《商代青铜器的发现与研究》,《南方文物》,1994 年第 1 期。

272. 杨育彬、于晓兴:《郑州新发现商代窖藏青铜器》,《文物》,1983 年第 3 期。

273. 杨育彬:《郑州二里岗期商代青铜容器的分期和铸造》,《中原文物》,1981 年特刊。

274. 于省吾:《从甲骨文看商代的农田垦殖》,《考古》,1972 年第 4 期。

275. 余从新:《安陆县晒书台商周遗址试掘》,《江汉考古》,1980 年第 1 期。

276. 余熙:《盘龙城何日得见尊容?》,《长江日报》,1998 年 1 月 27 日。

277. 俞伟超:《考古是什么》,中国社会科学出版社,1996 年。

278. 俞伟超:《盘龙城遗址》,《中国大百科全书·考古卷》,中国大百科全书出版社,1986 年。

279. 俞伟超:《铜山丘湾商代社祀遗迹的推定》,《考古》,1973 年第 5 期。

280. 俞伟超:《先楚与三苗文化的考古学推测——为中国考古学会第二次年会而作》,《文物》,1980 年第 10 期。

281. 俞伟超:《长江流域青铜文化发展背景的新思考》,《古史的考古学探索》,文物出版社,2002 年。

282. 袁广阔、秦小丽:《河南焦作府城遗址发掘报告》,《考古学报》,2000 年第 4 期。

283. 岳连建:《商代边远地区二里岗期文化分析——兼论商代早期的政治疆域》,《考古与文物》,1993 年第 4 期。

284. 曾昭燏、尹焕章:《试论湖熟文化》,《考古学报》,1959 年第 4 期。

285. 詹开逊:《试论新干青铜器的装饰特点》,《考古》,1995 年第 1 期。

286. 张昌平:《楚鬲研究》,《奋发荆楚,探索文明:湖北省文物考古研究论文集》,湖北科学技术出版社,2000 年。

287. 张昌平:《二里头文化至殷墟文化时期青铜鋬的铸造技术及其发展》,《文物》,2016 年第 9 期

288. 张昌平:《盘龙城商代青铜容器的初步考察》,《江汉考古》,2003 年第 1 期。

289. 张昌平:《夏商时期中原与长江中游地区的文化联系》,《华夏考古》,2006 年第 3 期。

290. 张昌平等:《二里岗文化至殷墟文化时期青铜器范型技术的发展》,《考古》,2010 年第 8 期。

291. 张光远:《湖北先秦文化论集 · 湖北早商铜器及其四方源流》,《鸿禧文物》,1997 年第 2 期。

292. 张光直:《关于中国初期"城市"这个概念》,《文物》,1985 年第 2 期。

293. 张光直:《商代文明》,北京工艺美术出版社,1999 年。

294. 张光直:《中国青铜时代》,生活 · 读书 · 新知三联书店,1982 年。

295. 张国茂:《安徽铜陵地区古矿、冶遗址调查报告》,《东南文化》,1988 年第 6 期。

296. 张国硕:《郑州商都文化》,河南人民出版社,2008 年。

297. 张立东:《论辉卫文化》,《考古学集刊》第 10 辑,地质出版社,1996 年。

298. 张良皋:《九省通衢的宏观设计——论武汉历史文化名城的"纂"与"创"》,《武汉文博》,1995 年第 3 期。

299. 张万高:《简论芈姓祝融的南迁及其相关问题》,《江汉考古》,1988 年第 2 期。

300. 张渭莲:《商文明的形成》,文物出版社,2008 年。

301. 张学武:《应山县发现商代铜鼎》,《江汉考古》,1980 年第 1 期。

302. 张亚初:《论鲁台山西周墓的年代和族属》,《江汉考古》,1984 年第 2 期。

303. 张永山:《武丁南征与江南"铜路"》,《南方文物》,1994 年第 1 期。

304. 张玉石:《中国南方青铜器及中原商王朝与南方的关系》,《南方文物》,1994 年第 2 期。

305. 张泽栋:《湖北云梦商、周遗址调查简报》,《江汉考古》,1990 年第 2 期。

306. 张长寿:《殷商时代的青铜容器》,《考古学报》,1979 年第 3 期。

307. 张正明、刘玉堂:《大冶铜绿山古铜矿的国属——兼论上古产铜中心的变

迁》,《楚史论丛》初集,湖北人民出版社,1984 年。

308. 张正明:《盘龙城与武汉市》,《武汉城市之根——商代盘龙城与武汉城市发展研讨会论文集》,武汉出版社,2002 年。

309. 张之恒、周裕兴:《夏商周考古》,南京大学出版社,1995 年。

310. 赵峰:《清江陶文及其所反映的殷代农业和祭祀》,《考古》,1976 年第 4 期。

311. 赵世纲:《夏商青铜文化的南向传播》,《中原文物》,1993 年第 3 期。

312. 赵芝荃、徐殿魁:《偃师尸乡沟商代早期城址》,《中国考古学会第五次年会论文集 1985》,文物出版社,1988 年。

313. 郑光:《河南偃师二里头遗址发现新的铜器》,《考古》,1991 年第 12 期。

314. 郑州大学考古专业等:《河南杞县鹿台岗遗址发掘简报》,《考古》,1994 年第 8 期。

315. 郑州大学文博学院、开封市文物工作队:《豫东杞县发掘报告》,科学出版社,2000 年。

316. 郑自来:《前所未有,后所未竟》,《盘龙城研究》,武汉市历史文化名城委员会等编,1997 年。

317. 枝柳铁路复线工程考古队荆州博物馆支队:《湖北松滋西斋汪家嘴遗址发掘报告》,《江汉考古》,2002 年第 4 期。

318. 中共武汉市委宣传部、武汉市历史文化名城委员会编:《武汉城市之根——商代盘龙城与武汉城市发展研讨会论文集》,武汉出版社,2002 年。

319. 中国历史博物馆考古部等:《垣曲商城》,科学出版社,1996 年。

320. 中国美术全集编辑委员会:《中国美术全集》,上海人民美术出版社,1988 年。

321. 中国青铜器全集编辑委员会:《中国青铜器全集一》,文物出版社,1996 年。

322. 中国社会科学院考古研究所:《20 世纪中国考古大发现》,四川大学出版社,2000 年。

323. 中国社会科学院考古研究所:《新中国的考古发现和研究》,文物出版社,1984 年。

324. 中国社会科学院考古研究所:《偃师二里头——1959—1978 年考古发掘报告》,中国大百科全书出版社,1999 年。

325. 中国社会科学院考古研究所:《中国考古学 · 夏商卷》,中国社会科学出版社,2003 年。

326. 中国社会科学院考古研究所等:《夏县东下冯》,文物出版社,1988 年。

327. 周大鸣:《商中期青铜容器分期初识》,《江汉考古》,1987 年第 7 期。

328. 周建勋:《商周青铜器铸造工艺的若干探讨》,《琉璃河西周燕国墓地 1973—1977》,文物出版社,1995 年。

329. 周世荣:《湖南石门县皂市发现商殷遗址》,《考古》,1962 年第 3 期。

330. 庄春波:《楚史三说——楚族西迁年代考》,《江汉考古》,1986 年增刊。

331. 邹衡:《大城墩遗址与江淮地区古代历史的关系》,《安徽省考古学会会刊》第 8 辑,1984 年。

332. 邹衡:《试论夏文化》,《夏商周考古学论文集》,科学出版社,1980 年。

333. 邹衡:《试论郑州新发现的殷商文化遗址》,《考古学报》,1956 年第 3 期。

334. 邹衡:《汤都垣亳说考辨》,《国学研究》第一卷,北京大学出版社,1993 年。

335. 邹衡:《夏商周考古学论文集》,文物出版社,1980 年。

336. 邹衡:《郑州商城即汤都亳说》,《文物》,1978 年第 2 期。

337. 邹衡:《中国文明的诞生》,《文物》,1987 年第 12 期。

后 记

自上世纪50年代始，经过几代考古工作者的不懈努力，盘龙城这座3500多年前的早商时期长江中游地区的中心城市，逐渐揭开了尘封已久的神秘面纱，以其雄伟宫殿、大规模手工作坊、高规格贵族殉人墓、精美青铜、玉礼器等，谱写了武汉地区最早文明城市历史文化的光辉篇章。

本书基于《盘龙城》考古发掘报告所发表的盘龙城各类遗迹、遗物及其年代分期，分夏时期、早商前期、早商后期三个时间段，论述盘龙城在开创、兴盛、消退等不同时期社会生产、生活状况及其物质文化面貌，阐述盘龙城三百多年的城市发展历程及其历史地位与作用。全书配图三百余幅，以图说形式介绍盘龙城丰富的遗迹、遗物，展示盘龙城多姿多彩的城市风貌。

本书包括前言、正文、结语及参考文献等几部分。其中，正文由第一至第四章组成。各部分及其编撰者是：前言、结语及第四章，陈贤一、刘国胜；第一、二、三章及参考文献，陈春。全书图片的挑选、编辑整理由陈春负责，照片由郝勤建、潘炳元、赵雄、雷雨、魏渝摄制。全书由陈春负责资料核对并统稿，陈贤一审阅了全稿。

武汉市政府及刘英姿副市长对武汉历史文化风貌丛书的编撰给予了莫大的关心和指导。本书撰写过程中，得到了湖北省文物局、湖北省博物馆、湖北省文物考古研究所、武汉市文化局、盘龙城遗址博物院等的大力支持。原湖北省博物馆副馆长王劲研究员对本书初稿提出许多宝贵意见。武汉出版社及责任编辑王冠含为本书的出版付出了辛苦的劳动，在此一并深表感谢。

近十年来，湖北省文物考古研究所、武汉市博物馆、武汉市文物考古研究所、盘龙城遗址博物院、武汉大学历史学院考古系等文博单位，先后在盘龙城遗址开展了一系列考古调查、勘探、发掘和遗址保护工作，取得了令人瞩目的成绩，推进了盘龙城考古发掘与研究的不断深入。我们相信，随着盘龙城考古工作的持续开展，盘龙城这颗中国古代城市发展史上的璀璨明珠，定会绽放更加迷人的光彩。

编 者

2017年3月1日